一生的法律指南

秦泉　主编

汕头大学出版社

图书在版编目(CIP)数据

一生的法律指南 / 秦泉主编. -- 汕头：汕头大学出版社, 2018.5(2020.6重印)
ISBN 978-7-5658-3485-1

Ⅰ.①一… Ⅱ.①秦… Ⅲ.①法律-中国-指南 Ⅳ.①D92-62

中国版本图书馆 CIP 数据核字(2018)第 054082 号

一生的法律指南　　YISHENGDE FALÜZHINAN

主　　编：	秦　泉
责任编辑：	邹　峰
责任技编：	黄东生
封面设计：	松　雪
出版发行：	汕头大学出版社
	广东省汕头市大学路243号汕头大学校园内　邮政编码：515063
电　　话：	0754-82904613
印　　刷：	北京楠萍印刷有限公司
开　　本：	880mm×1270mm　1/32
印　　张：	11.5
字　　数：	246千字
版　　次：	2018年5月第1版
印　　次：	2020年6月第2次印刷
定　　价：	36.00元

ISBN 978-7-5658-3485-1

版权所有，翻版必究
如发现印装质量问题，请与承印厂联系退换

前　言

刚出生的婴儿是否具备了民事权利能力？

未婚同居共同购房，男友突然要分手，怎么办？

订婚后反悔，可以要求返还彩礼吗？

朋友欠款不还，又没有借据，怎么办？

购买明知已过期的食品，生病住院，谁来赔偿？

职工在上班途中骑摩托车不慎摔倒，能否认定为工伤？

法治时代，每个人无时无刻不与法律发生关系。当你如愿以偿找到一份工作养家糊口，与这份工作相关的试用期、培训、工资、工时、加班、辞退、跳槽等问题都受到了法律的约束；当你与心爱的人拿到结婚证那一刻起，与你相关的抚养关系、监护关系、财产关系都发生了相应的变化；生、老、病、死都富含着法律意义。

法律是保护公民最直接、最有效的工具。在很多人的意识里，法律是一门精确而烦琐的学科。但，正如亚里士多德所说："法律是远离激情的理性。"法律的真谛在于你对其精微奥义体会多深，这并不是要求每个人都要成为律师。但是，正如我们驾车一定要懂得交通规则一样，生活在现实世界中，我们必须懂得一些基本的、常用的、与我们生活紧密相联系的法律知识。

《一生的法律指南》涉及到每个人从出生到上学、就业、结婚、工作、生活的过程中可能会遇到的与法律相关的各种问题，对我们在日常生活中经常遇到的、较为棘手的法律问题进行解答，内容涉及婚姻、家庭、教育、医疗、就业、娱乐、继承、合同、交通、物权、房产、车产、刑事、诉讼、经商等各个方面，帮助我们以法律的眼光洞察是非，合法维权，化解纠纷。

我们把生活中经常遇到的法律问题，通过典型案例点题，用精辟的律师解析，让读者学以致用，切实维护自身利益。最后，以准确、明晰的法律条款和法规政策，指导读者以法护身，在各类纠纷中合法维权，做自己的法律顾问。

我们希望读者能够通过阅读这本书，切实地感受到法律的重要性。在学习的过程中不断培养和强化自己的维权意识，了解自身享有的权利和应尽的义务，真正做到学法、懂法、守法、用法，从维护自身权益和维护社会公正的角度出发，造福自己和家人。

随着社会主义法治制度的不断完善，各项法律和法规政策也在不断健全完善中，读者遇到具体法律问题时还须以当时现行、有效的法律法规为依据。由于时间仓促，加之篇幅所限，本书难免有疏漏之处，敬请读者及专业人士不吝指教。

2018 年 6 月

目 录

第一章 生老病死

产前能否鉴定胎儿的性别 / 001

哪些情形不属于医疗事故 / 002

申请医疗事故鉴定有时间限制吗 / 004

获得人身保险赔偿后，还能获得医疗损害赔偿金吗 / 005

如何保障孩子的受教育权 / 007

如何申请国家助学贷款 / 008

什么情况下可以宣告公民失踪 / 010

如何为异地死亡者申请遗体运输 / 011

第二章 生活消费

网购纠纷官司在哪儿打：是否包邮关系重大 / 013

买来车辆未登记，不得对抗善意第三人 / 015

如何认定网上购物协议的法律效力 / 016

特价商品有质量问题时，消费者如何维权 / 017

送货上门途中的风险由谁承担 / 019

促销价格反而高,能告商家欺诈吗 / 020

在餐厅丢失物品,能否要求经营者赔偿 / 022

被售楼广告"忽悠了",怎么办 / 024

小区绿地变楼房,业主如何来维权 / 026

业主在收房时要注意哪些问题 / 028

租赁房屋时的注意事项有哪些?如何签署租赁合同 / 030

对方全责不肯赔,怎么索赔 / 032

交通事故发生之后,肇事车辆逃逸应当承担什么法律责任 / 035

车辆被盗后,出了事故车主要不要负责 / 036

卖车不过户,肇事谁赔偿 / 037

电梯管理不当造成他人受伤,受害人能否获得赔偿 / 038

借钱给朋友,没约定利息,起诉时还能要吗 / 040

信用卡被他人恶意透支时如何维护权利 / 041

第三章 婚姻家庭

新婚姻法下,父母出资购房,离婚时如何分割 / 044

婚前进行的房产赠与,分手后如何确定归属 / 047

通过假离婚可以避债吗 / 048

离婚之后又再婚产生的复杂房产纠纷处置 / 050

因重婚而引起的离婚纠纷应怎样处理 / 052

成年子女强行侵占财产，老人如何寻求法律保护 / 055

老人遭受家庭遗弃如何用法律保护自己 / 057

离婚后子女抚养问题怎样处理 / 059

女方在怀孕期间，男方可以提出离婚吗 / 061

离婚时，处理夫妻共同财产的原则是什么 / 062

为防"出轨"所签订的"夫妻忠诚协议"有效吗 / 063

哪些属于夫妻共同财产，哪些属于一方个人财产，你清楚吗 / 065

因配偶与他人同居导致离婚，无过错方可否请求损害赔偿 / 067

如何取出去世亲属的存款 / 069

婚后共同创办的公司怎么分割 / 070

如何签订婚前财产约定协议与夫妻财产约定协议？怎样办理公证 / 073

离婚时，一方转移财产，怎么办 / 074

第四章　劳动就业

女职工孕期休假被开除，所在单位是否应赔偿 / 076

"打工"不签订合同，不上保险怎么办 / 077

女职工流产是否享有生育保险待遇 / 079

劳动者如何解除劳动合同 / 081

如何认定无效劳动合同 / 083

没有工伤保险，发生工伤如何维权 / 085

员工得了职业病如何维护权益 / 087

用人单位违法终止劳动合同怎么办 / 089

什么情况下劳动者可以解除合同 / 091

见习期、试用期与实习期有什么区别 / 091

遇到劳动争议，仲裁和起诉必须在多长时间内提出 / 094

单位承诺有年终奖却不兑现怎么办 / 097

上班路上遭遇车祸，职工申请工伤能否成立 / 098

单位可以依据内部规定处罚员工吗 / 101

劳动合同中可否有"不得结婚"的约定 / 103

第五章　经营理财

合伙人应如何承担合伙债务 / 105

"法外讨债"，构成何罪 / 106

共同投资面临拆伙，如何分割 / 108

有保证人的债务如何催讨 / 110

股权收购时如何规避原有债务的风险 / 112

企业合伙人如何退出合伙企业 / 113

发货方与收货方的纠纷如何解决 / 115

恶意透支信用卡要承担什么责任 / 118

创业者未经注册以公司名义经营有何法律风险 / 121

允许第三方挂靠公司有何法律风险 / 123

民间借贷逾期不还如何主张利息 / 125

离职员工以原单位名义与他人签订的合同，有效吗 / 126

因银行失误而多给顾客钱，需要返还吗 / 127

第六章　遗产继承

子女替父母写遗嘱是否有效 / 129

腹中胎儿是否有继承权 / 130

没有户口的公房怎么处理 / 132

非婚生子女对生父母的遗产有继承权吗 / 134
继承人是否应替被继承人偿还债务 / 136
什么是代位继承？继子女有代位继承的权利吗 / 137
丧偶女婿对岳父（母）的遗产有继承权吗 / 139
口头遗嘱算不算？找人代写可行吗 / 141
法定代理人可以处分未成年人的遗产继承权吗 / 142
不履行赡养义务的子女还有继承权吗 / 144
放弃继承权就能拒绝履行赡养义务吗 / 146
既有遗赠抚养协议，又有遗嘱的，该如何进行继承 / 148
遗嘱可以剥夺法定继承人的继承权吗 / 150
多份"最后遗嘱"，哪一个有效 / 151
遗嘱未处分的遗产应如何处理 / 152
"保险金"能作为遗产被继承吗 / 153
"服刑"人员还有继承权吗 / 154
怎么继承个人的"股票" / 155
因受胁迫所立的遗嘱有效吗 / 156
个人所立的遗嘱必须经过公证才有法律效力吗 / 157
如何申请撤销遗嘱 / 158

继承权在什么情况下可以被剥夺 / 159

遗留在银行的存款该怎么继承 / 161

第七章 合同纠纷

口头形式的买卖合同有效吗 / 163

合同对交易价格约定不明确，应如何处理 / 164

合同变更内容不明的该怎么办 / 166

定金和订金有区别吗 / 167

货物的所有权在何时转移 / 168

赠与合同可以随意撤销吗 / 169

在什么情形下赠与人可以不再履行赠与义务 / 171

物流单子上的"限额赔偿"条款，效力如何 / 172

对方"换人"后，该向谁主张权利 / 174

合同中的第三人，能否被追究违约责任 / 175

履行合同中如何主张不安抗辩权 / 176

签约后毁约如何承担违约责任 / 178

因重大误解签订了合同时如何维权 / 180

撤销合同的时效法律是如何规定的 / 182

怎么区分合同和协议 / 184

卖方不履行合同，买方如何计算损失 / 186

交叉要约能否成立合同 / 188

好心帮朋友做担保人，承担什么责任 / 190

一物卖给两人，谁能取得所有权 / 191

第八章 物权纠纷

因人民法院的法律文书，导致物权变更的，
该物权变动何时生效 / 193

因继承取得物权的，该物权变动何时生效 / 194

主合同无效的，担保合同有效吗 / 195

同一债权既有物的担保又有人的担保，谁先承担担保责任 / 196

什么是质权？质权自何时起设立 / 197

抵押权和留置权哪一个优先 / 198

何为"善意取得" / 199

死亡人员可否获得征地款 / 201

非法出租土地用于非农业建设，应该如何处罚 / 203

网游里的"虚拟武器"，算是财产吗 / 203

共有财产谁说了算？致人损害由谁承担 / 206

第九章 民事违法行为提示

短信骚扰他人要担责吗 / 209

饲养的动物造成他人损害应承担什么民事责任 / 211

私吞不明埋藏物应负什么责任 / 213

网络活动中的侵权行为如何承担民事责任 / 215

购买赃物应负什么责任 / 217

高空坠物砸坏轿车，车主该怎么办 / 219

猫狗打架撞伤老人，谁应承担法律责任 / 220

见义勇为而自身受到伤害，应由谁来赔偿 / 221

道路施工没有标志，行人受伤找谁负责 / 222

寻开心谎报火警，应该如何处理 / 223

拿娱乐明星"开涮"侵权吗 / 225
"人肉搜索"合法否？侵犯权利谁担责 / 228

第十章 刑事违法行为提示
取了他人遗留在 ATM 机上的卡中钱是否违法 / 232
挪用公款购买银行理财产品是否能够认定为营利活动 / 233
出卖亲生子女是否一定触犯了拐卖儿童罪 / 236
自我防卫过当会有什么惩罚 / 238
犯罪中止如何追究刑事责任 / 241
犯罪后逃跑是否可以规避法律处罚 / 243
教唆未成年人犯罪要受什么惩罚 / 245
伪造证件要受什么处罚 / 247
非法传销要承受什么处罚 / 250
什么是危害公共安全罪 / 252
遗弃婴儿应当承担哪些法律责任 / 254
怎样会构成非法侵入他人住宅罪 / 255
斗殴致人轻微伤是否违反刑法 / 257

临时工玩忽职守会获罪吗 / 258

不满16周岁的人犯罪就可以不负刑事责任吗 / 259

第二次被公安机关逮捕会从重处罚吗 / 260

被迫自卫致人死亡要负刑事责任吗 / 261

随便诬陷诽谤别人构成犯罪吗 / 262

作案逃往异地后电话报案，能否认定为自首 / 263

未成年人犯法具体应该怎样量刑 / 265

为向父母索财而"绑架"自己的行为应如何认定 / 267

虐待女儿致其轻伤是否构成犯罪 / 269

在国外犯罪，我国法律管得着吗 / 271

"黑客"传播病毒，犯了什么罪 / 272

刑事犯罪能私了吗 / 275

第十一章 行政违法行为提示

妨害公共道路安全的行为如何处理 / 279

聚众赌博会有什么惩罚 / 281

什么是违反治安管理的行为？什么情况下可以减轻或者免除处罚 / 283

偷税漏税行为如何处理 / 284

警察可以当场收缴罚款吗 / 285

对于公安机关做出的处罚觉得"不公平"，该怎么办 / 287

公安局有权直接吊销营业执照吗 / 288

工商局有权实施行政拘留吗 / 289

警察在什么情况下可以对乘客搜身 / 290

追捕罪犯时，警察开枪误伤人质怎么办 / 291

公民享有哪些信访权利 / 292

依法信访遭遇陷害，该如何维权 / 294

干扰无线电业务的行为要受到行政处罚吗 / 295

罚款时可以用"白条"代替收据吗 / 296

逮捕后审查无罪是否可以向检察机关请求国家赔偿 / 298

被城管和交警执法时殴打致伤，如何索赔 / 299

第十二章 民事诉讼程序

一般的民事纠纷，该到哪一级人民法院起诉 / 301

夫妻一方被监禁的，另一方如果想离婚
该向哪个法院起诉 / 302

丈夫常年在外打工，妻子该向哪个法院起诉离婚 / 303

儿童也能当原告吗 / 304

在自家偷录的录音材料能否作为证据 / 305

法院拘传应符合哪些条件 / 306

可以口头起诉吗 / 307

夫妻离婚纠纷案件，当事人可以频繁起诉吗 / 308

什么是简易程序？什么样的案件适用简易程序 / 309

民事上诉状能否直接交一审人民法院 / 310

上诉费还能退回吗 / 312

如何确定起诉法院 / 313

什么叫作保全 / 315

第三人如何申请加入民事诉讼 / 317

民事诉讼如何实现先予执行 / 319

当事人如何申请强制执行 / 320

第十三章　刑事诉讼程序

　　刑事诉讼中，违反法庭秩序的行为应怎样处罚／322

　　怎样申请取保候审／323

　　自诉案件怎样起诉／324

　　刑事诉讼证据包括哪些／329

　　如何为犯罪人员申请监外执行／331

　　遭遇刑讯逼供时如何主张权利／333

　　人民法院如何为嫌疑人指定辩护人／335

　　不予追究刑事责任的案件如何处理／336

　　刑事处罚如何执行／337

第十四章　行政诉讼程序

　　在行政诉讼中，原告和被告谁负有举证责任／339

　　提起行政诉讼需具备哪些条件／340

　　如何申请行政复议／342

　　如何对公安机关提起行政诉讼／344

第一章　生老病死

产前能否鉴定胎儿的性别

[典型案例]

张凯和郭丽是一对新婚夫妇，二人最近特别高兴，因为不久前郭丽到医院体检被告知已经怀孕，现在郭丽已有近五个月的身孕。由于张凯是张家的四代单传，因此家里上下都对郭丽怀孕万分关注，盼其为张家生男孩延续香火，但郭丽和张凯只能生一胎，郭丽为此感到压力很大，听说B超可以鉴定胎儿性别，郭丽想去做B超先鉴定一下胎儿性别再做进一步打算。

那么，产前能否鉴定胎儿的性别呢？

[律师解析]

现在仍然有部分人重男轻女思想严重，很多人选择做B超然后再决定是否要孩子，这对国家的人口性别比例等很多方面产生了恶劣影响，因此国家明令禁止产前鉴定胎儿性别。

所以，本案例中郭丽应当用法律和情理说服张家人，而不是盲目听从，触犯法律。

[法条链接]

《人口与计划生育法》第三十五条　严禁利用超声技术和其他技术手段进行非医学需要的胎儿性别鉴定；严禁非医学需要的选择性别的人工终止妊娠。

《人口与计划生育法》第三十六条　违反本法规定，有下列行为之一的，由计划生育行政部门或者卫生行政部门依据职权责令改正，给予警告，没收违法所得；违法所得一万元以上的，处违法所得二倍以上六倍以下的罚款；没有违法所得或者违法所得不足一万元的，处一万元以上三万元以下的罚款；情节严重的，由原发证机关吊销执业证书；构成犯罪的，依法追究刑事责任：

（一）非法为他人施行计划生育手术的；

（二）利用超声技术和其他技术手段为他人进行非医学需要的胎儿性别鉴定或者选择性别的人工终止妊娠的；

（三）实施假节育手术、进行假医学鉴定、出具假计划生育证明的。

哪些情形不属于医疗事故

[典型案例]

（一）2013年10月，李某因高烧去医院治疗，需要注射青霉素。护士按规定给李某做了皮试后不久，李某出现呼吸困难等异常反应。医院立即进行急救，但抢救无效，李某死亡。李某家属认为是医疗事故，要求医院赔偿。而医院辩称不存在过失，应为医疗意外而非医疗事故，故此不应承担赔偿责任。

（二）林某因减肥导致全身性肌无力。住院后，主治医生向其家属详细交代了病情，并要求其留院观察。但林某的家人认为其并非多大的病情，便带其回家疗养。此后，林某症状加重，当其再次入院时，终因心功能障碍死亡。

那么，这两则案例所述情形是否属于医疗事故？院方要承担赔偿责任吗？

[律师解析]

案例一中，医院对李某的诊断、治疗及用药都是正确的，护士为李某做皮试也按正常的规程操作，因此医院不存在过失。李某的死亡是由于其体内机能的原因产生了高度过敏的反应，而且医院也履行了及时救治的义务，因此医院不应承担赔偿责任。

案例二中，林某的死亡是由于其家属原因致病症加重，导致死亡，不存在医务人员违反医疗卫生管理法律、法规等行为，且医院在为林某诊疗的过程中并无过失，所以不能以医疗事故认定。

[法条链接]

《医疗事故处理办法》第三条 在诊疗护理工作中，有下列情形之一的，不属于医疗事故：

（一）虽有诊疗护理错误，但未造成病员死亡、残废、功能障碍的；

（二）由于病情或病员体质特殊而发生难以预料和防范的不良后果的；

（三）发生难以避免的并发症的；

（四）以病员及其家属不配合诊治为主要原因而造成不良后果的。

申请医疗事故鉴定有时间限制吗

[典型案例]

2011年11月，北京市的蔡某因病至某医院治疗，医院对蔡某采取胃部切除手术，术后蔡某回家休养。修养期间，蔡某感觉自己肾功能受损，便四处求医，但都无效而返。2013年3月，蔡某认为自己肾功能受损是由于胃切除手术造成，要求该医院承担医疗事故，赔偿其损失，而院方则认为双方应首先做医疗事故技术鉴定。请问，蔡某申请医疗事故鉴定有时间限制吗？

[律师解析]

申请医疗事故鉴定有时间限制，时间为1年，卫生部下发的《关于医疗事故鉴定申请期限的批复》对此予以明确规定。本案中蔡某与院方已经超过医学会受理医疗事故技术鉴定的期限，因此不能做医疗事故技术鉴定，但这不妨碍蔡某在诉讼时效内向法院提起诉讼主张自己的权利。

[法条链接]

卫生部《关于医疗事故鉴定申请期限的批复》 患者或其家属提请医疗事故鉴定的时效为其知道或应当知道权利受到侵害之日起1年。

获得人身保险赔偿后，还能获得医疗损害赔偿金吗

[典型案例]

2013年5月13日，患者陈某因腹痛、呕吐并突发持续剧痛到某医院就诊。诊断结果为上消化道穿孔、弥漫性腹膜炎。医院要求保守治疗，给以持续性肠胃减压、禁饮食、输液维持电解质机酸碱平衡、抗炎、静脉营养等处理。陈某及家人相信医生及医院，在该医院住院治疗。但经过几天的治疗，陈某的病情不见好转，反而加重。后来陈某出现了休克，在亲属的强烈要求下，该医院才同意将其转到另一医院治疗。第二家医院诊断陈某为"上消化道穿孔并弥漫性腹膜炎，并中毒性休克"，立即为其进行了"胃穿孔修补术"。医生在手术中发现陈某腹腔中有大量脓性液体，胃窦部有直径2厘米的穿孔。手术后陈某一直昏迷不醒，被送往ICU病房救治。为寻求更好的治疗，陈某又先后在另外两家医院住院治疗。花费医疗费共计558523.15元，造成大量物质损失及严重精神损害。

陈某遂向法院提起诉讼。经鉴定，第一家医院和第二家医院构成医疗事故，法院判决二被告赔偿陈某各项损失671835.51元。被告医院辩称陈某三年前在中国人寿保险公司营业部投保了人身平安险附带住院医疗险，事后该营业部共理赔15万元，原告所主张的医疗费系财产损失范围，民事案件对这类损失采用损益相抵原则，赔偿权利人不应当得到双重赔偿，这15万元应从全部赔偿中扣除。那么，是否应将这15万元从医院的赔偿中扣除呢？

[律师解析]

医疗损害赔偿作为人身损害侵权赔偿的一种情况，也遵循着赔偿数额以因侵权而造成的实际损失为限，受害人不能因侵权行为受益的原则。

具体到本案，陈某已经获得了15万元的保险金，确定这部分保险金能否从医疗人身损害侵权人应支付的赔偿中扣除，就要先分析保险金的性质。保险按照标的不同，分为财产保险和人身保险。当保险标的发生损失后，保险人应当按照保险合同向受益人给付保险金。当保险标的是财产时，就是财产保险，保险金是对财产损失的弥补。但当保险标的是被保险人的生命健康时，保险金的性质就不再是对损失的弥补，而是具有对受益人因被保险人生命健康受损害而产生的痛苦和压力等精神上的损害进行抚慰的性质。因此，人身保险赔偿的性质是一种精神抚慰金，不是针对损害的赔偿，与财产保险赔偿的性质不同，与人身损害侵权赔偿的性质也不同。

由于人身保险赔偿不是对陈某因医疗人身侵权而产生损害的弥补，而是带有精神抚慰性质的给付，因此与医院的赔偿性质不同，赔偿目的不重合，因此不产生无对价获利的问题，也就不能与医院给付的赔偿金相互抵消。法院判决将15万元从医院的赔偿中扣除，是对人身保险的保险金性质的认识错误，造成医院的赔偿不足以弥补陈某损失的结果。

因人身保险而由保险公司给付的保险金带有精神抚慰金的性质，不是针对被保险人因人身损害而产生的损失的补偿，与医疗机构因医疗人身损害而向患者支付的赔偿金性质上完全不同，支付的目的也完全不同，因此不能相互抵消。已经因人身保险而获得的保险金不能从医院支付的赔偿中扣除，同样，医院已经支付了赔偿，保险公司依然应当根据人身保险合同给付保险金。

［法条链接］

《保险法》第四十六条　被保险人因第三者的行为而发生死亡、伤残或者疾病等保险事故的，保险人向被保险人或者受益人给付保险金后，不享有向第三者追偿的权利，但被保险人或者受益人仍有权向第三者请求赔偿。

如何保障孩子的受教育权

［典型案例］

林琳临近中考，学校搞了一次摸底考试，并划定了一个分数线，规定凡低于这个分数线的学生都将被班主任"劝退"，不能报名参加当年的中考。考试结果出来，林琳的名字赫然在被"劝退"之列。林琳的父亲曾找过班主任和学校领导，要求学校准许孩子报名，但被学校拒绝。

［律师解析］

我国相关法律规定，学生即使有不当之处学校首先应当批评教育，不能简单地将学生推出校门，更不能随意开除学生。如果学生屡教不改，严重影响了教育教学秩序，可按照有关法律规定的程序，将具有《预防未成年人犯罪法》第34条规定的严重不良行为的适龄少年转送入专门的学校，继续接受义务教育，并接受对严重不良行为的矫治。

本案中林琳属于义务教育阶段的在校生，学校应当依法保护其接受义务教育的权利，不得以任何理由和借口，包括"劝退"的方式，来侵犯适龄儿童少年接受义务教育的权利。

[法条链接]

《义务教育法》第二十七条　对违反学校管理制度的学生，学校应当予以批评教育，不得开除。

《未成年人保护法》第十八条　学校应当尊重未成年学生受教育的权利，关心、爱护学生，对品行有缺点、学习有困难的学生，应当耐心教育、帮助，不得歧视，不得违反法律和国家规定开除未成年学生。

如何申请国家助学贷款

[典型案例]

彭先生的儿子今年考上了北京的一所重点大学，一家人在高兴的同时也为孩子的学费发愁。由于彭先生下岗，家庭收入不是很高，很难支付起儿子每年的学费与生活费，听说国家有扶持政策，家庭贫困生可以申请国家助学贷款，彭先生想申请6000元的贷款以让自己的孩子顺利完成学业。

那么，彭先生如何申请国家助学贷款？

[律师解析]

此案中，彭先生申请国家助学贷款时，根据国家相关规定申请人需提交如下材料：

借款人有效身份证件的原件和复印件；借款人学生证或入学通知书的原件和复印件；乡、镇、街道、民政部门和县级教育行政部门关于其家庭经济困难的证明材料；借款人同班同学或老师共两名见证人的身份证复印件及学生证或工作证复印件；《贷款银行国家助学贷款申请表》《督促还款承诺书》以及贷款银行要求的其他资料。

具体来说，国家助学贷款的申请需要注意如下事项：

(1)国家助学贷款实行学生每年申请、经办银行每年审批的管理方式。经办银行根据学生申请，具体确定每笔贷款的期限。

(2)经办银行负责确定国家助学贷款的具体发放金额，其中：用于学费的金额最高不超过借款学生所在学校的学费收取标准；用于生活费的金额最高不超过学校所在地区的基本生活费标准。

(3)学生申请国家助学贷款必须具有经办银行认可的担保，担保人应当与经办银行订立担保合同。

(4)确实无法提供担保、家庭经济特别困难的学生，可以申请特困生贷款。特困生贷款由学校提出建议，报上级学生贷款管理中心审批后，由经办银行按有关规定办理贷款手续。

因此本案中孙先生的儿子可在开学后通过学校向银行提出贷款时申请，具体事宜可以向贷款银行咨询。

[法条链接]

《关于国家助学贷款的管理规定(试行)》第一条 国家助学贷款适用于中华人民共和国(不含香港特别行政区、澳门和台湾地区)高等学校中经济确实困难的全日制本、专科学生。

什么情况下可以宣告公民失踪

[典型案例]

安某一直想做个体运输行业,他于2013年6月向别人筹借了3万元买了辆运输车。可安某不知何故于2013年11月离家出走,债主们知道后担心自己的钱无法要回,纷纷去安家讨债。安某的妻子张某为了还债打算变卖运输车,因此于2014年1月向法院申请宣告安某失踪。

那么,张某的请求法院应予以支持吗?

[律师解析]

张某的请求得不到法院的支持。我国法律规定公民下落不明满二年的,其利害关系人可以向人民法院申请宣告他为失踪人。由此可见,宣告失踪必须具备三条:(1)须下落不明满二年,下落不明的时间应从最后得到公民的消息之日起算。(2)须经利害关系人申请。(3)须经人民法院宣告。本案中安某2013年11月离家出走,从2013年11月开始计算,至2015年11月其妻张某才可以向人民法院申请宣告其失踪。所以,张某于2014年1月向法院申请宣告安某失踪是得不到法院支持的。

[法条链接]

《民法通则》第二十条第一款 公民下落不明满二年的,利害关系人可以向人民法院申请宣告他为失踪人。

如何为异地死亡者申请遗体运输

[典型案例]

李某与宋某是同一个村的村民,两人于2008年一起到深圳打工养家糊口,来到深圳后,两人在一家建筑公司找到了工作。然而,在2013年11月,宋某在施工现场工作时发生工伤事故,经医院抢救无效死亡。宋某的家人得知消息后请求李某将宋某的遗体运回家乡,落叶归根。但是,当李某向医院提出要运走宋某的遗体时却遭到了医院的拒绝,这是为什么呢?

[律师解析]

现实生活中,客死他乡的事情可以说是常常有之,死者的亲属都希望死者能够落叶归根,在自己的家乡安葬,让死者能够得到慰藉。但是,我国政府出于对公共卫生安全的考量,对遗体的运输做出了限制性的规定。

我国《殡葬管理条例》规定,如果发生异地死亡情形,其遗体原则上应当就地、就近、及时处理。如果有特殊情况,确实需要运往其他地方的,死者的家属要向县级以上殡葬管理部门提出申请,经过同意并出具证明后,由殡仪馆专用车辆运送。暂时不具备条件的地方,如果经过当地殡葬管理机构批准了,也可以使用其他的车辆来运送。但是要注意一点,运输遗体时必须要进行必要的技术处理,确保卫生,防止污染环境;严禁私自运输尸体。

所以本案中,李某应当根据法律的规定,让宋某的家属出具申请书并邮寄过来,然后李某可以带着申请书向深圳殡葬管理部门申请，经过批准后才能够将宋某的尸体运回家乡。

[法条链接]

《殡葬管理条例》第十三条　遗体处理必须遵守下列规定：

（一）运输遗体必须进行必要的技术处理，确保卫生，防止污染环境；

（二）火化遗体必须凭公安机关或者国务院卫生行政部门规定的医疗机构出具的死亡证明。

第二章 生活消费

网购纠纷官司在哪儿打：是否包邮关系重大

[典型案例]

2012年2月，李先生在淘宝网上向浙江省宁波市镇海区的卖家购买了5张3G资费卡，每张168元，总共840元，李先生自己承担运费。因为该卡属于未激活的卡，2月份当月无法查询到该卡的真实性。3月份，李先生经查询，发现该卡与卖家所描述不一致，李先生立即找卖家协商，并向淘宝客服投诉。多次协商未果，李先生憋着一肚子气，选择与卖家对簿公堂。

2012年4月初，他向自己所在地江苏省的基层法院提起诉讼，要求镇海的卖家赔偿840元。卖家收到起诉状后，随即提出了管辖异议申请，认为该案不属江苏法院管辖，卖家住在浙江宁波镇海，并且合同履行地也在浙江宁波镇海，要求将案件移送宁波镇海法院审理。

江苏省的基层法院审查后认为，合同履行地应为浙江宁波镇海，江苏法院对该案无管辖权，卖家提出的异议成立。江苏法院将该案移送浙江宁波镇海法院审理。

镇海法院受理这起案件后，李先生给镇海法院的法官打来电话，无奈地说："为了方便，我在网上购物，可没想到维权却如此不方便！早知道包邮可以在江苏打官司，我就选择包邮的卖家了。这去宁波打官司，维权成本太高，实在得不偿失。"最后，李先生和淘宝卖家在镇海法院主持下，达成和解，卖家赔偿李先生300元，李先生向镇海法院撤回了起诉。

[律师解析]

网络购物省时、省力、成本低，足不出户就可以进行"血拼"，现在已经成为深受大家喜爱的一种购物方式。但很多法律问题也随会之产生，网络购物纠纷的管辖就是其中之一，而包不包邮对于此类案件的管辖关系重大。

针对本案，镇海法院法官庭后指出，根据《民事诉讼法》的规定，因合同纠纷提起的诉讼，由被告住所地或者合同履行地人民法院管辖。最高院关于民事诉讼法的相关司法解释中进一步明确，购销合同的双方当事人在合同中对交货地点有约定的，以约定的交货地点为合同履行地；没有约定的，依交货方式确定合同履行地；采用送货方式的，以货物送达地为合同履行地；采用自提方式的，以提货地为合同履行地。

淘宝网所用的词为"收货地址"而不是"交货地址"，虽然只有一字之差，但并非同一法律概念，买家所填写的收货地址不能视为合同履行地。在网购中，往往是通过邮寄方式完成交易，这就要考虑在邮寄中由哪方出的运费。如果是卖家承担的运费，那么相当于是卖家送货，由卖家将货物交付给承运人以运交买家，此时合同履行地为买家所在地；如果运费由买家自行承担，那就相当于由买家自己提货，由买家委托承运人去货物所在地取货，此时合同履行地为货物所在地。因此，本案中，运费由李先生承担，那就相当于由李先生自己到卖家处提货，合同履行地应在宁波镇海。

［法条链接］

《民事诉讼法》第二十四条　因合同纠纷提起的诉讼，由被告住所地或者合同履行地人民法院管辖。

买来车辆未登记，不得对抗善意第三人

［典型案例］

李某将自己的轿车卖给朱某，双方订立买卖合同，但是双方没有办理过户登记手续。朱某付款后将轿车开回家。后来，李某又将这辆车卖给了王某，并办理了过户登记。王某到朱某处取车，朱某不给，双方发生了争执。那么，这辆车到底该属于谁呢？

［律师解析］

本案中，该车应该属于王某所有。《物权法》规定，车辆的转让，须经登记才发生所有权转移的效力。也就是说，如果未经过所有权转让登记，即使你交了钱把车开回家，车也未必就是你的，一旦原车主把车再转让给其他人并经过登记，这辆车只能属于经过登记的受让人所有。本案中，虽然朱某先把车开回家，但是因为没有登记，所以只能把车让给王某，但他可以要求李某赔偿他购车款及因买车而进行的合理开支。

［法条链接］

《物权法》第二十四条　船舶、航空器和机动车等物权的设立、变更、转让和消灭，未经登记，不得对抗善意第三人。

如何认定网上购物协议的法律效力

[典型案例]

胡小姐结婚前在网上订了一套婚纱，当时从照片上看婚纱非常漂亮，而且价钱只有399元。胡小姐非常激动地订下了。可是对方迟迟没有发货，催了好几次总说婚纱正在做，好容易等婚纱送来，打开一看，不仅款式与照片相差很远，而且做工非常粗糙，虽是定做的，可拉链根本拉不上。更让胡小姐气愤的是，婚纱下摆竟有几个特别大的洞，还特别脏，结婚的好心情都给破坏了。胡小姐想追究当事人的责任，可是又觉得网上购物只是点点鼠标，并没有纸质的合同。

那么，胡小姐与这家网上商店达成的购物协议是否具有法律效力呢？

[律师解析]

本案中，胡小姐与婚纱网店达成的协议是有法律效力的，商务网站在网上发布的交易规则，在法律上称为"要约"，该"要约"如果得到网民以网上方式所表示的承诺之后，网上购物合同就立即宣告依法成立。

依照我国《合同法》的规定，依法成立的合同，对当事人具有法律约束力。当事人应当依照约定履行自己的义务，不得擅自变更或者解除合同。依法成立的合同，受法律保护。对不遵守合同规则的行为，当事人一方不履行合同义务或者履行合同义务不符合约定的，应当承担继续履行、采取补救措施或者赔偿损失等违约责任。

所以,胡小姐可以要求婚纱网店继续履行合同并赔偿因此造成的损失。如果婚纱网店用发布虚假信息的手段来吸引网民进行"购物行为",那么就可以认定其为"欺诈行为",胡小姐可以依据《消费者权益保护法》相关规定要求网站承担双倍赔偿的违约责任。

同时,网络消费者也不应该大意,要当心不法分子利用网上购物形式骗取消费者钱财。消费者如选择网络购物,应当了解其商业信誉、经营规模,最好选择所在地的网站。对于陌生商家,应注意其网址上是否提供了详细通信地址和联系电话,必要时应打电话以核实经营者的身份。在网上购买商品时,还一定要认真阅读协议条款,以免落入商家设置的陷阱。

[法条链接]

《合同法》第八条 依法成立的合同,对当事人具有法律约束力。当事人应当按照约定履行自己的义务,不得擅自变更或者解除合同。

依法成立的合同,受法律保护。

特价商品有质量问题时,消费者如何维权

[典型案例]

王先生看中了某专卖店的一套打三折的西服,于是买下了这套西服。不料,这套西服只穿了一个上午,西服上衣的纽扣就掉了两颗。王先生到了该专卖店拿出票据要求退换时,售货员却告诉他不能退也不能换。在售货员的提醒下,王先生才看到票据上写着一行小字"打折商品不退不换"。无奈之下，王先生只好忍气吞声。

难道王先生只能吃这个哑巴亏了吗？

[律师解析]

生活中，消费者往往因为经济原因而在正规的商场中选择购买商家推出的特价商品，在享受便宜的同时又能享受与非打折商品一样的质量保证。但是，有些商家却打着特价的幌子将残次品卖给消费者，并且以格式合同的形式规定像此案中的"打折商品不退不换"的条款来堵住消费者维权的路子，规避法律责任。

针对此种情况，我国《合同法》规定，提供格式条款一方免除其责任、加重对方责任、排除对方主要权利的，该条款无效。《消费者权益保护法》规定，经营者不得以格式合同、通知、声明、店堂告示等方式做出对消费者不公平、不合理的规定，或者减轻、免除其损害消费者合法权益应当承担的民事责任。格式合同、通知、声明、店堂告示等含有前款所列内容的，其内容无效。《零售商促销行为管理办法》规定，零售商开展促销活动，不得降低促销商品（包括有奖销售的奖品、赠品）的质量和售后服务水平，不得将质量不合格的物品作为奖品、赠品。这三条规定为该类"霸王条款"的无效提供了法律依据。所以，商家的"打折商品"不退不换的声明是无效的，该声明不能免除其保证质量的义务。商品出现质量问题时消费者有权要求商家退换商品或承担其他民事责任。另外，《合同法》从维护公平、保护弱者出发，还对提供格式条款当事人的说明与提醒义务做出了规定。

本案中，该商场以已在发票上注明"打折商品不退不换"为理由拒绝退货没有法律依据，商场规定的这个"霸王条款"属于无效条款。当王先生要求退货时，通过服务员提醒才看到"打折商品不退不换"这条免除商家保证质量责任的规定，说明并未特别标记这条规定以引起陈先生的注意。而且该商家也没有事先尽到提醒陈先生注意这条规定的义务。所以，该商家不得逃避保证打折商品质量的责任，必须退换这套质量有问题的西装。

［法条链接］

《合同法》第三十九条　采用格式条款订立合同的，提供格式条款的一方应当遵循公平原则确定当事人之间的权利和义务，并采取合理的方式提醒对方注意免除或者限制其责任的条款，按照对方的要求，对该条款予以说明。

送货上门途中的风险由谁承担

［典型案例］

2013年9月开学之初，小毕在某商场购买了一台台式电脑，打算大学期间使用，当时开箱验完货确定一切正常以后，小毕付清了款项。该商场有"送货上门"的售后服务，于是约定第二天由该商场把电脑送到小毕的宿舍。谁知，第二天小毕收到电脑，电脑已被摔坏。原来送货车在送货途中为避让一辆小车紧急刹车，导致电脑碰撞损坏，小毕遂要求商场换货。但商场认为小毕在商场验完货，并付了款，双方的买卖合同已经成立，至于货物离开商场后的风险就应该由小毕自行承担，因此，商场拒绝换货。

那么，小毕有没有权利要求退货呢？

[律师解析]

现在,为了促进销售及方便顾客,不少商场会推出送货到家的服务,但是商品在送货途中所遭遇的风险在所难免。商场认为送货上门是免费的,不承担责任,而顾客则认为自己并没有参与运输,不存在过错也不应该承担风险。对于此种情况,我国法律法规做出了规定,明确商品的风险负担以支付为分界线,交会后,风险由商家转移至消费者,即一般来说,消费者验货付款之后,即取得了商品的所有权,商品即算交付。但是未经交付,所有权并不转移,所有人应当承担所有物的所有风险。

在本案中,小毕付款之后,商家并没有将电脑交给小毕。另外,商场与小毕并没有关于所有权转移的特殊约定,所以在电脑运输到小毕宿舍并交付给小毕之前,电脑的损害风险应该由商场负担。因此,小毕有权拒绝收货并要求商场换货。

[法条链接]

《合同法》第一百四十二条 标的物毁损、灭失的风险,在标的物交付之前由出卖人承担,交付之后由买受人承担,但法律另有规定或者当事人另有约定的除外。

《物权法》第二十三条 动产物权的设立和转让,自交付时发生效力,但法律另有规定的除外。

促销价格反而高,能告商家欺诈吗

[典型案例]

2013年3月,某计算机公司在某晚报上连续发布降价广告,宣称该公司的部分型号产品从2013年3月16日起以特惠价投放市场，其中某型号计算机原价1.38万元，现价11 980元，梁某2013年4月9日以11 980元的价格购买了该型号计算机一台。后梁某了解到，早在2013年3月16日之前，其所购计算机售价就是11980元，且在2013年1月下旬至2月上旬的广告中表明，该公司从2013年1月29日起该型号计算机的价格就是11 980元。梁某提出索赔要求，而该公司以不存在欺诈，系梁某曲解了广告的内容为由拒绝赔付，梁某遂将该公司诉至法院。

那么，该公司的行为是否构成欺诈呢？

[律师解析]

根据《价格法》的有关规定，该计算机公司的行为已构成虚假降价的价格欺诈。其广告上所称的降价行为目的是为了诱导消费者购买其生产的计算机。其降价是虚假的，以虚假的广告内容，使消费者误以为真而与之形成了买卖合同，已构成对消费者的欺诈。

根据《合同法》的相关规定，本案中该计算机公司发布的广告内容确定，符合要约的规定，视为要约。梁某基于对该公司的信赖而购买了计算机的行为视为承诺，此时双方之间的买卖合同成立。然而，由于该公司在缔约过程中发布虚假广告的行为违反了诚实信用原则，构成缔约上的过失。所以当该公司以欺诈手段，使消费者在违背真实意思的情况下订立的合同，受损害方有权请求人民法院或者仲裁机构变更或者撤销。

另外，按照《消费者权益保护法》的规定，经营者提供商品或者服务有欺诈行为的，应当按照消费者的要求增加赔偿其受到的损失，增加赔偿的金额为消费者购买商品的价款或者接受服务的费用的一倍。

所以，此案中梁某可以依据《合同法》的规定要求被告承担损害赔偿责任，并可以根据《消费者权益保护法》的规定让被告增加赔偿其受到的损失。

[法条链接]

《合同法》第十五条　要约邀请是希望他人向自己发出要约的意思表示。寄送的价目表、拍卖公告、招标公告、招股说明书、商业广告等为要约邀请。

商业广告的内容符合要约规定的，视为要约。

《消费者权益保护法》第四十九条　经营者提供商品或者服务有欺诈行为的，应当按照消费者的要求增加赔偿其受到的损失，增加赔偿的金额为消费者购买商品的价款或者接受服务的费用的一倍。

在餐厅丢失物品，能否要求经营者赔偿

[典型案例]

2013年十一期间中午，孙某到某快餐厅就餐，就餐后却发现自己的公文包不见了。包内有一部手机及部分现金等物品，价值约7000多元。孙某遂要求快餐厅赔偿其损失7000元。但快餐厅经理称，其已在快餐厅内张贴了数份写有"请顾客妥善保管好自己的私人物品，谨防小偷"字样的告示，非常醒目，已尽到了提醒警示义务，其不能赔偿。

那么，孙某就餐时遗失了财物能要求该快餐厅赔偿吗？

[律师解析]

根据《消费者权益保护法》的规定，消费者在购买、使用商品和接受服务时享有人身、财产安全不受损害的权利。经营者应当保证其提供的商品或服务符合保障人身、财产安全的要求。对可能危及人身、财产安全的商品和服务，应当向消费者做出真实的说明和明确的警示，并说明和标明正确使用商品或接受服务的方法以及防止危害发生的方法。另外，经营者提供商品或者服务，造成消费者财产损害的，应当按照消费者的要求，以修理、重作、更换、退货、补足商品数量、退还货款和服务费用或者赔偿损失等方式承担民事责任。

本案中，孙某到该快餐厅就餐后，与餐厅之间的关系是消费者与经营者之间的关系，餐厅对就餐的顾客有保证人身、财产安全的义务。该餐厅虽已张贴了警示标语，提醒顾客注意保管好私人财物，已履行了部分义务，但未能提供存包服务或其他有效的保安服务以防止顾客财物被盗，其在保障顾客财产安全方面还存在服务瑕疵，未完全尽到经营者在合理限度范围内的安全保障义务，致使孙某财产权受到侵害，应当承担相应的民事责任。同时孙某对自己随身携带的皮包照看不周，保管不善，亦有部分责任。因此，孙某可以要求餐厅赔偿部分损失，同时自己也应承担部分损失。

[法条链接]

《消费者权益保护法》第七条　消费者在购买、使用商品和接受服务时享有人身、财产安全不受损害的权利。经营者应当保证其提供的商品或服务符合保障消费者人身、财产安全的要求。

《消费者权益保护法》第十八条　经营者应当保证其提供的商品或者服务符合保障人身、财产安全的要求。对可能危及人身、财产安全的商品和服务,应当向消费者做出真实的说明和明确的警示,并说明和标明正确使用商品或者接受服务的方法以及防止危害发生的方法。

被售楼广告"忽悠了",怎么办

[典型案例]

(一)在北京城区工作的王先生,看到北京远郊区某一房地产开发商打出的广告上这么写着:"×号线城铁毗邻该小区,往返市区极为便利。"于是,王先生很是动心,就跑到售楼现场去了解情况。在售楼现场,长相漂亮、嘴甜如蜜的售楼小姐更是把这个楼盘说得天花乱坠。王先生就这样被"忽悠"得以每平方米1万元的价格购买了一套房子(之前该处房屋的价格在7000元/平方米左右)。但后来地铁建成后,王先生大呼上当,因为地铁的最后一站离王先生所购买的房子竟然还有近1个小时的公交路程。而实际上,市政规划图显示的×号地铁,也根本没有到达王先生所居住的小区。王先生认为自己受到了欺诈,就将该房产公司诉至法院,要求撤销双方签订的售房合同,返还首付款。法院审理后,支持了王先生的诉讼请求。

(二)何女士到北京市某楼盘看房子。销售人员拿着楼盘宣传册热情地告诉她,说这个小区是"花园洋房"式的建筑。何女士非常高兴,于是就定购了一套一层的房屋。但由于何女士的疏忽,没有仔细看购房合同的条款。后来交房后,何女士发现小区里并没有花园,而房子也并非"洋房",只是一般的板楼而已。何女士非常生气,认为"花园洋房"为虚假宣传,故起诉开发商,要求退房。

那么,被售楼广告"忽悠"了,消费者应该怎样维权?

[律师解析]

在法律上,售楼广告应该是合同法上的要约邀请,要约邀请的内容如果最终没有在正式的合同里确定下来,那么它是不发生法律效力的。但是在特定的情况下,法律为了防止开发商毫无节制地"忽悠",也会赋予售楼广告以要约的效力。司法解释对此做了明确规定,就是开发商就商品房开发规划范围内的房屋及相关设施所做的说明和允诺具体确定,并对商品房买卖合同的订立以及房屋价格的确定有重大影响的,这个时候,售楼广告就是要约,而不是要约邀请了。

在案(一)中,房地产公司在宣传资料中对小区周围的交通设施做出了明确具体的说明。而且正是由于这种宣传,使得王先生才欣然决定以1万元每平方米的高价买下一套房子。这就符合了"对商品房规划范围内的相关设施所做的说明和允诺具体确定"这一条件,同时也符合"对商品房买卖合同的订立和价格有重大影响"这一条件。在此情况下,房地产公司的售楼广告已经构成要约,对房地产公司具有约束力,即使合同里没有约定,房地产公司也要受其约束。

在案(二)中,情况则与案(一)不同了。开发商虽然宣称自己的小区是"花园洋房",但并没有就房屋和小区里的具体规划情况做出明确说明和允诺。因此,不能视定为要约,而只是要约邀请。对于要约邀请,开发商是不受其效力约束的。

[法条链接]

《最高人民法院关于审理商品房买卖合同纠纷案件适用法律若干问题的解释》第三条　商品房的销售广告和宣传资料为要约邀请，但是出卖人就商品房开发规划范围内的房屋及相关设施所做的说明和允诺具体确定，并对商品房买卖合同的订立以及房屋价格的确定有重大影响的，应当视为要约。该说明和允诺即使未载入商品房买卖合同，亦应当视为合同内容，当事人违反的，应当承担违约责任。

小区绿地变楼房，业主如何来维权

[典型案例]

2010年，在广东番禺某小区，一纸建设工程规划调整公示让小区顿时"炸开了锅"，居住了10年的小区，突然大片绿地将变成商业楼，后花园将建成地下停车库。上千名业主联名反对。

那么，像该小区类似情况发生时，业主应如何来维权？

[律师解析]

该案是房地产开发过程中业主共有权益受到损害的一个典型案例。现实生活中，由于小区道路、绿地变楼房，业主与开发商起纠纷的情况屡见不鲜。针对这种情况，业主应理性对待，依法维权。

情况一，开发商在建设过程中未办理规划变更手续，擅自改变设计，在原来规划的小区公共用地上增加建筑。房地产项目的施工，是根据规划部门批准的规划和设计方案进行的，开发商与购房者签订商品房买卖合同的时候，小区的配套设施、设备，包括公共道路、绿地等，都是决定商品房价格的因素。按照合同约定，完成配套设施、设备的建设并交付使用，是开发商的义务。有些开发商会在商品房销售了一部分甚至大部分后，未经规划部门同意，擅自改变设计，在小区的规划道路、绿地和其他公共用地上增加建筑物，以获取更大的利益。这种行为，不仅违反了规划法规，也损害了购房户的合法权益，购房户可以向建设规划部门反映，要求查处，并可根据合同向开发商要求违约赔偿。

情况二，开发商在建设过程中办理了规期变更手续后，在原来规划的小区公共用地上增加建筑。

有些开发商在建设过程中，会提高土地的容积率，改变规划和设计，在小区规划的道路、绿地等公共用地上增加建筑物，以获取更大的利益。如果此时开发商尚未销售商品房，当然不会损害任何业主的权益。但是，很多时候，开发商申请这样的规划变更时，往往已经销售了部分商品房，这种情形下，即使向有关部门履行了报批手续，从规划审批的角度看，是合法的，但也不意味着开发商就不需要对购房户承担任何责任。如果小区业主认为行政机关审批不当或违反法定程序的，也可以提起行政诉讼，通过诉讼审查行政机关行政许可的合法性。

情况三，小区交付使用以后，开发商在小区公共用地上非法建设。在小区建设完毕并交付使用后，有些开发商还在小区的公共用地上建造楼房，这种情形下，不管是否办理了规划变更手续，都是违法的。小区的道路、绿地等公共用地，属于全体业主共有，开发商无权在上面建设，楼房即使建成了也属于违章建筑，应由相关行政主管机关依法查处。业主也可直接向法院起诉，要求开发商停止侵权，恢复原状，赔偿损失。

此案中，该小区业主应针对以上情况利用法律理性维权。

[法条链接]

《商品房销售管理办法》第二十四条 房地产开发企业应当按照批准的规划、设计建设商品房。商品房销售后,房地产开发企业不得擅自变更规划、设计。

经规划部门批准的规划变更、设计单位同意的设计变更导致商品房的结构形式、户型、空间尺寸、朝向变化,以及出现合同当事人约定的其他影响商品房质量或者使用功能情形的,房地产开发企业应当在变更确立之日起10日内,书面通知买受人。

买受人有权在通知到达之日起15日内做出是否退房的书面答复。买受人在通知到达之日起15日内未做书面答复的,视同接受规划、设计变更以及由此引起的房价款的变更。房地产开发企业未在规定时限内通知买受人的,买受人有权退房;买受人退房的,由房地产开发企业承担违约责任。

《物权法》第七十三条 建筑区划内的道路,属于业主共有,但属于城镇公共道路的除外。建筑区划内的绿地,属于业主共有,但属于城镇公共绿地或者明示属于个人的除外。建筑区划内的其他公共场所、公用设施和物业服务用房,属于业主共有。

业主在收房时要注意哪些问题

[典型案例]

陈先生购买了一套厨卫精装修的房屋,并交纳了全部购房款。到了合同约定的时间,陈先生去找开发商办理入住手续,但开发商却提出如果陈先生不签订《结算变更协议》《交接入住确认表》和《物业管理合同》并交纳物业管理费,就不能给他办理验房和房屋交付手续。陈先生坚持先验房后签字,房屋最终没有完成交付。于是陈先生把开发商告到了法院，要求开发商支付延期交房违约金。但开发商却认为，房屋经过竣工验收，已经能交付，但交付房屋是附条件的，必须要先签字交费才能拿钥匙，办理验房入住。所以，陈先生没有收房是他个人违约导致的。

那么，业主在收房时需注意哪些问题呢？

[律师解析]

业主收房应当依照法律和合同的约定进行，发现问题及时采取措施保护自身权益。

业主在签订购房合同，交付购房款之后，最关心的就是收房环节。尤其是对于购买预售商品房的业主来说，处理好收房环节，对于满意入住，避免今后出现不必要的麻烦和纠纷是很必要的。从法律角度来说，收房时业主在收到开发商发出的《入住通知书》后，一方面要确认相关通知书是否符合购房合同的约定，比如是否存在延期交房的情况。如果出现不符合的情况，要做好追究相关责任的准备；另一方面，应当按照《入住通知书》的要求，及时到场办理入住手续收取房屋，以免因为延误，对自己的权益造成不必要的损害。

[法条链接]

《最高人民法院关于审理商品房买卖合同纠纷案件适用法律若干问题的解释》第二条　面积误差比绝对值超出3%，买受人请求解除合同、返还已付购房款及利息的，应予支持。买受人同意继续履行合同，房屋实际面积大于合同约定面积的，面积误差比在3%以内（含3%）部分的房价款由买受人按照约定的价格补足，面积误差比超出3%部分的房价款由出卖人承担，所有权归买受人。

租赁房屋时的注意事项有哪些？如何签署租赁合同

[典型案例]

（一）陶先生与汪先生签订了一份租赁协议，约定汪先生租赁陶先生的一间店面房，租期从2010年1月至2013年1月，租金为每年38 000元。到了2013年1月，房屋的租赁期间届满了，但因为双方对续租的事协商没有达成一致，陶先生要求对方交回店面，但遭到了汪先生的拒绝。为此，陶先生向法院起诉，要求汪先生返还店面，并支付逾期租金。

（二）李大爷与儿女共有一处门面房。两年前李大爷被女儿接到外地安度晚年，房屋交给了小儿子管理和使用。儿子未征得父亲及姐姐的同意，将铺面租赁给他人用于经商，约定了5年的租赁期限，并将预收的1万元租金据为己有。而承租人则破坏房屋结构进行了装修。李大爷得知后委托女儿回老家交涉，要求收回房屋。承租人以已签订房屋租赁协议为由，予以拒绝。李大爷于是将儿子告上了法庭，要求解除他和承租人签订的房屋租赁协议，返还房屋。

那么，案（一）中，陶先生的诉求是否会得到法律的支持吗？案（二）中，李大爷的房屋能否收回？

[律师解析]

根据我国《合同法》的规定，租赁期限6个月以下，可以不采用书面形式，6个月以上的，应当采用书面形式。 如果双方没有采用书面形式的，将被视为不定期租赁。 为了避免在租房过程中发生不必要的纠纷,在发生纠纷时有维护自己权益的依据,无论是对租房人还是出租人,在租赁房屋时,签署一份相对完善的租赁合同都是比较稳妥的办法。 租赁合同,根据出租人和租房人的要求和实际情况,在内容上通常会有差别,但是,基本的条款还是有可参照性的。

第一,签订合同应该明确出租人和承租人双方的姓名、名称、住所等重要信息。 作为承租人,务必要确认出租人是出租房屋的产权所有人,确认有效的房产证明。 第二,合同中应该明确所租赁的房屋的基本情况。 比如所在地、面积、具体的装修及设施状况。 对承租人来说,明确房屋的位置和基本条件,是保障自己获得想要租赁的房屋的前提。 第三,合同中应当载明租赁房屋的用途。 第四,明确房屋的租赁期限。 第五,明确房屋租金价格、支付时间及方式。

案(一)中,陶先生和汪先生签订的租赁协议中约定的租赁期限已经届满,根据《合同法》的相关规定,汪先生应按时返还租赁物,他拒不返还并且继续占用属于违法行为,应当承担逾期返还租赁物的责任。 案(二)中,李大爷的小儿子未经李大爷和其他共有人的同意就将房屋租赁给他人进行经营活动,侵犯了李大爷和其他具有人对该房屋的共有权利,所以他与承租人签订的租赁协议无效。

[法条链接]

《合同法》第二百三十六条 租赁期间届满,承租人继续使用租赁物,出租人没有提出异议的,原租赁合同继续有效,但租赁期限为不定期。

对方全责不肯赔，怎么索赔

[典型案例]

周先生和弟弟是陕西农村人，他们在北京打工好多年了，一年前周先生开了个自行车修理部，弟弟就在店里帮忙，2011年夏天傍晚，因为天热，其弟弟在店铺对面的人行道上睡觉，当时有辆卡车在倒车，倒到人行道上将其弟弟轧死了。交警认定卡车司机全责，但对方不肯赔偿。其弟弟还有两个不到10岁的小孩。那么，周先生应该怎么办？其弟弟的死对方应该赔偿多少？

[律师解析]

周先生可以提起诉讼，将卡车司机所在公司列为被告，承保交强险的保险公司作为第三人。

首先，如果对方不赔偿，只有通过诉讼途径解决。就本案，首先要确认驾驶员和车主的关系来确定诉讼主体，通常开这种大型卡车的多是物流公司，也就是说若驾驶员是在履行职务过程中发生交通事故，则由其所在单位承担赔偿责任，反之，则由驾驶员个人承担。另外，周先生要到交警部门调取事故资料，确认该车辆有无交强险和商业三责险，若有保险就好，最终将物流公司列为被告，保险公司作为第三人要求其承担交强险范围内的直接赔付责任。这样周先生的诉讼请求的实现才有保证。根据《人身损害赔偿解释》的规定，对周先生弟弟的死亡，赔偿义务人应当赔偿抢救医疗费、丧葬费、被扶养人生活费、死亡补偿费以及受害人亲属办理丧葬事宜支出的交通费、住宿费和误工损失等其他合理费用。死者近亲属还可以向人民法院请求赔偿精神损害抚慰金、律师费。

其次，对于赔偿额只要能提供充分的证据，可按城镇标准赔偿。

本案赔偿额的关键在于是按农村标准还是城镇标准计算。根据《最高人民法院关于农村居民视为城镇居民赔偿的批复》：人身损害赔偿案件中，残疾赔偿金、死亡赔偿金和被扶养人生活费的计算，应当根据案件的实际情况，结合受害人住所地、经常居住地等因素，确定适用城镇居民人均可支配收入（人均消费性支出）或者农村居民人均纯收入（人均年生活消费支出）的标准。本案中，受害人周先生的弟弟虽然是农村户口，但在城市经商、居住，其经常居住地和主要收入来源地均为城市，有关损害赔偿费用应当根据当地城镇居民的相关标准计算。周先生只要能提供充分的证据证明死者生前在北京居住生活满1年以上且主要生活来源于北京，则可以按城镇标准赔偿。

死亡补偿费按上年度城镇职工年可支配收入的20年计算，丧葬费按上年度职工平均工资的6个月计算。如2010年4月的统计数据上年度城镇职工年可支配收入为28 838元，农村居民人均纯收入12 324元，职工年平均工资39 502元。本案中，被扶养人是指受害人依法应当承担扶养义务的未成年人或者丧失劳动能力又无其他生活来源的成年近亲属。被扶养人生活费根据扶养人丧失劳动能力程度，按照受诉法院所在地上一年度城镇居民人均消费性支出和农村居民人均年生活消费支出标准计算。被扶养人为未成年人的，计算至18周岁。被扶养人还有其他扶养人的，赔偿义务人只赔偿受害人依法应当负担的部分。周先生的弟弟有两个小孩，被扶养生活费计算至小孩18岁止，因其和妻共同抚养的，则赔偿费按1/2计算。

另外，《侵权责任法》取消了被扶养人生活费的赔偿项目。但是《最高人民法院关于适用〈中华人民共和国侵权责任法〉若干问题的通知》规定，人民法院适用侵权责任法审理民事纠纷案件，如受害人有被扶养人的，应当依据《最高人民法院关于审理人身损害赔偿案件适用法律若干问题的解释》第二十八条的规定，将被扶养人生活费计入残疾赔偿金或死亡赔偿金。因此，虽然侵权责任法取消了被扶养人生活费的赔偿项目，但这部分赔偿其实是计入了残疾赔偿金或死亡赔偿金。

［法条链接］

《人身损害赔偿解释》第十七条　受害人遭受人身损害，因就医治疗支出的各项费用以及因误工减少的收入，包括医疗费、误工费、护理费、交通费、住宿费、住院伙食补助费、必要的营养费，赔偿义务人应当予以赔偿。

受害人因伤致残的，其因增加生活上需要所支出的必要费用以及因丧失劳动能力导致的收入损失，包括残疾赔偿金、残疾辅助器具费、被扶养人生活费，以及因康复护理、继续治疗实际发生的必要的康复费、护理费、后续治疗费，赔偿义务人也应当予以赔偿。

受害人死亡的，赔偿义务人除应当根据抢救治疗情况赔偿本条第一款规定的相关费用外，还应当赔偿丧葬费、被扶养人生活费、死亡补偿费以及受害人亲属办理丧葬事宜支出的交通费、住宿费和误工损失等其他合理费用。

《最高人民法院关于适用〈中华人民共和国侵权责任法〉若干问题的通知》第四条　人民法院适用侵权责任法审理民事纠纷案件，如受害人有被抚养人的，应当依据《最高人民法院关于审理人身损害赔偿案件适用法律若干问题的解释》第二十八条的规定，将被抚养人生活费计入残疾赔偿金或死亡赔偿金。

交通事故发生之后,肇事车辆逃逸应当承担什么法律责任

[典型案例]

沈某一日下班驾驶自己的电动车回家,行至一交叉路口时,一辆大货车从其左边飞驰而过,沈某跌倒在地,颈部和手臂受伤,电动车也发生了损伤。货车司机在开出20米左右后,开门看了沈某一眼,随即关门驾驶离开。其间,路人韩某目睹了全过程,并记下了货车牌照号码,向交警大队报警;并将沈某送至附近医院治疗。交警大队到达现场后,又对韩某的证词做了笔录,并找到该货车并将其扣押。经过调查后,交警大队出具了《交通事故认定书》,认定货车司机李某承担全部责任。然而李某却以自己没有撞倒沈某为由拒绝赔偿。沈某无奈,诉至法院。李某同样坚称自己没有撞倒沈某,并要求对货车和电动车进行物证检验。检验结果认定两者并无撞击痕迹。那么,沈某能否从李某那里获得赔偿?李某应否承担法律责任?

[律师解析]

根据《道路交通安全法实施条例》的相关规定,发生交通事故后当事人逃逸的,逃逸的当事人承担全部责任。但是,有证据证明对方当事人也有过错的,可以减轻责任。同时,《道路交通安全法》规定,造成交通事故后逃逸,尚不构成犯罪的,由公安机关交通管理部门处二百元以上二千元以下罚款。造成交通事故后逃逸的,由公安机关交通管理部门吊销机动车驾驶证,且终生不得重新取得机动车驾驶证。因此,本案中,李某在发生交通事故后逃逸,

其行为违反了法律的相关规定，首先其在无法证明沈某对此次交通事故有过错的情况下，需承担对沈某损失的全部赔偿责任，其次还可能面临交通管理部门的罚款和吊销机动车驾驶证的处罚。

[法条链接]

《道路交通安全法》第九十九条第三款　有下列行为之一的，由公安机关交通管理部门处二百元以上二千元以下罚款：

（三）造成交通事故后逃逸，尚不构成犯罪的；

《道路交通安全法》第一百零一条　违反道路交通安全法律、法规的规定，发生重大交通事故，构成犯罪的，依法追究刑事责任，并由公安机关交通管理部门吊销机动车驾驶证。

造成交通事故后逃逸的，由公安机关交通管理部门吊销机动车驾驶证，且终生不得重新取得机动车驾驶证。

车辆被盗后，出了事故车主要不要负责

[典型案例]

谢某的私车在2013年11月期间的夜晚被盗，报警后得知，车在医院门口。可是该车撞毁了道路花坛上的树苗和一个广告牌。事故发生后，交警队把他的驾驶证和行驶证收走，让他赔偿损失。

那么，面对这样的情况，谢某该怎样处理呢？

[律师解析]

关于这一问题法律有明确的规定。根据《侵权责任法》的规定，盗窃、抢劫或者抢夺的机动车发生交通事故造成损害的，由盗窃人、抢劫人或者抢夺人承担赔偿责任。保险公司在机动车强制保险责任限额范围内垫付抢救费用的,有权向交通事故责任人追偿。根据1999年6月25日最高人民法院《关于被盗机动车辆肇事后由谁承担损害赔偿责任问题的批复》:使用盗窃的机动车肇事,造成被害人物质损失的,肇事人应当依法承担损害赔偿责任,被盗机动车辆的所有人不承担损害赔偿责任。因此,本案中承担损失的责任人为盗窃人,而非谢某。

卖车不过户,肇事谁赔偿

[典型案例]

五年前,郭某把一台摩托车卖给了宋某,宋某又将车卖给了陈某,待卖到蔡某手中时已是六易其主都未过户。蔡某2013年驾此车肇事将人撞伤,伤者共花医药费8000余元,蔡某家贫无力偿还而逃往外地不归。伤者将郭某和蔡某告上了法庭,法院判决郭某垫付医药费8000元。

[律师解析]

根据我国《物权法》规定,动产物权设立和转让前,权利人已经依法占有该动产的,物权自法律行为生效时发生效力,即登记并非生效要件。此外,根据《民法通则》以及《合同法》相关规定,双方达成买卖的合同,没有违反相关法律规定,该买卖合同就已经成立。机动车所有权转让以交付为生效要件。

根据《最高人民法院关于连环购车未办理过户手续,原车上是否对机动车发生交通事故致人损害承担责任的复函》规定,连环购车未办理过户手续,因车辆已交付,原车主既不能支配该车的运营,也不能从该车的运营中获得利益,故原车主不应对机动车发生交通事故致人损害承担责任。但是，连环购车未办理过户手续的行为，违反有关行政管理法规的，应受其规定调整。

所以，车辆实际交付后，所有权就已经转移。郭某对该车发生的交通事故不承担责任。购买二手车后，原车主最好及时将购买的机动车办理过户手续。虽然车辆自交付后所有权就发生了转移，但是一旦车辆发生了什么事故，万一新车主逃逸，难免会找上对外公示的登记所有人原车主。另外，不及时办理过户手续也违反了《机动车登记规定》要求机动车所有权发生转移时，现机动车所有人应当自机动车交付之日起 30 日内向登记地车辆管理所申请转移登记的规定，否则，要被公安机关交通管理部门予以警告或者处以 200 元以下罚款。

[法条链接]

《物权法》第十五条 当事人之间订立有关设立、变更、转让和消灭不动产物权的合同，除法律另有规定或者合同另有约定外，自合同成立时生效，未办理物权登记的，不影响合同效力。

《机动车登记规定》第十八条 已注册登记的机动车所有权发生转移的，现机动车所有人应当自机动车交付之日起三十日内向登记地车辆管理所申请转移登记。

机动车所有人申请转移登记前，应当将涉及该车的道路交通安全违法行为和交通事故处理完毕。

电梯管理不当造成他人受伤，受害人能否获得赔偿

[典型案例]

王先生家住 8 楼，一天傍晚，因有急事下楼，电梯停留在 3

楼时，张先生就迫不及待把电梯门给推开了，一脚踩空，跌落在停在3楼的电梯厢的顶部，后来被邻居发现，撬开电梯门将张先生救出送往医院急救，住院期间花去5万多元。后来经过专家鉴定，该楼电梯长期缺乏维护和保养，造成8楼电梯门机械锁钩磨损，产生机械故障，使机械锁不能起到可靠的保护作用。据此，张先生认为，小区物业对该楼电梯缺乏维护和保养，造成电梯门机械锁故障，以致自己都可以用外力扳开电梯门，小区物业存在严重过错，应承担主要责任。小区物业则认为，是王先生自己强行推开电梯门，其摔伤是他自己造成的，物业也只是在管理上存在过失，承担的只是次要责任，不应承担主要责任。后来，双方因为责任担负的比例问题诉至法院。

那么，小区物业对电梯管理不当，王先生又强行打开电梯门，由此造成的损失应如何分担？

[律师解析]

本案涉及侵权中"混合过错"的责任分担问题。在"混合过错"中，一般采用注意义务的内容和标准来衡量过错程度的大小。比较过错的构成要件包括：受害人有过失；受害人的过失行为助成了损害的扩大；加害人的责任以及受害人的过错与损害之间有因果关系。

实行过失相抵的目的在于使加害人与受害人公平负担损害，司法实践中还有赖于法官综合各种因素，充分利用自由裁量权。我国《侵权责任法》规定，行为人因过错侵害他人民事权益，应当承担侵权责任。被侵权人对于损害的发生也有过错的，可以减轻侵害人的民事责任。

本案中，小区物业没有严格执行劳动部《起重机械安全监察规定》中有关电梯安全使用、安全管理、检查等制度的规定，物业有过错。小区物业作为王先生家所在大楼管理人，负有保障电梯安全运行的义务，其却未能依法对电梯进行经常性的检查以及必要的维修，才造成了损害，应该承担主要责任。而王先生自己由于没有尽到谨慎注意的义务，在明知有危险的情况下，仍扳开电梯层门入内，导致人身伤害，也存在过错，并且其过错行为是损害发生的直接原因，因此，也应承担相应的责任。

[法条链接]

《侵权责任法》第三条　被侵权人有权请求侵权人承担侵权责任。

《侵权责任法》第二十六条　被侵权人对于损害的发生也有过错的，可以减轻侵权人的责任。

借钱给朋友，没约定利息，起诉时还能要吗

[典型案例]

李某因做生意向林某借款10万元，双方立下借款字据："李某向林某借款10万元，2年之内归还林某。"双方未有其他约定。李某按期还款时，林某要求李某支付利息，李某以当初没有约定利息而拒绝支付。那么，林某要求李某支付利息的请求法院会支持吗？

[律师解析]

自然人之间的借款合同对支付利息没有约定或者约定不明确

的，视为不支付利息。自然人之间的借款合同约定支付利息的，借款的利率不得违反国家有关限制借款利率的规定。本案中，李某按照约定履行了自己的义务，按期偿还欠款，而林某要求其支付利息，由于事先并未约定，所以得不到法律的支持，李某不需要向林某支付利息。

[法条链接]

《合同法》第二百一十一条 自然人之间的借款合同对支付利息没有约定或者约定不明确的，视为不支付利息。自然人之间的借款合同约定支付利息的，借款的利率不得违反国家有关限制借款利率的规定。

信用卡被他人恶意透支时如何维护权利

[典型案例]

施某为了方便消费，在工商银行办理了一张信用卡，主卡由施某自己持有，附属卡由其女朋友林某使用。半年以后，施某和林某因为感情不和而分手，但是林某并没有将信用卡的附属卡还给施某。施某也因为工作繁忙一直没有时间到银行办理销户手续。在之后短短的两个月时间内，林某居然持着施某给自己的附属卡消费了近两万元。银行向施某发出了还款通知书，但是施某认为这笔款项并非是自己消费的，而应该由附属卡的持有者林某偿还，所以拒绝偿还。而林某认为信用卡是由施某办理的，账户名也是施某，所以拒绝偿还。

那么，银行到底应该要求谁来偿还恶意透支的欠款呢？

[律师解析]

在这个"一卡在手,走遍天下"的时代,信用卡可以说发挥了巨大的作用。信用卡可以在消费时高额透支,所谓透支,是指银行允许其账户持有人,在账户上已无资金或者资金不足的情况下,在事先约定的限额内,超过存款余额支用款项的一种放款形式,其实质是发卡银行给予持卡人的短期信用贷款。信用卡的透支根据透支金额的大小、期限和动机可以分为善意透支和恶意透支。这个功能即是信用卡吸引人的特点之一,也是造成法律纠纷的罪恶根源。

根据《民法通则》的规定,公民、法人违反合同或者不履行其他义务的,应当承担民事责任。公民、法人由于过错侵害国家的、集体的财产,侵害他人财产、人身的应当承担民事责任。信用卡的持有人透支时即成为了银行的债务人,如果不按时履行还款义务,银行有权通过诉讼要求信用卡持有人承担民事责任。另外,《信用卡业务管理办法》规定了几种信用卡犯罪的行为表现,任何单位和个人有下列情形之一的,根据《刑法》及相关法规进行处理:(1)骗领、冒用信用卡的;(2)伪造、变造银行卡的;(3)恶意透支的;(4)利用银行卡及其机具欺诈银行资金的。其中恶意透支行为达到一定严重程度,行为人应当承担刑事责任。

本案中,施某申请信用卡以后,本应按照用卡规定和协议使用,主附卡本质为一体,共同承担债务,当发生争议时,协议上谁是当事人谁就应当承担责任,施某不能以透支行为是林某所为就拒不还款。施某应该首先偿还银行的债务,然后向林某追偿。另外,林某还应当对其恶意透支行为承担刑事责任。

[法条链接]

《民法通则》第一百零六条 公民、法人违反合同或者不履行其他义务的，应当承担民事责任。

公民、法人由于过错侵害国家的、集体的财产，侵害他人财产、人身的，应当承担民事责任。

没有过错，但法律规定应当承担民事责任的，应当承担民事责任。

《信用卡业务管理办法》第六十一条 持卡人与特约单位出现的纠纷由双方自行解决。持卡人不得以纠纷为由拒绝偿还因使用信用卡而发生的债务。

第六十二条 持卡人必须妥善保管和正确使用其信用卡，否则，因此造成的资金损失，由其自行承担。

第三章　婚姻家庭

新婚姻法下，父母出资购房，离婚时如何分割

[典型案例]

情形一：张某的父母在张某结婚前出首付为其购买房屋一套，并在银行办理了贷款，产权登记在张某名下，后张某与黄某结婚，婚后两人共同还贷。之后由于感情不和，双方离婚。

情形二：张某和黄某结婚后，张某的父母出全资为其购买房屋一套，产权登记在张某的名下，后张某和黄某离婚。

情形三：张某和黄某结婚后，张某和黄某的父母分别出资60万元和40万元为二人购买房屋一套，产权登记在张某名下，双方对此没有其他约定。后张某与黄某感情不和离婚。

情形四：张某与黄某结婚后，张某父母的房子参加房改，张某与黄某用共同财产购买了该房，产权登记在张某父母的名下，后张某与黄某感情不和离婚。

那么，以上四种情形下的房产应该怎样分割？

[律师解析]

按照中国人的传统习俗，子女在结婚时父母一般都会资助购买婚房，资助的方式也是多种多样，经济条件好的父母在子女结婚时就干脆给购买一套房，经济条件比较差的父母一般也会在子女结婚时出首付款购房，然后由子女还贷，等等。但是，房子购买了，离婚时麻烦就来了，由于房子价值较大，双方争执不清，更多时候需要撕破脸皮对簿公堂。针对以上几种容易产生争议的情况，以下根据我国相关法律的规定加以说明：

情形一：根据我国《婚姻法》司法解释三的规定，先由双方进行协商，协商不成，则该房屋产权归张某所有，张某父母婚前出的首付以及尚未归还的贷款部分视为张某的个人债务。张某和黄某婚后共同还贷部分及相对应财产增值部分，由张某对黄某进行补偿。此种情形适用于张某婚前自己出首付购买房屋并办理贷款，婚后与黄某共同还贷，离婚时的分割原则。

情形二：根据我国《婚姻法》司法解释三的规定，该房屋可视为张某父母对张某个人的赠与，应该认定为张某的个人财产，不参与分割。此种情形适用于张某父母在张某婚前出全资为其购买房屋，产权登记在张某名下，离婚时的分割原则。

情形三：根据我国《婚姻法》司法解释三的规定，该房屋按照张某和黄某父母的出资份额由张某和黄某按份共同，张某占60%，黄某占40%。至于分割方式，双方可以进行协商。此种情形下，双方需保留出资时的相关证据，否则诉讼时可能导致不利后果。以此种方式出资购买房屋的，不论是婚前还是婚后，建议在办理产权登记时注明该房屋为双方子女按份共有，并注明各自的份额。

情形四：根据我国《婚姻法》司法解释三的规定，该房屋产权属于张某父母，至于张某和黄某购买房屋时的出资，可以视为张某和黄某的共同债权，由张某父母予以偿还，然后分割。此种情形适用于张某父母出资一部分，张某和黄某出资另外一部分购买房屋，房屋产权登记在张某父母名下时，离婚时的分割原则。

[法条链接]

《婚姻法司法解释三》第七条 婚后由一方父母出资为子女购买的不动产，产权登记在出资人子女名下的，可按照婚姻法第十八条第（三）项的规定，视为只对自己子女一方的赠与，该不动产应认定为夫妻一方的个人财产。

由双方父母出资购买的不动产，产权登记在一方子女名下的，该不动产可认定为双方按照各自父母的出资份额按份共有，但当事人另有约定的除外。

《婚姻法司法解释三》第十条 夫妻一方婚前签订不动产买卖合同，以个人财产支付首付款并在银行贷款，婚后用夫妻共同财产还贷，不动产登记于首付款支付方名下的，离婚时该不动产由双方协议处理。

依前款规定不能达成协议的，人民法院可以判决该不动产归产权登记一方，尚未归还的贷款为产权登记一方的个人债务。双方婚后共同还贷支付的款项及其相对应财产增值部分，离婚时应根据婚姻法第三十九条第一款规定的原则，由产权登记一方对另一方进行补偿。

《婚姻法司法解释三》第十二条 婚姻关系存续期间，双方用夫妻共同财产出资购买以一方父母名义参加房改的房屋，产权登记在一方父母名下，离婚时另一方主张按照夫妻共同财产对该房屋进行分割的，人民法院不予支持。购买该房屋时的出资，可以作为债权处理。

《婚姻法》第十八条 有下列情形之一的，为夫妻一方的财产：

（一）一方的婚前财产；

（二）一方因身体受到伤害获得的医疗费、残疾人生活补助费等费用；

（三）遗嘱或赠与合同中确定只归夫或妻一方的财产；

（四）一方专用的生活用品；

（五）其他应当归一方的财产。

婚前进行的房产赠与，分手后如何确定归属

[典型案例]

张某（女）是某大型商城的业务咨询员，因为工作关系，认识了事业比较成功但比自己大9岁的客户刘某（男）。两人很快确立了恋爱关系，并且不久同居。刘某为了表达对张某的爱意和打算结婚的诚意，在张某单位附近购买了一套商品房，产权登记在张某名下。同居期间，刘某多次表达想让张某登记结婚的意愿，但是张某认为自己还年轻，刚步入社会，思想还不成熟，没有玩够等拒绝与刘某登记，久而久之，两人时常为此争吵，一年后，刘某向张某提出分手，同时要求张某返还自己出钱购买的房屋。张某认为分手可以，但是房子是刘某心甘情愿送的，不愿意返还。刘某对此向法院提起诉讼。

那么，法院会支持刘某的要求吗？

[律师解析]

法律并不禁止当事人结婚前或结婚后赠与对方一定财产，有时这样的交流也是增进感情的重要手段，但是对于贵重财产的赠与，应当通过书面赠与协议，表明财产赠与的目的，是单独的无条件赠与，还是附条件的赠与。二者法律结果泾渭分明。本案刘某的行为应当属于附条件的赠与行为，刘某出资购买房屋并登记在张某名下，是为了表达与张某的结婚的诚意，并不是单纯的无偿转让，赠与的目的是为了与张某结婚,且该赠与目的是彼此默认。

综上,张某名下房屋应该归原告刘某所有,被告张某应于判决书生效之日起10日内协助原告办理房屋产权过户手续。

[法条链接]

《〈婚姻法〉若干问题的解释(三)》第六条 婚前或者婚姻关系存续期间,当事人约定将一方所有的房产赠与另一方,赠与方在赠与房产变更登记之前撤销赠与,另一方请求判令继续履行的,人民法院可以按照《合同法》第一百八十六条的规定处理。

通过假离婚可以避债吗

[典型案例]

王某(男)和韩某(女)原来是一对夫妻。2010年,王某与他人合伙经营一家小企业,后来企业因效益不佳连连亏损。为了逃避债务,2011年1月,夫妻两人商定假离婚,他们一起到民政局办理离婚登记手续,并将房屋、汽车、存款等共同财产全部转移至韩某名下。离婚后,王某依然住在前妻家里,已经转移到女方名下的汽车,也一直由王某在开。但从2012年2月开始,两人闹起矛盾,韩某到法院起诉,要求王某立即从家中搬走,并且归还汽车。法院最终支持了韩某的诉讼请求。离婚后,韩某需要对王某的债务承担偿还责任吗?

[律师解析]

我国公民离婚有两种方式,一为协议离婚,一为诉讼离婚。针对协议离婚,我国《婚姻法》规定:"男女双方自愿离婚的,准予离婚。双方必须到婚姻登记机关申请离婚。婚姻登记机关查明双方确实是自愿并对子女和财产问题已有适当处理时，发给离婚证。"针对诉讼离婚，《婚姻法》规定："男女一方要求离婚的，可由有关部门进行调解或直接向人民法院提出离婚诉讼。人民法院审理离婚案件，应当进行调解；如感情确已破裂、调解无效，应准予离婚。"本案中，王某和韩某达成的离婚协议，已经民政部门登记，该协议对双方均有法律约束力。所以法院最终支持了韩某的诉讼请求。

由此可见，为了逃避债务，夫妻俩办理了假离婚，并且将夫妻共同财产全部转移到女方名下。但是，只要签了离婚协议并办理了离婚登记，就具有相应的法律效力。之后男女双方，任何一方就财产分割问题反悔的，可在协议离婚后一年内向法院起诉，要求变更或撤销原财产分割协议。近年来，不少人通过办理离婚登记以达到逃避债务、享受优惠政策等目的。其实，这种做法并不足取，因为依照法律规定，夫妻关系存续期间形成的夫妻共同债务，双方均有偿还的义务，即便今天办理了离婚手续，明天法院仍可依法追加另一方对共同债务承担偿还责任。而且离婚后一方所得的财产即为个人财产，即便日后复婚，法律上也认定为一方个人婚前财产。

[法条链接]

《婚姻法》第三十一条　男女双方自愿离婚的，准予离婚。双方必须到婚姻登记机关申请离婚。婚姻登记机关查明双方确实是自愿并对子女和财产问题已有适当处理时，发给离婚证。

《婚姻法》第三十二条　男女一方要求离婚的，可由有关部门进行调解或直接向人民法院提出离婚诉讼。

人民法院审理离婚案件，应当进行调解；如感情确已破裂，调解无效，应准予离婚。

有下列情形之一，调解无效的，应准予离婚：

（一）重婚或有配偶者与他人同居的；

（二）实施家庭暴力或虐待、遗弃家庭成员的；

（三）有赌博、吸毒等恶习屡教不改的；

（四）因感情不和分居满二年的；

（五）其他导致夫妻感情破裂的情形。

一方被宣告失踪，另一方提出离婚诉讼的，应准予离婚。

离婚之后又再婚产生的复杂房产纠纷处置

[典型案例]

张某（男）与韩某（女）登记结婚，张某向其所在单位提交了《购买公有住房申请书》，申请购买一套公有住房，并支付8万元的购房款，然后入住该房屋。一年之后，张某与韩某协议离婚，离婚协议约定公房的居住权归韩某，离婚后韩某一直住在该房屋内。不久之后，张某与韩某再婚，再婚后，张某与单位在又签订了《公有住宅买卖协议》，次年取得房屋有权证书，登记在张某名下。后张某起诉韩某，以房屋属于其再婚期间的夫妻共同财产为由，要求韩某腾退房屋。

那么，张某的要求会得到法院的支持吗？

[律师解析]

离婚协议对男女双方具有法律约束力。本案中，张某与韩某在离婚协议中约定诉争房屋的居住权归韩某，现起诉要求韩某腾退诉争房屋，法院不予支持。

本案中，张某是否有权要求韩某腾退房屋，关键在于，对本案诉争房产的性质如何认定，是属于张某哪一个婚姻关系存续期间的财产。 首先，本案诉争房产，应属于张某与韩某的夫妻共同财产。在张某与韩某婚姻关系存续期间，张某已经向其所在单位申请购买了涉案房屋，并已缴纳的全部购房款8万元人民币，尽管双方当时并未签订书面的《公有住宅买卖协议》，但实际上双方已经履行了各自的合同义务，张某缴纳了购房款，单位交付了房屋，双方的公有住宅买卖协议，已经成立，且已经实际履行。 而张某在再婚后，与单位签订书面《公有住宅买卖协议》的行为，只是对之前购房行为的一个书面确认，不能否认之前已经实际履行的购房行为。 张某在再婚期间取得的房屋所有权证，也只是其与前妻韩某婚姻存续期间的一种财产转化形式，也是之前公房购买协议完全履行后的必然结果，而不能因此认定，该财产属于张某和再婚妻子的共同财产。 其次，张某无权要求韩某腾退房屋。 涉案房屋属于张某与韩某夫妻存续期间的共同财产，夫妻双方均有使用权，尽管在离婚时，由于尚未取得房屋产权证，双方对房屋的所有权问题未进行处理，但张某与韩某已于离婚时达成协议，明确约定房屋的居住权归韩某所有，该协议对张某和韩某均具有法律效力，现张某在没有任何事实和法律依据的情况下，要求韩某腾退房屋，法院不应予以支持。 最后，韩某仍对涉案房屋应享有共有权。 尽管张某与韩某在离婚协议中约定，房屋的居住权归韩某享有，但不能以此认为韩某是以享有居住权为条件，放弃了房屋的所有权。 因为居住权只是房屋所有权的权能之一，物权包括占有、使用、处分等权能，而离婚协议中的约定，仅仅意味着张某放弃了涉案房屋的居住使用权，韩某取得了涉案房屋的居住使用权，韩某在享有房屋居住权的同时，仍对涉案房屋享有所有权。 因此，韩某仍有权向法院提起诉讼要求确认房屋所有权的归属，或者要求分割涉案房屋。

张某与韩某在离婚协议中约定，房屋的居住权归韩某享有，但不能以此认为韩某是以享有居住权为条件，放弃了房屋的所有权。物权的处分应有明确的约定，比如写明确一方放弃房屋的所有权。为避免其他法律纠纷，同时注明一方配合对方办理过户手续等，一方的居住权，一方的腾房义务、迁户义务及违约责任等。

[法条链接]

《物权法》第九十五条 共同共有人对共有的不动产或者动产共同享有所有权。

《物权法》第一百零六条 无处分权人将不动产或者动产转让给受让人的，所有权人有权追回；除法律另有规定外，符合下列情形的，受让人取得该不动产或者动产的所有权：

（一）受让人受让该不动产或者动产时是善意的；

（二）以合理的价格转让；

（三）转让的不动产或者动产依照法律规定应当登记的已经登记，不需要登记的已经交付给受让人。

受让人依照前款规定取得不动产或者动产的所有权的，原所有权人有权向无处分权人请求赔偿损失。

当事人善意取得其他物权的，参照前两款规定。

因重婚而引起的离婚纠纷应怎样处理

[典型案例]

1999年4月，李某经人介绍与韩某相识后恋爱，同年11月，双方到民政部门办理结婚登记手续。婚初，双方感情尚可，但

2000年李某生育一女孩后,双方为了孩子问题经常发生争吵。2001年10月,在一次激烈争吵后,李某赌气离家外出打工。后结识男青年吴某,双方产生感情,并于2003年同居,2004年4月生育一子取名吴浩。2005年4月,李某返乡要求与韩某离婚。韩某得知李某在外与人同居生子后,非常愤怒,于4月30日以李某犯重婚罪为由向当地法院起诉。

[律师解析]

本案中李某与韩某为合法夫妻关系。李某虽然在婚姻存续期间与吴某同居生子,但对外并未声称是夫妻关系,也未办理婚姻登记手续,依据上述分析仅为有配偶者与他人同居,不符合重婚罪的构成要求。因此,对李某不能以重婚罪定罪处刑。

根据我国法律规定,重婚是违法犯罪行为,对重婚者必须追究刑事责任,原则上应当维持原配夫妻关系,宣布重婚关系无效。对因重婚而提出离婚的,应按照1983年7月26日最高人民法院、最高人民检察院、公安部联合发出的《关于重婚案件管辖问题的通知》规定,首先由法庭依照刑法的规定,处理重婚问题,然后由民庭依照婚姻法的规定,处理离婚问题。

处理因重婚引起的离婚纠纷,必须坚持一夫一妻制的原则,根据婚姻基础、重婚的原因、情节、后果以及子女的利益等情况,区别对待。一般而言,如是重婚者的配偶提出离婚,在夫妻感情确已破裂,和好无望时,应依法准许。如为重婚者本人提出离婚的,则应注意下列几个问题:

(1)基于喜新厌旧或传宗接代等原因而重婚的,经刑事处理,解除其非法的重婚关系后,重婚的一方提出与原配偶离婚,而原配偶坚持不离的,经调解无效,一般不准离婚。如夫妻感情确已破裂,事实上已无恢复和好可能的,可调解或判决准予离婚,但应在财产处理上保护无过错一方的利益。

(2) 由于反抗强迫包办婚姻,或者一贯受虐待,要求离婚得不到支持,反遭到迫害,因而外出与人重婚的,可不按重婚对待。坚持要求与原配偶离婚的,应做好工作,调解或判决准予离婚。其后一婚姻关系自前婚解除后方为有效。后一婚姻如未办理结婚登记,则应补办登记手续。

(3) 妇女因严重自然灾害或拐卖、外流与他人重婚的,一般可不按重婚论处。发生纠纷时,原则上应维持原来的婚姻关系,尽量调解,促使其与原夫和好;如原来夫妻感情不好,女方坚决不肯回去,或者外出重婚已有多年与后夫感情很好,已生育子女,可说服原夫,调解或判决离婚。但无论准离不准离,都应做好工作,不能采取简单强制的办法让女方回原夫家,女方同意回去的,也应做好家庭和群众工作,消除舆论障碍和女方的思想顾虑,并要注意防止侵犯人身权利和抢婚、械斗事件的发生。

(4) 在上诉期间一方当事人与第三者结婚的,应查明原因,分清责任,根据具体情况处理,不要一律以重婚论处。对明知上诉期间判决尚未生效而急于与第三者结婚的,应视为重婚行为,予以严厉的批评教育,情节严重的,应追究刑事责任。同时宣布其与第三者的婚姻是违法无效的婚姻。上诉人民法院准予离婚后,如果他(她)仍愿和第三者结婚,应当再依法向婚姻登记机关办理结婚登记手续。对已过上诉期,不知对方上诉的一方当事人与第三者结婚的,不应视为重婚。

[法条链接]

《婚姻法》第三十二条 男女一方要求离婚的,可由有关部门进行调解或直接向人民法院提出离婚诉讼。

人民法院审理离婚案件，应当进行调解；如感情确已破裂，调解无效，应准予离婚。

有下列情形之一，调解无效的，应准予离婚：

（一）重婚或有配偶者与他人同居的；

（二）实施家庭暴力或虐待、遗弃家庭成员的；

（三）有赌博、吸毒等恶习屡教不改的；

（四）因感情不和分居满二年的；

（五）其他导致夫妻感情破裂的情形。

一方被宣告失踪，另一方提出离婚诉讼的，应准予离婚。

成年子女强行侵占财产，老人如何寻求法律保护

[典型案例]

周某初中毕业以后，一直无所事事，用父母给的钱与一些社会上的朋友吃喝玩乐，从事危害社会的流氓活动。十几年过去了，周某依然如此，甚至情节更为恶劣。周某不但时常将其狐朋狗友带到家中胡闹，更是动辄打骂父母，向年迈的老父亲强行要钱。最后周某甚至将父母赶出家门，同时将门锁换掉，还明确告知自己的父母，让其以后自己到养老院去生活。为此，周某的父母非常伤心，自己有钱却被儿子抢夺，有房子却被儿子赶出家门。

周某的父母想知道，自己的亲生儿子强行侵占自己的财产，自己究竟该如何维权才好？

[律师解析]

现代社会中这样不但不孝顺父母，反而强行侵占父母的财产的

子女很多，面临这样的情况，老年人完全可以寻求法律的帮助。

国家保护公民的财产所有权。我国《民法通则》规定，财产所有权是指所有人依法对自己的财产享有占有、使用、收益和处分的权利。此外，公民的个人财产，包括公民的合法收入、房屋、储蓄、生活用品、文物、图书资料、林木、牲畜和法律允许公民所有的生产资料以及其他合法财产。公民的合法财产受法律保护，禁止任何组织或者个人侵占、哄抢、破坏或者非法查封、扣押、冻结、没收。老年人作为公民，有权利主张自己的财产所有权。

对于子女侵害父母财产所有权这种现象，我国法律也有具体的规定和处罚措施。我国《老年人权益保障法》就规定，老年人有权依法处理个人的财产，子女或者其他亲属不得干涉，不得强行索取老年人的财物。

我国部分省份，如江苏省还颁布了《老年人权益保障条例(草案修改稿)》，增加了对"啃老"的规定，有独立生活能力的成年子女要求老年人经济资助的，老年人有权拒绝。子女或者其他亲属不得以无业或者其他理由，骗取、克扣或者强行索取老年人的财物。

综合以上，本案中，周某侵犯了其父母的财产权。根据"侵占国家的、集体的财产或者他人财产的，应当返还财产，不能返还财产的，应当折价赔偿"这一法律规定，周某的父母有权让儿子返还自己的财产，要回属于自己的房子。

[法条链接]

《民法通则》第七十五条 公民的个人财产，包括公民的合法收入、房屋、储蓄、生活用品、文物、图书资料、林木、牲畜和法律允许公民所有的生产资料以及其他合法财产。

公民的合法财产受法律保护，禁止任何组织或者个人侵占、哄抢、破坏或者非法查封、扣押、冻结、没收。

《民法通则》第一百一十七条 侵占国家的、集体的财产或者他人财产的,应当返还财产,不能返还财产的,应当折价赔偿。

损坏国家的、集体的财产或者他人财产的,应当恢复原状或者折价赔偿。

受害人因此遭受其他重大损失的,侵害并应当赔偿损失。

老人遭受家庭遗弃如何用法律保护自己

[典型案例]

张剑15岁的时候,他的母亲就因病去世了,他的父亲现在也七十多岁了。张剑结婚后,开始嫌弃老人脏、爱唠叨,于是逼着自己的老父亲分居独过。他的父亲一直靠自己的劳动维持生活,也没有向儿子要求赡养,而张剑竟然也从不过问老人的生活。后来,张剑的老父亲因中风半身瘫痪,丧失劳动能力,生活变得不能自理。邻居于是将老人的病情告知了张剑,但他仍然对这种情况置之不理。张剑的父亲又生气又伤心。那么在这种疾病、饥饿交加的情况下,张剑父亲又应该拿这个不孝的儿子怎么办呢?

[律师解析]

我国《婚姻法》明确规定,禁止家庭成员间的虐待和遗弃。遗弃行为往往给被害人的生命、健康造成威胁,为舆论所不齿,也影响社会的安定团结。因此,同遗弃的犯罪行为做斗争,有助于营造一个少有所养、老有所依的良好的社会环境,有助于保护妇女特别是儿童和老人的合法权益。

张剑这种不孝的行为属于遗弃老人。遗弃是指对年老、年幼、患病或者其他没有独立生活能力的人负有抚养、扶养、赡养义务而拒绝履行义务的行为。

对于遗弃家庭成员的行为，我国《婚姻法》规定了救助措施与法律责任明确，对遗弃家庭成员，受害人有权提出请求，居民委员会、村民委员会以及所在单位应当予以劝阻、调解；对遗弃家庭成员，受害人提出请求的，人民法院应当依法做出支付扶养费、抚养费、赡养费的判决。

本案中，张剑对自己的老父亲不闻不问，不尽赡养义务，已构成遗弃家庭成员的行为。而张剑的老父亲有权提出请求，居民委员会有权予以劝阻和调解。在劝阻、调解无效的情况下，张剑的老父亲可向人民法院提起诉讼请求。张剑遗弃无劳动能力且生活困难的长辈的违法行为，理应受到制裁。

张剑需要明白的是，根据我国《刑法》的规定，对于年老、年幼、患病或者其他没有独立生活能力的人，负有扶养义务而拒绝，情节恶劣的，处五年以下有期徒刑、拘役或者管制。因此对于本案，人民法院在追究他的遗弃罪的同时，还要责成张剑负责解决被遗弃人的生活问题。若张剑不服从，将会受到刑法的制裁。

[法条链接]

《婚姻法》第四十三条 实施家庭暴力或虐待家庭成员，受害人有权提出请求，居民委员会、村民委员会以及所在单位应当予以劝阻、调解。

对正在实施的家庭暴力，受害人有权提出请求，居民委员会、村民委员会应当予以劝阻；公安机关应当予以制止。

实施家庭暴力或虐待家庭成员，受害人提出请求的，公安机关应当依照治安管理处罚的法律规定予以行政处罚。

《刑法》第二百六十一条　对于年老、年幼、患病或者其他没有独立生活能力的人，负有扶养义务而拒绝扶养，情节恶劣的，处五年以下有期徒刑、拘役或者管制。

离婚后子女抚养问题怎样处理

[典型案例]

李某（女）和张某（男）是2004年结婚的，婚后育有一子，近一年，李某发现张某有了外遇，然后就离婚了。李某想抚养孩子，可是张某不同意。那么，离婚后的子女抚养问题怎么处理？

[律师解析]

夫妻离婚将带给子女三个问题，即离婚后的父母子女关系，离婚后子女由谁抚养，子女生活费和教育费的分担和变更。

离婚后，父母对子女仍有抚养和教育的权利和义务，第一，根据我国法律规定，究竟由谁抚养更合适，法律规定哺乳期内的子女原则上随哺乳的母亲抚养。有下列特殊情况可由父亲抚养：母亲患有传染性疾病，婴儿不宜由她哺乳或抚养；母亲因职业等原因不能哺乳的；母亲出走或因其他原因不哺乳婴儿，必须由父亲抚养的。哺乳期后，没有识别能力的子女随谁生活由父母协议决定。协议不成时，由人民法院从有利子女利益的原则出发，结合双方实际情况进行判决。双方实际情况主要指：父母对子女的感情；父母的政治思想和品德；父母的抚养条件。有识别能力的子女（一般指十周岁以上子女）随父随母生活，由他们本人选择。对有争议的独生子女抚养问题，人民法院在做出终审判决时，除考虑上述父母三方面的情况外，在不损害子女利益的前提下，一般会考虑双方的合理要求。 如已绝育又有抚养能力的一方要求抚养子女，或年老多病不能再婚的一方要求抚养子女，只要有可能都将予以照顾。

第二，子女的抚育费。 子女的抚育费主要包括生活费和教育费两个部分。 由于离婚后父母都有抚养教育子女的权利和义务，这些费用原则上应由双方共同承担。 与子女共同生活的一方自不必说，不与子女共同生活的一方也应依法负担上述费用。 关于子女生活费和教育费的协议或判决，不妨碍子女在必要时向父母任何一方提出超过协议或判决原定数额的合理要求。 但在具体处理这类问题时，还应注意下列问题：一是离婚后，父母有负担子女抚育的平等义务；二是子女抚育费的数额、期限和给付办法。 这些问题首先应由父母双方协议；协议不成时，由人民法院判决。 在确定抚育费数额时，应当兼顾必要和可能两个方面，既要满足子女的实际需要，又要考虑父母的负担能力，以及当地的生活水平。 关于给付抚育费的期限，一般情况下应自夫妻离婚时起，到子女能够独立生活时为止。 关于给付抚育费的方法，应视给付者的具体情况而定，一般可给付现金，有时也可给付实物。 凡有工资收入的，一般应按月或定期给付，在某些情况下也可以一次给付。 离婚时应将子女抚育费的数额、给付的期限和方法，明确、具体地载入离婚调解书或判决书。

第三，抚育费的变更。 抚育费的变更有增加、减少和免除三种情况。 如果子女的实际需要有所增加，父母又有追加费用的能力，子女可以向父母任何一方提出要求，适当增加抚育费用。 至于是否增加和增加多少，应由当事人妥为协议；协议不成时由人民法院依法判决。

离婚父母只有依法做到上述几个方面，才算是对子女尽到了抚养教育的义务。

[法条链接]

《婚姻法》第三十七条 离婚后，一方抚养的子女，另一方应负担必要的生活费和教育费的一部分或全部，负担费用的多少和期限的长短，由双方协议；协议不成时，由人民法院判决。

关于子女生活费和教育费的协议或判决，不妨碍子女在必要时向父母任何一方提出超过协议或判决原定数额的合理要求。

女方在怀孕期间，男方可以提出离婚吗

[典型案例]

严某与张某结婚已经两年，两个人脾气都不好，生活总是磕磕绊绊，感情不是很融洽。自从4个月前张某怀孕后，家务全部推给了严某，自己整天除了吃就是玩，这让严某没少数落她，而张某一听到严某的埋怨就情绪激动地展开反击，就这样，两人之间从小吵小闹逐渐升级为家庭大战，终于，严某在张某怀孕6个月时向法院提起诉讼要求离婚。那么，严某可以在此时提出离婚吗？

[律师解析]

怀孕期间的妇女，因其身体、生理、心理等各方面不同程度的变化，需要特殊的关怀和照顾，为了保护女性在这一特殊时期的权利，我国《婚姻法》明确规定，女方在怀孕期间、分娩后一年内或中止妊娠六个月内，男方不得提出离婚。

本案中，严某应该考虑到张某的身体和心理变化，适当地迁就妻子，或是请亲友进行调解劝导，而不是简单地想要离婚。法院应该依照法律规定驳回严某的请求。

[法条链接]

《婚姻法》第三十四条　女方在怀孕期间、分娩后一年内或中止妊娠后六个月内，男方不得提出离婚。女方提出离婚的，或人民法院认为确有必要受理男方离婚请求的，不在此限。

离婚时，处理夫妻共同财产的原则是什么

[典型案例]

林某（男）和韩某（女）本是一对感情还不错的夫妻，但二人最终难逃婚姻的"七年之痒"，在结婚后的第七年因林某有了外遇导致感情破裂，两人打算离婚。韩某要求孩子跟着自己生活，林某同意，但两人在如何分割夫妻共同财产时却产生了分歧。林某认为，既然是共同财产，就该平分，一人一半，而韩某却认为是由于林某的过错才导致离婚，且孩子随自己生活，自己应该多分一些。

那么，对夫妻离婚时如何处理共同财产法律上有什么规定呢？

[律师解析]

根据我国《婚姻法》离婚时，夫妻的共同财产应由双方协议处理；协议不成时，应由人民法院根据财产的具体情况，照顾子女和女方权益的原则判决。夫或妻在家庭土地承包经营中享有的权益等，应当依法予以保护。

除此之外，为了维护夫妻双方当事人的利益，维护整个社会关

系的稳定,根据《婚姻法》的立法精神以及各国的立法惯例,在分割共同财产过程中还要坚持以下一些原则:(1)有利于生产和生活;(2)夫妻均等分割;(3)照顾无过错方;(4)不损害国家、集体和他人利益;(5)未成年子女的财产,应由抚养子女的一方代为管理。

[法条链接]

《婚姻法》第三十九条 离婚时,夫妻的共同财产由双方协议处理;协议不成时,由人民法院根据财产的具体情况,照顾子女和女方权益的原则判决。

夫或妻在家庭土地承包经营中享有的权益等,应当依法予以保护。

为防"出轨"所签订的"夫妻忠诚协议"有效吗

[典型案例]

赵旺离婚后通过征婚,与也曾离异的罗菲相识。经过短暂的接触,几个月后双方登记结婚。由于两人均系再婚,为慎重起见,2000年6月,夫妻俩经过"友好协商",签署了一份"忠诚协议书"。协议约定,夫妻婚后应互敬互爱,对家庭、配偶、子女要有道德观和责任感。协议书中还特别强调了"违约责任":若一方在婚期内由于道德品质的问题,出现背叛另一方的不道德行为(婚外情),要赔偿对方名誉损失及精神损失费30万元。协议签订后,在婚姻存续期间,罗菲发现赵旺与其他异性有不正当关系。

2002年5月,赵旺向法院提出离婚诉讼,与此同时,罗菲以赵旺违反"夫妻忠诚协议"为由提起反诉,要求法院判令赵旺支付违约金30万元。

那么,赵旺的诉讼会得到法院的支持吗?

[律师解析]

对于"忠诚协议",目前我国也同样是没有明确的法律和司法解释来做出详细的规定。现在一些法院的判决,可以说还处于摸索和实验的阶段。但就这种摸索来看,各个法院对这种"忠诚协议"都还是持肯定态度的。因为这种协议,既不违法,也没有限制男女一方的正当权利,而且还非常符合婚姻法关于夫妻之间互负有忠贞义务的规定。此外,这一协议,虽然不能从根本上杜绝"婚外情"的发生,但毕竟有一定的积极预防作用。这对家庭稳定、社会和谐能起到很大的作用。

当然,也有一些学者和法律实务界人士认为,"忠诚协议"属于限制了对方人身自由的协议,应当是无效的。或者说,感情问题,只能用感情和道德来调整和维持,而不能用协议的方式来束缚人们的感情。所以,"忠诚协议"是不受法律保护的。

所以,司法审判应当以服务社会、稳定社会为终极目标。在目前社会上的"婚外情"如此频发的情况下,法院对"忠诚协议"给予支持和肯定的态度,是符合我们国家的实际情况的,法院判决赵旺支付罗菲"违约金"30万元符合法律规定。

[法条链接]

《婚姻法》第三条 禁止包办、买卖婚姻和其他干涉婚姻自由的行为。禁止借婚姻索取财物。禁止重婚。禁止有配偶者与他人同居。

《婚姻法》第四条 夫妻应当互相忠实,互相尊重;家庭成员间应当敬老爱幼,互相帮助,维护平等、和睦、文明的婚姻家庭关系。

哪些属于夫妻共同财产,哪些属于一方个人财产,你清楚吗

[典型案例]

蓝某和杨某原系夫妻,结婚时夫妻感情十分融洽,但后来对于婆媳关系和家庭琐事夫妻之间一直无法调和,2012年6月二人因为家庭矛盾进一步恶化而离婚。离婚后,蓝某和杨某之间未保持联系,2003年春节期间,蓝某从杨某的一个同事口中了解到杨某曾在2011年从其单位一次性领到住房补贴38 000元,2003年6月单位还会补给杨某20 000元,然而杨某在离婚时对这笔家庭收入只字未提,刻意隐瞒了这一事实。蓝某认为,杨某所领到的住房补贴是在婚姻关系存续期间获取的收入,属于夫妻共同财产,故自己应该得到住房补贴金的一半,于是蓝某向杨某索要一半住房补贴金,但杨某拒绝了蓝某的要求。那么这份住房补贴金究竟属不属于夫妻共同财产呢?

[律师解析]

本案涉及单位补贴金的归属问题。目前法律对共同财产和个人财产采用了排除方式:第一步,按取得时间把婚前财产排除在共同财产之外;第二步,再将虽为婚后取得但应属个人特有的部分剔除出去。这样,在判断一份财产是否属于个人财产还是共同财产时,可以根据个人财产判断的两个标准，即时间标准和人身依附性标准先判断该财产是否属于个人财产，然后再根据逆推法来断定它是不是共同财产。

具体到本案件，我们可以看到，实物分房，即俗称的福利分房，其分房的条件是职工工龄的长短、工作业绩等，但其先决性的条件是职工结婚与否，只有已婚的职工才能够享受这种待遇，未婚的单身男女是不可能分到住房的。从这点上来看，该项福利性政策是针对职工家庭而非仅针对职工个人的，作为过渡政策的一次性住房补贴尚未从根本上改变福利分房的性质，它仍然以家庭为发放对象，目的是解决职工家庭的共同居住问题，而非职工个人的居住困难。从住房补贴金的性质上讲，该款是在婚姻存续期间取得，且不具有人身依附性。尽管从表面上来看，这项补贴列在了职工个人名下，但实质上充分考虑了职工结婚并组建家庭这一因素，因此从人身依附性这一基本特性上来说，该款并不属于个人财产。因此，应当认定这个财产为夫妻共同财产。

[法条链接]

《婚姻法》第十七条 夫妻在婚姻关系存续期间所得的下列财产，归夫妻共同所有：

（一）工资、奖金；

（二）生产、经营的收益；

（三）知识产权的收益；

（四）继承或赠与所得的财产，但本法第十八条第三项规定的除外；

（五）其他应当归共同所有的财产。

夫妻对共同所有的财产，有平等的处理权。

《婚姻法》第十八条 有下列情形之一的，为夫妻一方的财产：

（一）一方的婚前财产；

（二）一方因身体受到伤害获得的医疗费、残疾人生活补助费等费用；

（三）遗嘱或赠与合同中确定只归夫或妻一方的财产；

（四）一方专用的生活用品；

（五）其他应当归一方的财产。

因配偶与他人同居导致离婚，无过错方可否请求损害赔偿

[典型案例]

被告贾某是某市政府机关的工作人员，郑某是某公司的普通职工。二人于1996年登记结婚，婚后感情一般，且一直未生育。贾某毕业于北京一所重点大学，总是苦于自己的抱负得不到很好的施展，遂于2000年辞去政府工作，下海经商，与大学同窗好友合伙开了一家对外贸易公司。经过两三年的打拼，生意红火起来，拥有了两家分公司，家产颇为丰厚。贾某渐渐以业务繁忙为名外出不归。久而久之，妻子郑某产生怀疑，经查发现贾某与其公司一王姓业务员来往密切，共同出入各种场合，成双成对。郑某回到家中质问贾某，贾某竟坦然承认，经亲戚劝导，也不思悔改。夫妻二人经常因此发生争吵，感情急剧恶化。

2005年2月贾某干脆从家里搬出与李某住在一起。郑某心灰意冷，2008年5月6日，郑某以丈夫与他人非法同居导致夫妻感情破裂为由向人民法院提起诉讼，要求法院判决其与贾某离婚，并同时要求贾某赔偿其精神损失费5万元。贾某也表示同意离婚，但对赔偿损失有异议。

请问，郑某有获得损害赔偿的权利吗？

[律师解析]

本案涉及有配偶者与他人同居导致离婚的损害赔偿问题。有配偶者与他人同居，是指有配偶者与婚外异性，不以夫妻名义，持续、稳定地共同居住的事实状态。我国《婚姻法》规定，重婚或者有配偶者与他人同居，经调解无效的，应准予离婚。同时规定，有配偶者与他人同居导致离婚的，无过错方有权请求损害赔偿。

本案中，被告贾某从家里搬出与李某住在一起，属于典型的违反夫妻忠实义务的行为，而且张某也同意离婚，夫妻感情确已破裂，法院应当判决准予离婚而郑某作为离婚诉讼当事人中无过错方，有权要求贾某给予损害赔偿，这里的损害赔偿主要是精神损害赔偿。我国《婚姻法》还规定，有下列情形之一，导致离婚的，无过错方有权请求损害赔偿：（1）重婚的；（2）有配偶者与他人同居的；（3）实施家庭暴力的；（4）虐待、遗弃家庭成员的。所以，郑某有获得损害赔偿的权利。

[法条链接]

《最高人民法院关于适用〈中华人民共和国婚姻法〉若干问题的解释（一）》第二条　婚姻法第三条、第三十二条、第四十六条规定的"有配偶者与他人同居"的情形，是指有配偶者与婚外异性，不以夫妻名义，持续、稳定地共同居住。

《最高人民法院关于适用〈中华人民共和国婚姻法〉若干问题的解释（一）》第二十八条　婚姻法第四十六条规定的"损害赔偿"，包括物质损害赔偿和精神损害赔偿。涉及精神损害赔偿的，适用最高人民法院《关于确定民事侵权精神损害赔偿责任若干问题的解释》的有关规定。

《最高人民法院关于适用〈中华人民共和国婚姻法〉若干问题的解释(一)》第二十九条　承担婚姻法第四十六条规定的损害赔偿责任的主体,为离婚诉讼当事人中无过错方的配偶。

如何取出去世亲属的存款

[典型案例]

孙小姐的亲哥哥在八年前因车祸过世,当时家人已将身份证等证件注销。现在发现哥哥还有一笔银行存款。哥哥没有子女,原来的妻子也已经改嫁并与其没有联系,很难找到。那么,孙小姐家人如何操作,才能取出这笔钱款?

[律师解析]

根据《继承法》的相关规定,夫妻、子女、父母是被继承人第一顺序的继承人,兄弟姐妹、祖父母、外祖父母是第二顺序继承人。在没有第一顺序继承人的情况下,被继承人的遗产由第二顺序继承人继承。

本案中,孙小姐的哥哥没有子女,其妻子虽然已改嫁,但因哥哥去世前仍是哥哥的合法的配偶,其仍为第一顺序的法定继承人,其父母也作为第一顺序的法定继承人,对该笔银行存款享有继承权。如果其父母仍健在,父母与哥哥的妻子则作为法定继承人对该笔存款享有同等的继承权。但是,若当时父母已经去世,哥哥又没有子女,该笔钱款的法定继承人则为改嫁的妻子。

实际操作中,可通过到孙小姐的哥哥原户籍所在地派出所调取其户籍资料,以证明被继承人的身份及继承人和被继承人之间的关系,然后到法院提起遗产分割诉讼,凭法院调查令调查孙小姐哥哥在银行的存款资料,依法要求分割遗产。

婚后共同创办的公司怎么分割

[典型案例]

王小姐和丈夫2005年5月登记结婚,婚后感情较好。但近来王小姐发现丈夫有外遇,决定离婚。但是,2006年2月王小姐和丈夫一起设立了A公司,该公司目前由王小姐一人经营,股东为夫妻二人,王小姐占40%股份。2006年9月丈夫以自己的名义设立了B公司,目前由他在经营。2008年3月夫妻俩与丈夫的姐姐一起设立了C公司,王小姐占30%,丈夫占40%,丈夫的姐姐占30%。王小姐如果要离婚的话,这三个公司如何分割?

[律师解析]

离婚时公司股权的分割,若涉及案外人,则离婚案件中无法直接分割,需另案诉讼,反之可在离婚案件中一并处理。

针对A公司的股权分割,目前没有具体的法律规定,由于新《公司法》修订以前,我国法律不承认一人公司的合法性,因此很多公司是夫妻两个人一起用夫妻共同财产投资设立的,当夫妻双方离婚时,很多地方法院认为,工商登记中载明的夫妻投资比例不应该认定为夫妻对财产归属的约定,对于此类公司股权的分割处理由于不涉及第三人股东,应该按以下方式处理:(1)如果夫妻双方对公司股权分割方案协商一致由一方取得股权,人民法院可按其协议处理,但是必须符合《公司法》及相关规定中关于一人公司的规定并办理相关变更手续;(2)如果夫妻双方对公司股权分割方案协商一致由双方继续共同经营的,人民法院可按其协议处理,若涉及持股比例的变化应当按照相关规定办理变更手续;(3)如果夫妻双方对公司股权分割方案不能协商一致,应当按照以下情形分别处理:①一方主张取得公司股权的,对公司资产进行评估,由取得公司股权一方给予另一方相应的经济补偿,但是必须符合《公司法》及相关规定中关于一人公司的规定并办理相关变更手续;②双方均主张公司股权但不愿与对方共同经营的,在双方竞价基础上,由取得公司股权的一方给予另一方相应的经济补偿,但是必须符合《公司法》及相关规定中关于一人公司的规定并办理相关变更手续;③双方均主张公司股权且愿与对方共同经营,只是对应当分得的份额不能协商一致的,由人民法院酌情处理;④双方均不愿意取得公司股权的,按照《中华人民共和国公司法》等有关规定予以解散。

针对 B 公司的股权分割,对于一人公司的自然人股东发生离婚诉讼时,有限公司股权如何分割,我国法律及相关司法解释没有明确规定。鉴于一人公司的特殊性及夫妻双方离婚的法律事实,应该按以下方式处理:(1)如果夫妻双方对公司股权分割方案协商一致由一方取得股权,人民法院可按其协议处理;(2)如果夫妻双方对公司股权分割方案不能协商一致,应当按照以下情形分别处理:①一方主张取得公司股权的,对公司资产进行评估,由取得公司股权一方给予另一方相应的经济补偿,并按照相关规定办理变更手续;②双方均主张公司股权但不愿与对方共同经营的,在双方竞价基础上,由取得公司股权的一方给予另一方相应的经济补偿,并按照相关规定办理变更手续;③双方均主张公司股权且愿与对方共同经营,只是对应当分得的份额不能协商一致的,由人民法院酌情处理;④双方均不愿意取得公司股权的,按照《中华人民共和国公司法》等有关规定予以解散。

针对 C 公司的股权分割,由于涉及案外人,应当根据不同的情况做出处理:(1)如果夫妻双方协商一致,一方取得夫妻双方在公司中的全部股权时,由取得股权的一方给予另一方相应的经济补偿。这样处理的法律依据是《公司法》第七十二条第一款的规定。(2)若夫妻双方协商一致,双方仍为公司的股东,可以就相互拥有的份额进行协商处理并办理相应的变更手续;若不能协商确定各自的份额,则由人民法院根据案件的情况酌情处理。(3)若夫妻双方均不愿意再拥有公司股权,可以按照《公司法》的相关规定将股权转让给其他股东或股东之外的第三人,然后对转让价款依法分割;若未能将股权转让予他人,则由人民法院根据案件的情况酌情确定双方的持股比例。这样处理的法律依据是《公司法》第三十六条"公司成立后,股东不得抽逃出资"。

[法条链接]

《婚姻法》第十九条 夫妻可以约定婚姻关系存续期间所得的财产以及婚前财产归各自所有、共同所有或部分各自所有、共同所有。约定应当采用书面形式。没有约定或约定不明确的,适用本法第十七条、十八条的规定。

夫妻对婚姻关系存续期间所得的财产以及婚前财产的约定,对双方具有约束力。

夫妻对婚姻关系存续期间所得的财产约定归各自所有的,夫或妻一方所负的债务,第三人知道该约定的,以夫或妻一方所有的财产清偿。

如何签订婚前财产约定协议与夫妻财产约定协议？怎样办理公证

[典型案例]

黄某和李某在结婚前，为了避免以后发生财产纠纷，两人经商议决定在结婚前把财产的归属划分清楚，订立约定，以备不时之需。夫妻双方可以约定财产的归属吗？应当如何签订婚前财产约定协议与夫妻财产约定协议？又应当如何办理公证呢？

[律师解析]

在我国，夫妻双方结婚前可以订立财产协定，对婚前财产归属、婚后实行何种财产制度、所得财产分配方法等达成协议。日后发生财产纠纷的，以协议为准。若无协议，则依据《婚姻法》的规定，婚前财产归个人所有，婚后财产夫妻共有。

申办该类公证须由当事人双方共同到公证处提出申请。申请时应提交下列证明材料：

(1) 申请人的身份证明（身份证、户口簿、护照等）；

(2) 单位出具的未婚证明；

(3) 财产的约定协议书；

(4) 有关财产的产权证明，如个人所有房产的房产证；

(5) 财产清单；

(6) 公证人员认为应当提交的其他材料；

财产约定协议应当包括以下内容：

(1) 当事人的姓名、性别、身份证编号、住址等基本情况；

(2) 对婚前财产进行约定的，婚前财产（含债务）的名称、数量、种类、价值、状态、归属等；

(3) 对夫妻财产进行约定的，共同财产的名称、来源、有无其他

共有人、归属等;

(4)解除约定协议或解决争议的办法;

(5)其他双方认为有必要的约定。

本案中,黄某和李某可以到有管辖权的国家公证机构进行公证。

[法条链接]

《婚姻法》第十九条 夫妻可以约定婚姻关系存续期间所得的财产以及婚前财产归各自所有、共同所有或部分各自所有、共同所有。约定应当采用书面形式。没有约定或约定不明确的,适用本法第十七条、十八条的规定。

夫妻对婚姻关系存续期间所得的财产以及婚前财产的约定,对双方具有约束力。

夫妻对婚姻关系存续期间所得的财产约定归各自所有的,夫或妻一方所负的债务,第三人知道该约定的,以夫或妻一方所有的财产清偿。

离婚时,一方转移财产,怎么办

[典型案例]

林某和成某结婚十几年,夫妻俩经常吵架,矛盾越来越无法调和,为此,林某干脆搬到公司宿舍居住。后经不住成某的无端骚扰,林某向法院起诉离婚,可是,成某不同意离婚,法院判决驳回起诉。六个月后,林某再次起诉要求离婚,可是,在审理财产时,发现共同的房产已经被成某低价私自卖给了他的姐夫。林某要求中止离婚案件的审理,起诉买卖房屋协议无效,法院在审理后判决买卖协议无效。林某申请恢复离婚案件的审理,并拿出法院的关于房屋买卖一案的判决,认为男方转移财产,应该不予以分配其共同财产；最后，法院判决只分配给成某房产份额的30%。

[律师解析]

我国《婚姻法》的基本原则是平等、自由、公平、诚实，无论是婚内还是离婚过程中，双方都要秉承这样的信念。为了防止一方借助离婚损害另一方的权益，法律为此专门规定了惩罚性的条款。如果一方有隐藏、转移、变卖、毁损夫妻共同财产的或者伪造债务的，在分割共同财产时，会少分或不分。立法本意充分体现了公平和惩罚的原则，以充分保护无过错方的权益。

此外，《婚姻法》还规定，离婚时，一方隐藏、转移、变卖、毁损夫妻共同财产，或伪造债务企图侵占另一方财产的，分割夫妻共同财产时，对隐藏、转移、变卖、毁损夫妻共同财产或伪造债务的一方，可以少分或不分。离婚后，另一方发现有上述行为的，可以向人民法院提起诉讼，请求再次分割夫妻共同财产。

本案中，人民法院对前款规定的妨害民事诉讼的行为，即成某低价私自将共同房产卖给他人的行为，依照民事诉讼法的规定予以制裁。

[法条链接]

《婚姻法》第四十七条　离婚时，一方隐藏、转移、买卖、毁损夫妻共同财产，或伪造企图侵占另一方财产的，分割夫妻共同财产时，对隐藏、转移、买卖、毁损夫妻共同财产或伪造债务的一方，可以少分或不分。离婚时，另一方发现有上述行为的，可以向人民法院提起诉讼，请求再次分割夫妻共同财产。

人民法院对前款规定的妨害民事诉讼的行为，依照民事诉讼法的规定予以制裁。

第四章 劳动就业

女职工孕期休假被开除,所在单位是否应赔偿

[典型案例]

张某在广州某珠宝首饰公司设在西安的专柜任店长,劳动合同期为2007年12月1日至2010年12月1日。2009年9月,张某孕检根据医生建议,通过电话向公司请假1个月。10月、11月又在医生建议下继续休息,次年1月产下一女。2010年3月,珠宝公司向张某发出通知函,与张某解除劳动关系。

[律师解析]

一审法院查明,珠宝公司职代会制定的《工作执行手册》,要求所有员工在休假之前必须填写请假单,经批准后才能离岗,否则视作旷工处理,连续超过3日视为自动离职。其内容不违反国家法律法规,具有合法效力。张某未经批准、未办理交接手续离岗的行为违反单位规章制度,珠宝公司做出解除劳动合同的通知符合劳动合同法规定,并无不当,判决珠宝公司支付张某病、产假工资共计7606元。张某不服,上诉至市中级法院。

市中级法院二审认为,张某与珠宝公司之间的劳动合同至2010年12月1日期满,因张某此期间怀孕、生产,故双方劳动合同应延续至张某哺乳期满。此期间,张某有权依医嘱享受病假。在张某病休的手续上，珠宝公司与张某并未严格依照公司规定执行，因张某符合病、产假条件且获得了批准，珠宝公司无证据证明要求张某补办过手续，故张某不应被视为旷工，珠宝公司解除双方劳动关系违反劳动合同法的规定，应向其支付经济补偿金和违法解除劳动合同赔偿金。判决珠宝公司支付张某病、产假工资，经济补偿金，违法解除劳动合同赔偿金共3万余元。

[法条链接]

《女职工劳动保护特别规定》第五条 用人单位不得因女职工怀孕、生育、哺乳降低其工资、予以辞退、与其解除劳动或者聘用合同。

《女职工劳动保护特别规定》第十四条 用人单位违反本规定，侵害女职工合法权益的，女职工可以依法投诉、举报、申诉，依法向劳动人事争议调解仲裁机构申请调解仲裁，对仲裁裁决不服的，依法向人民法院提起诉讼。

"打工"不签订合同，不上保险怎么办

[典型案例]

侯某自1990年起进某工厂打工，到现在已经有20多年了，每月工资只有600元，工厂既没有和侯某签订劳动合同，也没有给侯某缴纳社会保险，侯某身体累病了，单位就把他辞退。侯某要求单位给补偿，但是单位领导说没有。

那么，侯某该怎么办呢？

[律师解析]

根据《劳动法》的相关规定，用人单位必须跟员工签订劳动合同并购买社会保险，因此购买社保是必需的，属于强制保险。本案中，侯某与工厂已经形成劳动关系，但是工厂未与侯某签订劳动合同，未足额支付劳动报酬(假设侯某的工资低于当地平均最低工资水平)，未依法为劳动者缴纳社会保险费，未支付解除劳动关系的补偿金。侯某可以要求用人单位支付报酬、补缴社会保险，不能补缴社会保险的赔偿相应损失，支付解雇的补偿金。

我国法律规定，劳动者不能补缴社会保险的损失包括：(1)不能补办、补缴养老保险导致劳动者无法享受养老金待遇的赔偿(如要求用人单位在劳动者达到退休年龄时，按月向劳动者支付经核算的赔偿金)；(2)不能补办医疗保险导致劳动者无法享受门诊、住院医疗保险待遇的赔偿(如要求用人单位对劳动者自费医疗的医疗费进行赔偿)；(3)不能补办失业保险、生育保险、工伤保险导致劳动者无法享受相关待遇的赔偿(如要求用人单位向劳动者支付经核算的失业保险金、工伤残疾赔偿金等)。

本案中，工厂未和侯某签订书面劳动合同，依据我国法律，自用工之日起超过一个月不满一年未与劳动者订立书面劳动合同的，应当向劳动者每月支付二倍的工资。因此，侯某的双倍工资支付时间应从用工之日起超过1个月时起算。单位应该支付侯某双倍工资赔偿金，实践中一般补偿11个月的工资为限。

侯某可以依据法律相关规定与工厂协商，双方协商不成，可向劳动局申请仲裁，如对仲裁结果不服，可向法院起诉。

[法条链接]

《劳动合同法》第八十二条 用人单位自用工之日起超过一个

月不满一年未与劳动者订立书面劳动合同的,应当向劳动者每月支付二倍的工资。

用人单位违反本法规定不与劳动者订立无固定期限劳动合同的,自应当订立无固定期限劳动合同之日起向劳动者每月支付二倍的工资。

《最高人民法院关于审理劳动争议案件适用法律若干问题的解释(三)》第十三条 劳动者依据调解仲裁法第四十七条第(一)项规定,追索劳动报酬、工伤医疗费、经济补偿或者赔偿金,如果仲裁裁决涉及数项,每项确定的数额均不超过当地月最低工资标准十二个月金额的,应当按照终局裁决处理。

《最高人民法院关于审理劳动争议案件适用法律若干问题的解释(三)》第一条 劳动者以用人单位未为其办理社会保险手续,且社会保险经办机构不能补办导致其无法享受社会保险待遇为由,要求用人单位赔偿损失而发生争议的,人民法院应予受理。

女职工流产是否享有生育保险待遇

[典型案例]

小林在进某公司上班后不久,公司就给她买了生育保险,两个月后小林检查出怀孕两个月了,但因故流产了。请问小林可以享受生育保险待遇吗?

[律师解析]

生育保险是国家通过立法,在怀孕和分娩的妇女劳动者暂时中断劳动时,由国家和社会提供医疗服务、生育津贴和产假的一种社会保险制度,国家或社会对生育的职工给予必要的经济补偿和医疗保健的社会保险制度。

根据《企业职工生育保险试行办法》第七条的规定，女职工生育或流产后，由本人或所在企业持当地计划生育部门签发的计划生育证明，婴儿出生、死亡或流产证明，到当地社会保险经办机构办理手续，领取生育津贴和报销生育医疗费。并且根据《女职工劳动保护规定》第八条的规定，女职工怀孕流产的，其所在单位应当根据医务部门的证明，给予一定时间的产假。劳动部《关于女职工生育待遇若干问题的通知》中规定，女职工怀孕不满四个月流产时，应当根据医务部门的意见，给予十五天至三十天的产假；怀孕满四个月以上流产时，给予四十二天产假。产假期间，工资照发。因此，此案中，小林即使流产也是可以享受生育保险待遇的，具体如何享有，可根据当地的生育保险政策来决定。

[法条链接]

《企业职工生育保险试行办法》第七条　女职工生育或流产后，由本人或所在企业持当地计划生育部门签发的计划生育证明，婴儿出生、死亡或流产证明，到当地社会保险经办机构办理手续，领取生育津贴和报销生育医疗费。

《女职工劳动保护规定》第八条　女职工产假期间的生育津贴，对已经参加生育保险的，按照用人单位上年度职工月平均工资的标准由生育保险基金支付；对未参加生育保险的，按照女职工产假前工资的标准由用人单位支付。

女职工生育或者流产的医疗费用，按照生育保险规定的项目和标准，对已经参加生育保险的，由生育保险基金支付；对未参加生育保险的，由用人单位支付。

劳动者如何解除劳动合同

[典型案例]

李欢硕士毕业后应聘到一家证券公司上班,双方签订了为期3年的劳动合同,并约定3个月的试用期。按照合同约定,李欢除有每月的试用期工资2500元外,还享有公司补助的每月800元的住房和生活费。但工作了两个月后,李欢发现公司内部存在很多问题,有碍于自己事业的发展,遂决定跳槽。然而,这家证券公司不同意,并千方百计予以阻拦,之后,在公司愿意加薪的情况下,李欢只好同意继续工作。到第四个月时,公司以经营困难为由,停发李欢每月800元的住房和生活补助费。李欢再次下定决心要离职。这次,公司提出解除劳动合同,应提前一个月通知公司,所以李欢必须再工作一个月。

在这种情况下,李欢该怎么才能解除该劳动合同?

[律师解析]

劳动合同的解除,是指劳动合同在订立以后,尚未履行完毕或者未全部履行以前,由于合同双方或者单方的法律行为导致双方当事人提前消灭劳动关系的法律行为。劳动者解除劳动合同可以有三种方式:协议解除、单方提前通知解除和因用人单位过错解除三种情况。因用人单位过错解除劳动合同的规定实际上是保护了劳动者的合法权益。

根据《劳动法》的规定:劳动者解除劳动合同,应当提前30日以书面形式通知用人单位。若未履行提前三十日书面通知用人单位的义务，给用人单位造成经济损失的，必须承担赔偿责任。上述规定的是劳动者提前通知单位解除，提前通知单位解除劳动合同并不适用于所有的情况。《劳动法》同时赋予了劳动者随时解除权，规定：有下列情形之一的，劳动者可以随时通知用人单位解除劳动合同：（1）在试用期内的；（2）用人单位以暴力、威胁或者非法限制人身自由的手段强迫劳动的；（3）用人单位未按照劳动合同约定支付劳动报酬或者提供劳动条件的。

除此之外，《劳动合同法》第三十六条、三十七条、三十八条均是有关劳动者解除劳动合同的规定。

本案中，李欢在试用期时提前3日通知公司后便可离职，这是他的法定解除合同的权利，到第四个月的时候，该证券公司违法合同约定停发李欢每月的住房和生活补助费，属于"用人单位未按照劳动合同约定支付劳动报酬"的情况，劳动者可以随时通知用人单位解除劳动合同，因此，自李欢提出解除劳动合同之日起，双方的劳动关系即应该解除。同时对于证券公司违反劳动合同约定支付报酬的行为，还应追究他的补偿责任，即向李欢支付扣发的住房和生活补助。

[法条链接]

《劳动合同法》第三十六条　用人单位与劳动者协商一致，可以解除劳动合同。

《劳动合同法》第三十七条　劳动者提前30日以书面形式通知用人单位，可以解除劳动合同。劳动者在试用期内提前3日通知用人单位，可以解除劳动合同。

《劳动合同法》第三十八条　用人单位有下列情形之一的，劳动者可以解除劳动合同：

（一）未按照劳动合同约定提供劳动保护或者劳动条件的；

（二）未及时足额支付劳动报酬的；

（三）未依法为劳动者缴纳社会保险费的；

（四）用人单位的规章制度违反法律、法规的规定，损害劳动者权益的；

（五）因本法第二十六条第一款规定的情形致使劳动合同无效的；

（六）法律、行政法规规定劳动者可以解除劳动合同的其他情形。

用人单位以暴力、威胁或者非法限制人身自由的手段强迫劳动者劳动的，或者用人单位违章指挥、强令冒险作业危及劳动者人身安全的，劳动者可以立即解除劳动合同，不需事先告知用人单位。

如何认定无效劳动合同

[典型案例]

张某在通过某公司的面试后进入该公司工作，在商谈劳动合同的细节问题时，该公司方面的代表完全背离实际情况，告知张某一些不真实的信息，并做出了一些虚假的承诺，以此诱惑张某与其签订劳动合同。但自从张某正式开始工作后，发现实际情况完全不像当初签订劳动合同时公司方面代表所说的那样，很多优惠条件都无法实现，工作环境也不像当时听到的那样好，而且签订合同时公司方面作出的承诺根本就不可能实现。那么，这样的劳动合同还有效吗？

[律师解析]

无效合同,是指已经成立但因欠缺法定有效要件,在法律上确定地当然自始不发生法律效力的合同。这里的不发生法律效力,是指不发生合同当事人在订立合同时所追求的法律效果。合同订立作为典型的私法行为,必须在公权许可的限度内实施,无效合同就是私法行为超越公权许可范围后受国家公权干预的结果。

依据《劳动合同法》的相关规定,以欺诈、胁迫或者乘人之危的方式使对方在违背真实意思的情况下订立或者变更劳动合同的,无效或部分无效。对于无效合同的诉讼时效,依据我国法律规定,请求确认合同无效的诉讼时效为两年。合同一方当事人请求的,应当在合同约定的履行期限届满之日起计算;合同之外的第三人请求的,应当从知道或者应当知道权利被侵害时起计算,但是,从权利被侵害之日起超过二十年的,人民法院不予保护;损害国家利益的,不受诉讼时效的限制。

在本案中,公司方面在签订合同时违背事实真相,做虚假承诺,使得张某违背真实意思订立了劳动合同,这样的劳动合同当然属于无效合同,无效合同为自始当然无效,张某可以随时解除劳动合同。如果对于劳动合同的效力发生争议时,张某还可在无效合同的诉讼时效期限内向劳动争议仲裁机构或者人民法院确认劳动合同效力。

[法条链接]

《劳动合同法》第二十六条 下列劳动合同无效或者部分无效:

(一)以欺诈、胁迫的手段或者乘人之危,使对方在违背真实意思的情况下订立或者变更劳动合同的;

(二)用人单位免除自己的法定责任、排除劳动者权利的;

(三)违反法律、行政法规强制性规定的。

对劳动合同的无效或者部分无效有争议的,由劳动争议仲裁机构或者人民法院确认。

没有工伤保险,发生工伤如何维权

[典型案例]

邓某在一保险公司工作近两年,但是一直没有和单位签订劳动合同,公司也没有为他上过任何保险。2006年7月5日晚,邓某在加班时从楼梯上摔下,医院诊断为多发性骨折。2007年1月29日,当地劳动能力鉴定委员会评定他的伤情为九级伤残。邓某认为自己的情况符合法定的工伤条件,但因公司没有为他上保险,所以,公司拒绝给予他工伤待遇。

那么,没有工伤保险的情况下,发生工伤事件,劳动者要如何维权?

[律师解析]

我国法律规定,未参加工伤保险期间职工发生工伤的,由该用人单位按照《工伤保险条例》的相关规定给予工伤保险待遇。所以,本案中,邓某所在公司应当按法律规定,给予邓某工伤待遇并支付相关费用。工伤保险是社会保险制度的重要组成部分,也是建立独立于企事业单位之外的社会保障体系的基本制度之一。工伤保险是指国家或社会为生产、工作中或在规定的某些特殊情况下,遭受事故伤害和患职业性疾病以及因这两种情况造成死亡的劳动者及家属提供医疗救治、生活保障、经济补偿、医疗和职业康复等物质补偿的一种社会保障制度。这种补偿既包括了伤害本身造成的医疗费用，也包含了因此增加的相关生活费用。

工伤保险具有以下几个特点：

一是工伤保险对象的范围是在生产劳动过程中的劳动者；工伤保险的责任具有赔偿性，工伤保险是基于对工伤职工的赔偿责任而设立的一种社会保险制度。二是工伤保险不同于养老保险等险种，劳动者不缴纳保险费，全部费用由用人单位负担。即工伤保险的投保人为用人单位。三是工伤保险实行无过错责任原则。无论工伤事故的责任归于用人单位还是职工个人或第三者，用人单位均应承担保险责任。

综上所述，如果遇到没有工伤保险的工伤情形，个人向劳动和社会保障局申报工伤认定，然后由单位按照《工伤保险条例》的规定内容给予相关报销和待遇，先"认定"工伤，再作伤情鉴定。

[法条链接]

《工伤保险条例》第六十二条　用人单位依照本条例规定应当参加工伤保险而未参加的，由劳动保障行政部门责令改正；未参加工伤保险期间用人单位职工发生工伤的，由该用人单位按照本条例规定的工伤保险待遇项目和标准支付费用。

《工伤保险条例》第二条　中华人民共和国境内的各类企业、有雇工的个体工商户(以下称用人单位)应当依照本条例规定参加工伤保险。为本单位全部职工或者雇工(以下称职工)缴纳工伤保险费。

《工伤保险条例》第六十二条　用人单位依照本条例规定应当参加工伤保险而未参加的，由劳动保障行政部门责令改正；未参加工伤保险期间用人单位职工发生工伤的，由该用人单位按照本条例规定的工伤保险待遇项目和标准支付费用。

员工得了职业病如何维护权益

[典型案例]

陈某在某化纤皮革厂工作，是一名普通的操作工人。在工作的两年时间里，他每天接触发泡性化学染料，长达7小时。后来，在工厂例行的工人健康检查中被检查出患上了肺癌，而且属于中晚期，已经基本没有治愈的可能。陈某怀疑自己的病情是由厂里的工作环境和原材料所含的化学成分引起的，所以要求进行职业病诊断，但是厂方认为他的病不是因职业原因造成的，不提供相关的产品材质样品，所以鉴定无法进行。当地卫生部门也因为事情烦琐而没有引起重视，推脱不再理会。

那么，陈某这样无法确定是否为职业病的员工，应当如何维护自己的合法权益？

[律师解析]

职业病是指企业、事业单位和个体经济组织（以下统称用人单位）的劳动者在职业活动中，因接触粉尘、放射性物质和其他有毒、有害物质等因素而引起的疾病。

判定劳动者的患病范围是否属于职业病范畴，可以依照《职业病防治法》中所规定的四个条件来看：看患病主体是否是企业、事业单位或个体经济组织的劳动者；看其所患病症是否是在从事职业活动的过程中产生的；看其病因是否是由于接触粉尘、放射性物质和其他有毒、有害物质引起的；看其病情种类是否包含在国家公布的职业病分类和目录所列的职业病范围之内。此四个条件缺一不可。

结合案情不难发现，陈某作为化纤皮革厂的操作工人符合第一个主体要件；因为其工种与化学物接触时间长短符合第二要件；因为化纤皮革染料属于泡发性有毒害化学物品，所以满足第三个构成要件；因为陈某所患的肺癌属于国家公布的职业病分类目录中的第五类，所以也符合了第四个构成要件。由此可知，陈某的病情确实是职业病。相关受到职业病侵害的劳动者可以向当地承担职业病诊断的医疗卫生机构进行职业病诊断，并提供鉴定所需的前述材料。

根据以上规定，如果厂房粉尘浓度超标，毫无疑问会侵犯职工的合法权利。职工可从职业病、劳动保护或者一般侵权的角度考虑要求用人单位予以赔偿。

事实证明，了解相关法律法规，以确定如何保护自身的合法权益，必要时可以向当地律师直接寻求帮助，都是维护自身健康的有效手段。

[法条链接]

《职业病防治法》第四十条　劳动者可以在用人单位所在地或者本人居住地依法承担职业病诊断的医疗卫生机构进行职业病诊断。

《职业病诊断与鉴定管理办法》第十一条　申请职业病诊断时应当提供：

（一）职业史、既往史；

（二）职业健康监护档案复印件；

（三）职业健康检查结果；

（四）工作场所历年职业病危害因素检测、评价资料；

（五）诊断机构要求提供的其他必需的有关材料。

用人单位和有关机构应当按照诊断机构的要求，如实提供必要的资料。没有职业病危害接触史或者健康检查没有发现异常的，诊断机构可以不予受理。

《职业病防治法》第十三条　产生职业病危害的用人单位的设立除应当符合法律、行政法规规定的设立条件外，其工作场所还应当符合下列职业卫生要求：

（一）职业病危害因素的强度或者浓度符合国家职业卫生标准；

（二）有与职业病危害防护相适应的设施；

（三）生产布局合理，符合有害与无害作业分开的原则；

（四）有配套的更衣间、洗浴间、孕妇休息间等卫生设施；

（五）设备、工具、用具等设施符合保护劳动者生理、心理健康的要求；

（六）法律、行政法规和国务院卫生行政部门关于保护劳动者健康的其他要求。

《职业病诊断与鉴定管理办法》第十五条　用人单位违反《职业病防治法》及本办法规定，未安排职业病病人、疑似职业病病人进行诊治的，由卫生行政部门给予警告，责令限期改正，逾期不改正的，处5万元以上20万元以下的罚款。

用人单位违法终止劳动合同怎么办

[典型案例]

2009年10月，阿敏到一家物流公司工作，当时公司和阿敏签订了一年的劳动合同。但是后来公司将合同收回，重新与阿敏签订了一份6个月的合同。现在合同已到期，公司不再与阿敏续签，而且任何补偿都不给。

那么，公司这种做法合法吗？

[律师解析]

本案中该物流公司的这种做法不合法。根据我国《劳动合同法》的规定，自然终止固定期限劳动合同的也要支付经济补偿金。阿敏所在的公司为了尽可能降低解雇成本，将合同期限缩短至半年，是为了避免解除劳动合同时支付劳动者经济补偿金。按照原合同的规定，自然终止时间应该为2010年10月，现在该公司等于是提前终止合同。因此，阿敏可以向劳动保障部门反映。

[法条链接]

《劳动合同法》第四十六条 有下列情形之一的，用人单位应当向劳动者支付经济补偿：

（一）劳动者依照本法第三十八条规定解除劳动合同的；

（二）用人单位依照本法第三十六条规定向劳动者提出解除劳动合同并与劳动者协商一致解除劳动合同的；

（三）用人单位依照本法第四十条规定解除劳动合同的；

（四）用人单位依照本法第四十一条第一款规定解除劳动合同的；

（五）除用人单位维持或者提高劳动合同约定条件续订劳动合同，劳动者不同意续订的情形外，依照本法第四十四条第一项规定终止固定期限劳动合同的；

（六）依照本法第四十四条第四项、第五项规定终止劳动合同的；

（七）法律、行政法规规定的其他情形。

什么情况下劳动者可以解除合同

[典型案例]

不久前,某污水治理厂的大批职工出现中毒现象。经调查,发现是由于经过治理的水不小心渗入到饮水管道,致使食用过饮水管道的水的职工全部中毒。经过抢救,中毒的职工都脱离了生命危险,但职工们决定与该厂解除劳动合同。

那么,该厂职工这样做可以吗?

[律师解析]

该厂职工可以这样做。我国《劳动合同法》明确规定,用人单位的规章制度违反法律、法规的规定,损害劳动者权益的,劳动者可以解除劳动合同。

本案中,该厂没有及时地更新污水治理设备,致使大批职工饮水中毒,职工们可以解除合同。

见习期、试用期与实习期有什么区别

[典型案例]

方某是一名大学应届毕业生,5月份通过招聘会进入一家企业工作,与该企业签订了一份为期3年的劳动合同,同时约定了1年的见习期。方某记得劳动合同法中规定,3年以上固定期限的劳动合同,试用期不得超过6个月。那么,见习期与试用期有什么区别?

[律师解析]

试用期、见习期、实习期，根据我国相关法律规定有不同的含义和适用范围。

试用期是根据我国劳动法等相关规定确定的，用人单位和劳动者之间为了方便了解、选择而约定的不超过6个月的考查期。通常用于刚刚进入单位的新职工，既可能是刚刚毕业的应届生，也可以是再就业的新进职员。试用期不是用人单位招聘劳动者时必须存在的，是否约定由当事人自行决定。但如果约定试用期，首先，最长期限不能超过6个月，其次，试用期的期限属于劳动合同期限的一部分，不可以从劳动合同的期限中予以剥离。

见习期原是针对刚刚毕业的大中专毕业生而设置的见习制度下的规定。国家教育部、计委、人事局在1981年10月4日联合颁发了《高等学校毕业生调配派遣办法》，根据这个办法，毕业生到达工作岗位后，实行为期1年的见习制度。等见习期满后，经所在单位考核合格的转正定级，考核不合格的，可以延长见习期半年到一年，延长见习期仍不合格的，按定级工资标准低一级待遇。根据1997年3月24日国家教委发布的《普通高等学校毕业生就业工作暂行规定》，现在的高校毕业生就业已经采取双向选择的办法，而不再采用调配派遣方式。但是，并不能直接认定见习期的规定就完全失效，不得适用。单位安排见习期，对毕业学生进行考查和锻炼，并不是完全不可行的。因为根据《劳动法》等相关法律，用人单位有对劳动者进行培训的义务和权利，发现劳动者不能胜任工作的，可以进行岗位的调整。但是，对见习期的规定和见习制度的设置，不得违反《劳动法》等相关法律的规定，其中必须尤其加以明确的是，不能以见习期替代试用期，非法延长试用期；在见习期内约定的工资不得低于最低工资标准；超过试用期后，即使仍在见习期内，如果用人单位解除合同的，依法应当支付经济补偿或赔偿金，等等。

实习期则是指学生在校期间，到某个单位的实际工作岗位上参与实践工作的过程，目的在于帮助学生将所学理论更好地与实际相联系，加深对理论知识的理解，提升实践能力。它仅仅针对在校学生。在实习期内，学生并没有与单位形成真正的劳动关系，没有最低工资标准，也没有期限限制。当然，实践中也存在即将毕业的学生在有招聘意向的单位内进行实习的情况，但与毕业后的就业仍然是有本质区别的。

综上所述，试用期是由劳动法直接规范的，各项标准都有明确的法律规定；见习期则是毕业生就业后，用人单位所实施的对学生进行评估和锻炼、培养的过程；实习期是在校学生社会实践的一个组成部分。试用期可能与见习期发生重叠，而实习期与前面的二者不会存在重叠。

[法条链接]

《劳动法》第二十一条 劳动合同可以约定试用期。试用期最长不得超过6个月。

《劳动合同法》第十七条 劳动合同应当具备以下条款：

（一）用人单位的名称、住所和法定代表人或者主要负责人；

（二）劳动者的姓名、住址和居民身份证或者其他有效身份证件号码；

（三）劳动合同期限；

（四）工作内容和工作地点；

（五）工作时间和休息休假；

（六）劳动报酬；

(七)社会保险;

(八)劳动保护、劳动条件和职业危害防护;

(九)法律、法规规定应当纳入劳动合同的其他事项。

劳动合同除前款规定的必备条款外,用人单位与劳动者可以约定试用期、培训、保守秘密、补充保险和福利待遇等其他事项。

《劳动合同法》第十九条 劳动合同期限三个月以上不满一年的,试用期不得超过一个月;劳动合同期限一年以上不满三年的,试用期不得超过二个月;三年以上固定期限和无固定期限的劳动合同,试用期不得超过六个月。

同一用人单位与同一劳动者只能约定一次试用期。

以完成一定工作任务为期限的劳动合同或者劳动合同期限不满三个月的,不得约定试用期。

试用期包含在劳动合同期限内。劳动合同仅约定试用期的,试用期不成立,该期限为劳动合同期限。

《劳动合同法》第二十条 劳动者在试用期的工资不得低于本单位相同岗位最低档工资或者劳动合同约定工资的百分之八十,并不得低于用人单位所在地的最低工资标准。

《劳动合同法》第二十一条 在试用期中,除劳动者有本法第三十九条和第四十条第一项、第二项规定的情形外,用人单位不得解除劳动合同。用人单位在试用期解除劳动合同的,应当向劳动者说明理由。

遇到劳动争议,仲裁和起诉必须在多长时间内提出

[典型案例]

小彭于2007年4月5日进入了一家公司,担任公司的开发部

经理。然而，从当年的5月份起，公司就开始拖欠员工工资。到了2007年11月13日，小彭从公司离职，然而直到他离职时，公司还拖欠着小常2007年8月~11月的工资。到了2008年3月，小彭向当地的劳动争议仲裁委员会提起了仲裁申请。但是，到3月25日时，小彭却接到了仲裁委做出的《不予受理通知书》，理由是他的申诉已经超过了60天的时效。于是，小彭又将公司告上了法庭，要求公司支付拖欠的工资、各种补贴，并给付经济补偿金。

那么，小彭的起诉会得到法院的受理吗？

［律师解析］

劳动争议是指劳动关系当事人之间因劳动的权利与义务发生分歧而引起的争议，又称劳动纠纷。

在《劳动争议调解仲裁法》实施前，根据我国《劳动法》的规定，发生劳动纠纷，提出仲裁要求的时限是在劳动争议发生之日起的60日内，在这段时间内当事人要向当地的劳动争议仲裁委员会提出书面申请。对仲裁裁决不服的，在收到裁定后15日内可以提起诉讼。原本民事诉讼的诉讼时效是两年，从争议发生之日起的两年内都可以提起诉讼。但是，根据《最高人民法院关于审理劳动争议案件适用法律若干问题的解释》，如果劳动仲裁委员会因为当事人的仲裁申请超过了60日期限而不予受理，法院会对确实已经超过仲裁申请期限，而且没有不可抗力或者其他正当理由延长时效的诉讼请求依法予以驳回。这就意味着法院的诉讼时效在很多情况下可能会受到60日仲裁时效的限制。因为60天时间非常短，所以很多人的权利最终无法得到司法保护。

但是，2008年5月开始实施的《劳动争议调解仲裁法》对原来的规定做了很大的改变。

第一，劳动争议申请仲裁的时效延长为1年。这样，发生争议时提起仲裁申请的时限一下就延长了10个月，对当事人来说，无疑是有好处的。当然，诉讼时效还是适用于民事诉讼两年的规定。

第二，新法明确规定了1年的仲裁时效的中断情形。也就是说，如果当事人一方向对方主张了自己的权利，或者向有关的部门请求获得权利救济，再或者对方同意履行义务的，仲裁时效将发生中断。从中断时起，仲裁时效会重新计算。此外，因为不可抗力等合理原因，仲裁时效还会发生中止的情况，中止意味着时效不再继续计算，得到中止事件过去后，才继续计算。

第三，新法中有了仲裁终裁的规定。也就是在一些情况下，仲裁的裁决是终局裁决，裁决书会从做出之日起开始发生法律效力，当事人不可以再向法院提起诉讼。这些情况包括：（1）追索劳动报酬、工伤医疗费、经济补偿或者赔偿金，不超过当地月最低工资标准十二个月金额的争议；（2）因为执行国家的劳动标准在工作时间、休息休假、社会保险等方面发生的争议。

第四，新法明确了劳动关系存续期间，因为拖欠劳动报酬发生争议的，劳动者申请仲裁不受到1年仲裁时效期间的限制，但此时，如果涉及劳动关系终止的，还是要在自劳动关系终止之日起1年内提出。

本案中，用人单位应当以货币形式按月支付劳动者工资，不得克扣或者无故拖欠劳动者的工资，所以公司应当补发拖欠员工的工资。对于是否超过仲裁时效和诉讼时效的问题，法院则表示，由于2008年5月1日起开始实施的《劳动争议调解仲裁法》规定了劳动争议申请仲裁的时效期间为1年，所以小彭主张的诉讼请求并没有超过法定的申诉时效。法院支持了小彭的诉讼请求。

单位承诺有年终奖却不兑现怎么办

[典型案例]

单位曾经口头承诺会给李小姐一笔年终奖，所有的年终奖发放标准李小姐也完全达到。可是由于李小姐已经申请了劳动仲裁，单位知道后就没有将年终奖打到李小姐的账户。现劳动仲裁还未进行调解。那么，李小姐该如何索要年终奖？仲裁的胜算有多大？

[律师解析]

李小姐能否最后获得年终奖，取决于其能否对单位的这种承诺进行充分的举证。

根据我国《中华人民共和国劳动法若干条文的说明》（劳办发〔1994〕289号）的相关规定："本条中的'同工同酬'是指用人单位对于从事相同工作，付出等量劳动且取得相同劳绩的劳动者，应支付同等的劳动报酬。"适用同工同酬必须具备三个条件：一是劳动者的工作岗位、工作内容相同；二是在相同的工作岗位上付出了与别人同样的劳动工作量；三是同样的工作量取得了相同的工作业绩。 对于前两个条件：同岗位、同工作量，衡量起来还比较容易，但是对于同样的工作业绩衡量起来就比较困难，因此不同的人从事相同的工作，有时待遇会有很大出入。 因此，同工同酬也只是个原则，并不意味岗位相同，工资待遇就一定相同。更不会因为证明了其他员工获得了年终奖，就必然得出自己也可以获得年终奖的结论。 相反，只要不违反法律的禁止性规定，用人单位有权自主决定工资分配方案和制度。 如用人单位否认口头承诺支付其年终奖的，李小姐能否最后获得年终奖，就取决于其能否对单位的这种承诺进行充分的举证。如录音资料、证人证言等证据都可以作为证据使用。如果李小姐在没有证据的情况下进行诉讼，败诉的可能性非常大，除非单位认可此口头协议。

[法条链接]

《关于〈中华人民共和国劳动法〉若干条文的说明》第四十六条 工资分配应当遵循按劳分配原则，实行同工同酬。

工资水平在经济发展的基础上逐步提高。国家对工作总量实行宏观调控。

本条中的"同工同酬"是指用人单位对于从事相同工作，付出等量劳动且取得相同劳绩的劳动者，应支付同等的劳动报酬。

本条中的"工资水平"是指一定区域一定时期内平均工资的高低程度。

本条中的"工资总量"是指一定时期内国民生产总值用于工资分配的总数量。

本条中的"宏观调控"的具体办法，可执行《关于加强企业工资总额宏观调控的实施意见》（劳部发〔1993〕299号）。

上班路上遭遇车祸，职工申请工伤能否成立

[典型案例]

2013年12月11日14时许，某公司职工黄某骑摩托车上班（路途并非上班必经路线），途中被一汽车撞伤。事故发生后，交警部门对该交通事故做出了责任认定，黄某对该事故负有次要责任。2013年1月14日黄某向市劳动和社会保障局提出工伤认定

申请，市劳动和社会保障局于 27 日做出工伤认定书，认定黄某所受之伤为工伤。公司不服，认为黄某对车祸的发生也负有责任，不应该由单位赔偿损失，于 2013 年 3 月 4 日向当地人民法院提起行政诉讼，请求法院撤销市劳动和社会保障局做出的工伤认定。

那么，黄某骑摩托车在上班途中发生交通事故造成的人身伤害，能否认定为工伤？

[律师解析]

本案涉及职工上下班途中，受到机动车事故伤害的能否认定为工伤的问题。我国《工伤保险条例》规定，职工有下列情形之一的，应当认定为工伤：（1）在工作时间和工作场所内，因工作原因受到事故伤害的；（2）工作时间前后在工作场所内，从事与工作有关的预备性或者收尾性工作受到事故伤害的；（3）在工作时间和工作场所内，因履行工作职责受到暴力等意外伤害的；（4）患职业病的；（5）因工外出期间，由于工作原因受到伤害或者发生事故下落不明的；（6）在上下班途中，受到非本人主要责任的交通事故或者城市轨道交通、客运轮渡、火车事故伤害的；（7）法律、行政法规规定应当认定为工伤的其他情形。

本案中，虽然黄某上班的路途并非其必经路线，并且对该事故负有一定责任，但也应认定黄某受到的伤害为工伤，故市劳动和社会保障局做出的工伤认定是正确的。法院应判决维持市劳动和社会保障局做出的工伤认定，该单位需按工伤保险待遇的有关规定为沈某支付相应的医疗费。

[法条链接]

《工伤保险条例》第十四条 职工有下列情形之一的,应当认定为工伤:

(一)在工作时间和工作场所内,因工作原因受到事故伤害的;

(二)工作时间前后在工作场所内,从事与工作有关的预备性或者收尾性工作受到事故伤害的;

(三)在工作时间和工作场所内,因履行工作职责受到暴力等意外伤害的;

(四)患职业病的;

(五)因工外出期间,由于工作原因受到伤害或者发生事故下落不明的;

(六)在上下班途中,受到机动车事故伤害的;

(七)法律、行政法规规定应当认定为工伤的其他情形。

《工伤保险条例》第十五条 职工有下列情形之一的,视同工伤:

(一)在工作时间和工作岗位,突发疾病死亡或者在48小时之内经抢救无效死亡的;

(二)在抢险救灾等维护国家利益、公共利益活动中受到伤害的;

(三)职工原在军队服役,因战、因公负伤致残,已取得革命伤残军人证,到用人单位后旧伤复发的。职工有前款第(一)项、第(二)项情形的,按照本条例的有关规定享受工伤保险待遇;职工有前款第(三)项情形的,按照本条例的有关规定享受除一次性伤残补助金以外的工伤保险待遇。

《工伤保险条例》第十六条 职工有下列情形之一的,不得认定为工伤或者视同工伤：

（一）因犯罪或者违反治安管理伤亡的；

（二）醉酒导致伤亡的；

（三）自残或者自杀的。

单位可以依据内部规定处罚员工吗

[典型案例]

2006年11月的一个晚上，公司的保安在公司门口将准备下班的员工黄晓晓拦住，保安从黄晓晓的提包里发现了用于包装产品的三圈透明胶（价值约10元），当场收缴并向公司高层进行了汇报。

公司决定：将黄晓晓开除出厂，并扣发全部未领取的工资以充"罚款"。黄晓晓不服，向劳动仲裁部门申诉，要求公司发放工资。仲裁委员会支持了黄晓晓的申诉请求。公司不服裁决，向法院起诉。公司在法庭提出："公司内部规定：对于员工有偷盗行为，情节轻微，认错态度良好的罚款300元至1000元；对于情节严重不知悔改的，公司将作开除处理并扣发所有未发工资。公司的处罚是照章办事。"对此，黄晓晓提出："我并不知道公司有这样的规定。"但公司又辩称："即使你不知道法律的规定，还是要接受法律的处罚。同理，你是否知晓本公司的规章制度，并不影响公司依据规章制度对你处罚。"

那么，黄晓晓的说法会得到法院的支持吗？

[律师解析]

一般来说，公司是有权制定自己的内部规章制度的。但是如果想使自己制定的规章制度合法有效，就必须符合法律规定的三个条件：一是程序民主，也就是规章制度的制定，要经过职工代表大会或者全体职工的讨论，在平等协商的基础上制定，而不能是企业单方"为所欲为"地制定。二是内容合法，即使经过了民主程序制定出来的规章制度，其内容也不能违反国家法律、法规和政策的规定。三是要公示告知，在制定出规章制度后，企业应当将规章制度的内容告知每一个员工。

本案中，公司的规章制度根本就没有告诉过作为劳动者的黄晓晓，更别说是经过民主程序了。况且，其中"偷盗者罚款300到1000元"的规定也是不符合法律法规的。所以，该公司制定的内部规定将得不到司法认可，也不能成为处罚员工的依据。

[法条链接]

《中华人民共和国劳动法》第四条　用人单位应当依法建立和完善规章制度，保障劳动者享有劳动权利和履行劳动义务。

《最高人民法院关于审理劳动争议案件适用法律若干问题的解释》第十九条　用人单位根据《劳动法》第四条之规定，通过民主程序制定的规章制度，不违反国家法律、行政法规及政策规定，并已向劳动者公示的，可以作为人民法院审理劳动争议案件的依据。

《劳动合同法》第四条　用人单位应当依法建立和完善劳动规章制度，保障劳动者享有劳动权利、履行劳动义务。

用人单位在制定、修改或者决定有关劳动报酬、工作时间、休息休假、劳动安全卫生、保险福利、职工培训、劳动纪律以及劳动定额管理等直接涉及劳动者切身利益的规章制度或者重大事项时，应当经职工代表大会或者全体职工讨论，提出方案和意见，与工会或者职工代表平等协商确定。

在规章制度和重大事项决定实施过程中，工会或者职工认为不适当的，有权向用人单位提出，通过协商予以修改完善。

用人单位应当将直接涉及劳动者切身利益的规章制度和重大事项决定公示，或者告知劳动者。

劳动合同中可否有"不得结婚"的约定

[典型案例]

孙伟于2004年6月被某酒店招收为服务员，签订了一份为期5年的劳动合同，其中有一条约定其在合同期内不得结婚，否则某酒店有权解除劳动合同。当时孙伟打工心切，对这一条约定没有太在意，就在合同上签字了。2006年3月，其与男朋友登记结婚。酒店负责人得知后，以孙伟违反劳动合同为由，做出解除与其所订劳动合同的决定。

那么，该酒店的做法对吗？

[律师解析]

婚姻自由是宪法赋予公民的基本权利。我国《宪法》规定，"婚姻、家庭、母亲和儿童受国家的保护"，"禁止破坏婚姻自由"。根据我国《婚姻法》的规定，男女双方只要符合法律规定，出于自愿，就有权结婚，任何组织或者个人都不得加以干涉。

《劳动法》和《劳动合同法》均规定了"违反法律、行政法规规定"的劳动合同无效，而在劳动合同中写有"不得结婚"的内容，显然与《宪法》和《婚姻法》的规定相违背，该条款无效，不具有约束力。

劳动者在就业中本来就是弱势群体，即使就业后也会遭遇很多不必要的麻烦,其合法权益理所应当得到法律的保护。 我国不仅规定女职工享有与男职工相同的权利,在劳动权益方面国家亦实行特殊保护的政策,辞退女职工或单方解除劳动合同,应符合国家法律、法规的规定。 所以,该酒店的做法不符合我国法律规定,广大初入职场的女性更应当学会运用法律武器维护自己在工作中的合法权益。

第五章 经营理财

合伙人应如何承担合伙债务

[典型案例]

韩某和张某合伙开办了一个商店。2010年12月双方经协议散伙,约定该商店由韩某一人继续经营,合伙期间所欠马某的货款3.5万元由韩某负责偿还。韩某长时间未向马某支付货款,2012年4月马某遂向法院起诉要求韩某和张某付清货款。那么,张某是否还有责任偿还马某的货款呢?

[律师解析]

根据《民法通则》的规定,合伙人对合伙的债务承担连带责任,法律另有规定的除外。偿还合伙债务超过自己应承担数额的合伙人,有权向其他合伙人追偿。本案中,韩某和张某虽然就合伙债务的承担做了约定,马某的货款应由韩某来偿还,但作为合伙人,张某对合伙债务应承担连带责任,对马某的货款同样负有全部清偿的义务。只是在韩某未尽偿还义务的情况下,张某偿还合伙债务超过自己应当承担的数额后,有权就超过部分向韩某进行追偿。

[法条链接]

《民法通则》第三十五条 合伙的债务,由合伙人按照出资比例或者协议的约定,以各自的财产承担清偿责任。

合伙人对合伙的债务承担连带责任,法律另有规定的除外。偿还合伙债务超过自己应当承担数额的合伙人,有权向其他合伙人追偿。

"法外讨债",构成何罪

[典型案例]

林小姐在与前男友韩某交往期间,先后借给了韩某10万元钱。由于双方当时感情甚密,林小姐也没有好意思要求韩某打欠条。但后来,双方感情出现了裂痕并分手。林小姐于是要求韩某偿还10万元的借款。谁知韩某竟说这钱是林小姐应该给他的"分手费",拒不偿还。林小姐想到法院起诉,但手头又没有证据,而且这种事情,她也不好意思让别人知道。正当她愁眉不展之时,她的新男友蔡某给她出了一个"好主意"。

某日,林小姐以"再谈谈"为由,将韩某约到了一家酒店。随后,早已等待在那里的蔡某和另一朋友吴某,将韩某关进了一个房间内。在该房间,他们逼迫韩某写了一张10万元的欠条。并威胁如果韩某不还债,就不放韩某走。但韩某确实没有钱,想让他们先放自己一马。林小姐觉得就这样放了韩某太不解气了,就把韩某一直关在屋子里,长达4天之久。这期间,林小姐、蔡某和吴某三人轮流看守房门。到了第五天,韩某实在觉得难以忍受了,就只好打电话让自己的妹妹借了10万元钱送过来。林小姐在拿到钱之后,才把韩某给"释放"。

后来,韩某咨询律师得知,林小姐等人的行为是违法行为。

于是就向公安机关报案。公安机关将林小姐和吴某、蔡某抓获。三人最终被法院以非法拘禁罪判处有期徒刑各一年。

[律师解析]

欠债不还，的确是非常可恶的事情。

本案中，林小姐和吴某、蔡某三人的行为均已构成非法拘禁罪。

所谓非法拘禁罪，是指以拘押、禁闭或者其他强制方法，非法剥夺他人人身自由的行为。

这里，首先强调的是"非法"，即实施拘禁的人，没有合法的资格，或者虽然有资格，但是却没有法定的事实和理由，或者，没有经过合法的程序。根据我国相关法律的规定，除了公安机关、检察院、法院有权对公民进行行政拘留、刑事拘留、逮捕和司法拘留外，任何人不得以任何理由随意限制和剥夺他人的人身自由，否则，即为非法拘禁。

其次，非法拘禁的手段一般有两种类型：一类是直接型，如捆绑、软禁等；另一类是间接型，即将他人监禁于一定场所，使其不能或明显难以离开、逃出。剥夺人身自由的方法既可以是有形的，也可以是无形的。例如，将妇女洗澡时的换洗衣服拿走，使其基于羞耻心无法走出浴室的行为，就是无形的方法。

在本例中，林小姐和吴某、蔡某等三人并非公安司法机关工作人员，当然也没有法定的事实和理由。他们索取债务，本来可以通过正常的司法途径来进行。但却因为"怕麻烦"而直接以"江湖儿女"的手段来"自行解决问题"，结果问题没解决，反而为自己找了更大的一个麻烦——坐牢。

讨债公司是不是合法，其实，我国工商部门很早就有过规定，禁止经营"讨债公司"。同时，我国律师法等法律也规定，除了律师之外，任何人不得有偿代理法律业务。

[法条链接]

《中华人民共和国刑法》第二百三十八条 非法拘禁他人或者以其他方法非法剥夺他人人身自由的，处三年以下有期徒刑、拘役、管制或者剥夺政治权利。具有殴打、侮辱情节的，从重处罚。

犯前款罪，致人重伤的，处三年以上十年以下有期徒刑；致人死亡的，处十年以上有期徒刑。使用暴力致人伤残、死亡的，依照本法第二百三十四条、第二百三十二条的规定定罪处罚。

为索取债务非法扣押、拘禁他人的，依照前两款的规定处罚。

共同投资面临拆伙，如何分割

[典型案例]

蒋先生和柯先生共同投资了一个项目，由于要买设备，其中蒋先生付了30万现金，柯先生则向银行进行贷款，还贷由柯先生负责，经营所得的利润由柯先生保管。现在两人关系恶化，面临拆伙。

那么，蒋先生是否可以要求柯先生归还30万元首付？所得利润该如何分割？

[律师解析]

按照合伙协议约定进行退伙或终止合伙，分配合伙财产、利润以及债权债务，若没有协议的应当按出资比例公平协商解决。

蒋先生并不能直接要求柯先生归还30万元，因为二者不是民间借贷关系而是合伙关系。所以蒋先生要不再和柯先生合伙,应依法采用退伙或合伙终止的方法。《最高人民法院关于贯彻执行〈中华人民共和国民法通则〉若干问题的意见(试行)》规定:"合伙人退伙时分割的合伙财产,应当包括合伙时投入的财产和合伙期间积累的财产,以及合伙期间的债权和债务。""合伙终止时,对合伙财产的处理,有书面协议的,按协议处理;没有书面协议,又协商不成的,如果合伙人出资额相等,应当考虑多数人意见酌情处理;合伙人出资额不等的,可以按出资额占全部合伙额多的合伙人意见处理,但要保护其他合伙人的利益。"所以,蒋先生和柯先生之间应当按照合伙协议约定进行退伙或终止合伙,分配合伙财产、利润以及债权债务,若没有协议的应当按出资比例公平协商解决。

[法条链接]

《最高人民法院关于贯彻执行〈中华人民共和国民法通则〉若干问题的意见(试行)》第五十四条 合伙人退伙时分割的合伙财产,应当包括合伙时投入的财产和合伙期间积累的财产,以及合伙期间的债权和债务。入伙的原物退伙时原则上应予退还;一次清退有困难的,可以分批分期清退;退还原物确有困难的,可以折价处理。

《最高人民法院关于贯彻执行〈中华人民共和国民法通则〉若干问题的意见(试行)》第五十五条 合伙终止时,对合伙财产的处理,有书面协议的,按协议处理;没有书面协议,又协商不成的,如果合伙人出资额相等,应当考虑多数人意见酌情处理;合伙人出资额不等的,可以按出资额占全部合伙额多的合伙人的意见处理,但要保护其他合伙人的利益。

有保证人的债务如何催讨

[典型案例]

刘先生的朋友陈某因为要投资做生意,向刘先生借钱,他的另一个朋友陆某愿意为他的借款作担保,于是刘先生就同意借给他。2008年11月,陈某向刘先生出具借条,借款10万元,约定到2009年11月还清,如到期陈某不能还清,则由陆某替他还清,借条上写明了"如陈某未能按期履行债务,由保证人陆某承担保证责任"的字样,陆某在借条上作为保证人签了字。后来借款到期了,陈某却分文未还。刘先生多次向他们俩催讨,他们都互相推诿,陈某说他没钱让刘先生找陆某,陆某又说陈某不还他凭什么还。那么,刘先生现在如果想拿回钱到底该问谁要呢?怎样才能把钱尽快讨回?

[律师解析]

首先,刘先生借条上的保证条款是有效的,陆某也签了字,是保证人。

其次,按《担保法》规定:当事人在保证合同中约定,债务人不能履行债务时,由保证人承担责任的,为一般保证;当事人在保证合同中约定保证人与债务人对债务承担连带责任的,为连带责任保证。本案中,由于借条上明确写了"如陈某未能按期履行债务,由保证人陆某承担保证责任",所以为一般保证。也就是说,在主合同纠纷未经审判、仲裁,并就债务人财产依法强制执行仍不能履行债务前,债权人要求保证人承担责任的,保证人有权拒绝。所以,陆某不具有连带保证责任，刘先生现在还不能向陆某要求还钱。

最后，根据我国《担保法》规定："一般保证的保证人与债权人未约定保证期间的，保证期间为主债务履行期届满之日起六个月。在合同约定的保证期间和前款规定的保证期间，债权人未对债务人提起诉讼或者申请仲裁的，保证人免除保证责任；债权人已提起诉讼或者申请仲裁的，保证期间适用诉讼时效中断的规定。"他们没有约定保证人的保证期间，而借款是2009年11月到期，距2010年7月2日至今已经超过6个月了，因此，保证人的责任已经免除，刘先生不能再向保证人主张承担保证责任，刘先生只能要求债务人，即陈某归还欠款了。

可见，在合同中不仅要明确约定保证方式，更要注意法律关于保证期间、保证范围等事项的规定，这对于债权人是至关重要的，如未约定保证期间，按法律规定，保证期间只有六个月，一不小心就会超过期间，从而丧失要求保证人承担责任的胜诉权。

[法条链接]

《担保法》第十七条 当事人在保证合同中约定，债务人不能履行债务时，由保证人承担保证责任的，为一般保证。

一般保证的保证人在主合同纠纷未经审判或者仲裁，并就债务人财产依法强制执行仍不能履行债务前，对债权人可以拒绝承担保证责任。

有下列情形之一的，保证人不得行使前款规定的权利：

（一）债务人住所变更，致使债权人要求其履行债务发生重大困难的；

（二）人民法院受理债务人破产案件，中止执行程序的；

（三）保证人以书面形式放弃前款规定的权利的。

股权收购时如何规避原有债务的风险

[典型案例]

蔡先生想收购韩某持有的某公司股权（该公司是由韩某和他人一起出资设立的），现在已经初步达成了意向。但在收购股权时如何处理标的公司的债务成了一个大问题。韩某说，他可以和蔡先生签一个书面协议，即股权变更前的债务由原股东承担，股权变更后的债务由公司（新股东）承担。有了这个约定，蔡先生是不是就没有风险了呢？

[律师解析]

是否可以通过股权收购人与出卖人的约定，实现股权收购方不用承担股权变更前的公司债务，在法律关系上相对复杂些，这种约定本身，不能直接免除公司（新股东）对原有债权人的偿债义务。

根据合同相对性理论，公司的债务，其债务主体是公司本身而不是其股东。具体到本案，蔡先生所要收购的公司如果存在债务，那也是由该公司自己承担责任，与股东个人无关。

司法实践中，虽然蔡先生与韩某约定了由原股东个人承担公司原有债务，但如果发生诉讼，债权人还是要以公司作为被告起诉公司，而不会起诉原股东。

但是，如果他在股权转让协议中，明确股权转让交割日前公司产生的债务由原股东承担的，如发生债权人起诉公司并造成公司损失的，公司可以通过起诉原股东，向原股东追偿。

为免诉累，最佳方案应是按照"债务转移"的法律规定，由债务受让人和债务转让人达成债务转让协议，并且征得债权人的同意。结合本案,即由原股东承担公司原有债务,征得相关债权人同意,使债务转移给原股东。

总之,仅以韩某和蔡先生签一个书面协议,表明股权变更前的债务由原股东承担,股权变更后的债务由公司(新股东)承担,可能会留下诉讼隐患。

企业合伙人如何退出合伙企业

[典型案例]

甲、乙、丙三人于2010年6月达成协议,合伙开办了一个小商品批发商店,由甲、乙、丙三人各自出资3万元。在协议中三个合伙人约定按其出资比例分享收益,分担损失。在批发商店开办之初,盈利状况尚可。后来开始亏损,亏损金额达5万元,难以维持。于是甲提出退伙,但遭到乙和丙的拒绝,于是甲私自提走了其出资金额3万元。这时债权人找到乙和丙要求其偿还债务4万元,乙和丙对店内的货物进行了盘点,发现只有价值2万元的货物,于是又找到甲要求其分摊商店的债务。这时甲以其已经退伙为由拒绝承担,是否能够成立?

[律师解析]

退伙人对其退伙前发生的合伙企业的债务,与其他合伙人承担连带清偿责任。合伙人退伙时,合伙企业财产少于合伙企业债务的,退伙人应当按照《合伙企业法》的规定分担亏损。

退伙的直接效力是原合伙人身份的消灭。其他合伙人应当与该退伙人按照退伙时的合伙企业的财产状况进行清算,退还退伙人的财产份额。退伙时有未了结的合伙企业事务的，待了结后进行清算。退伙人在合伙企业中财产份额的退还办法，由合伙协议约定或者由全体合伙人决定，可以退还货币，也可以退还实物。依照《合伙企业法》规定，合伙协议约定合伙企业的经营期限的，有下列情形之一时，合伙人可以退伙：（1）合伙协议约定的退伙事由出现；（2）经全体合伙人同意退伙；（3）发生合伙人难于继续参加合伙企业的事由；（4）其他合伙人严重违反合伙协议约定的义务。合伙协议未约定合伙企业的经营期限的，合伙人在不给合伙企业事务执行造成不利影响的情况下，可以退伙，但应当提前20日通知其他合伙人。

同时，《合伙企业法》还规定，合伙人有下列情形之一的，当然退伙：（1）作为合伙人的自然人死亡或者被依法宣告死亡；（2）个人丧失偿债能力；（3）作为合伙人的法人或者其他组织依法被吊销营业执照、责令关闭、撤销，或者被宣告破产；（4）法律规定或者合伙协议约定合伙人必须具有相关资格而丧失该资格；（5）合伙人在合伙企业中的全部财产份额被人民法院强制执行。

根据我国《合伙企业法》的规定，合伙企业的债务首先应以合伙企业的财产进行清偿，不足部分由各合伙人按合伙协议约定的比例清偿，但是对外合伙人承担无限连带的清偿责任。因此，本案中，乙和丙要求甲分担债务和损失是有法律依据的。甲可以要求退伙，但应当提前30日通知其他合伙人，因此其私自退伙并抽回其出资的做法是违法的，如果给其他合伙人造成损失，还应当进行赔偿。

[法条链接]

《合伙企业法》第四十五条 合伙协议约定合伙期限的，在合

伙企业存续期间,有下列情形之一的,合伙人可以退伙:

(一)合伙协议约定的退伙事由出现;

(二)经全体合伙人一致同意;

(三)发生合伙人难以继续参加合伙的事由;

(四)其他合伙人严重违反合伙协议约定的义务。

《合伙企业法》第四十八条 合伙人有下列情形之一的,当然退伙:

(一)作为合伙人的自然人死亡或者被依法宣告死亡;

(二)个人丧失偿债能力;

(三)作为合伙人的法人或者其他组织依法被吊销营业执照、责令关闭、撤销,或者被宣告破产;

(四)法律规定或者合伙协议约定合伙人必须具有相关资格而丧失该资格;

(五)合伙人在合伙企业中的全部财产份额被人民法院强制执行。

合伙人被依法认定为无民事行为能力人或者限制民事行为能力人的,经其他合伙人一致同意,可以依法转为有限合伙人,普通合伙企业依法转为有限合伙企业。 其他合伙人未能一致同意的,该无民事行为能力或者限制民事行为能力的合伙人退伙。

退伙事由实际发生之日为退伙生效日。

发货方与收货方的纠纷如何解决

[典型案例]

龙昌公司从事国际贸易,作为供货方龙昌公司将货品从香港运送到上海,但收货方因为在其他代理商处购得的同类产品产生质量问题而认为龙昌公司的货品也有质量问题并拒绝支付货款，而货品厂家并没有对此货品的质量好坏进行明确的认定。现在他们愿意满足收货方的要求进行换货（并非承认货品有质量问题），但因为仓库在香港，且原先的报关手续都是由收货方进行操作的，所以龙昌公司无法自行退回货品，需要他们配合将货物原路运至香港，再重新发配新货。而收货方始终不愿配合龙昌公司，并坚持要在上海进行换货。那么，龙昌公司是否可以起诉对方拖欠货款并支付违约金，该如何操作？在对方不肯退货的情况下，龙昌公司是否需要运送新的货物至上海？两者的先后顺序又应如何安排？

[律师解析]

根据《合同法》规定，买卖交易的双方如对交付货物的质量有争议，要看双方合约中有无货物质量的约定。有约定的从约定，没有约定的从法律规定，法律没有规定的也可以适用交易习惯。但交付的货物最低应满足一般的使用需要或符合国家或行业有关的质量标准。如龙昌公司交付的货物满足交货条件，而对方无故拒收，龙昌公司可以向法院起诉或向仲裁机构申请仲裁（如有仲裁条款），要求对方支付货款和违约金，并可以要求对方就不接收货物造成的损失和扩大的损失要求对方给予赔偿。

如上所述，龙昌公司货物符合质量标准，就无换货义务。现龙昌公司本着友好合作的精神愿意给予对方换货，对方应该积极配合龙昌公司进行换货，办理相关手续。如对方无故不配合，龙昌公司可以拒绝换货。

如果双方配合换货，顺序方面，对方应该先配合办理相关手续，退还原先的货物，然后龙昌安排换货至上海。

需要提醒龙昌公司的是，如果其货物确无质量瑕疵，则不要贸然承认存在质量问题而进行换货，这将把自己一方推向比较被动的局面。如果对方坚持认为有质量问题，完全可以通过质检部门出具的检测报告来判断。质检结果为确不合格的，由供货方予以退换并承担相关运费；质检出来，质量合格的，并达到交付及付款条件的，购货方就应当按时付款，否则将承担违约责任。如果购货方仍然坚持不付货款的，龙昌公司完全可以通过诉讼途径来维护自己的合法权益。

当然，在诉讼之外，亦可以采取协商的方式解决争议。如果双方协商换货的，那么对于换货的流程，以及运费的承担则由双方自行协商，并无强制性的规定。

[法条链接]

《合同法》第六十二条　当事人就有关合同内容约定不明确，依照本法第六十一条的规定仍不能确定的，适用下列规定：

（一）质量要求不明确的，按照国家标准、行业标准履行；没有国家标准、行业标准的，按照通常标准或者符合合同目的的特定标准履行。

（二）价款或者报酬不明确的，按照订立合同时履行地的市场价格履行；依法应当执行政府定价或者政府指导价的，按照规定履行。

（三）履行地点不明确，给付货币的，在接受货币一方所在地履行；交付不动产的，在不动产所在地履行；其他标的，在履行义务一方所在地履行。

（四）履行期限不明确的，债务人可以随时履行，债权人也可以随时要求履行,但应当给对方必要的准备时间。

(五)履行方式不明确的,按照有利于实现合同目的的方式履行。

(六)履行费用的负担不明确的,由履行义务一方负担。

恶意透支信用卡要承担什么责任

[典型案例]

车某为了筹备做生意所需资金,先后在几家不同的银行办理了信用卡,进行透支。后来做生意连续亏损,他利用信用卡透支已经达到数十万元,而且超过规定的期限仍无力偿还。无奈之下,银行只好向派出所报案。因为恶意透支信用卡,车某的行为是否会构成犯罪,要承担什么责任呢?

[律师解析]

我国目前已经成为世界上持信用卡人数最多、银行卡业务增长最快、发展潜力最大的国家之一。市民如果办理了信用卡,就都知道信用卡有透支额度,并且在每个月规定的时间里要把透支的钱还上。不过现实当中,就有这么一些人,恶意透支信用卡,还想出种种歪点子来,以为银行查不到他。

有些人利用信用卡进行透支,数额较大,而且明知在规定的期限内存在无法偿还透支款的可能性,而放任这种透支行为。这种行为会给发卡银行造成较大损失。如果经发卡银行催收后仍不归还,根据《刑法》规定,可能构成信用卡诈骗罪。

《关于办理妨害信用卡管理刑事案件具体应用法律若干问题的解释》(以下简称《解释》)第六条第一款明确了"恶意透支"型信

用卡诈骗犯罪的主要构成条件，即"持卡人以非法占有为目的，超过规定限额或者规定期限透支，并且经发卡银行两次催收后超过3个月仍不归还的，应当认定为刑法第一百九十六条规定的'恶意透支'"。其中，"恶意透支"的数额是指拒不归还或者尚未归还的款项，不包括手续费、滞纳金、复利等发卡银行收取的费用。《解释》还规定，根据宽严相济的刑事政策，恶意透支应当追究刑事责任，但在公安机关立案后人民法院判决宣告前已偿还全部透支款息的，可以从轻处罚，情节轻微的，可以免除处罚。恶意透支数额较大，在公安机关立案前已偿还全部透支款息，情节显著轻微的，可以依法不追究刑事责任。

本案中，根据《刑法》的规定，车某超过规定的限额和时间透支信用卡，经催收仍无力偿还，是恶意透支行为，已经构成信用卡诈骗罪，将会按照法律的有关规定，接受法律的严惩。

[法条链接]

《刑法》第一百九十六条　有下列情形之一，进行信用卡诈骗活动，数额较大的，处五年以下有期徒刑或者拘役，并处二万元以上二十万元以下罚金；数额巨大或者有其他严重情节的，处五年以上十年以下有期徒刑，并处五万元以上五十万元以下罚金；数额特别巨大或者有其他特别严重情节的，处十年以上有期徒刑或者无期徒刑，并处五万元以上五十万元以下罚金或者没收财产：

（一）使用伪造的信用卡，或者使用以虚假的身份证明骗领的信用卡的；

（二）使用作废的信用卡的；

（三）冒用他人信用卡的；

（四）恶意透支的。

前款所称恶意透支，是指持卡人以非法占有为目的，超过规定限额或者规定期限透支，并且经发卡银行催收后仍不归还的行为。

盗窃信用卡并使用的，依照本法第二百六十四条的规定定罪处罚。

《关于办理妨害信用卡管理刑事案件具体应用法律若干问题的解释》第六条　持卡人以非法占有为目的，超过规定限额或者规定期限透支，并且经发卡银行两次催收后超过3个月仍不归还的，应当认定为刑法第一百九十六条规定的"恶意透支"。

有以下情形之一的，应当认定为刑法第一百九十六条第二款规定的"以非法占有为目的"：

（一）明知没有还款能力而大量透支，无法归还的；

（二）肆意挥霍透支的资金，无法归还的；

（三）透支后逃匿、改变联系方式，逃避银行催收的；

（四）抽逃、转移资金，隐匿财产，逃避还款的；

（五）使用透支的资金进行违法犯罪活动的；

（六）其他非法占有资金，拒不归还的行为。

恶意透支，数额在一万元以上不满十万元的，应当认定为刑法第一百九十六条规定的"数额较大"；数额在十万元以上不满一百万元的，应当认定为刑法第一百九十六条规定的"数额巨大"；数额在一百万元以上的，应当认定为刑法第一百九十六条规定的"数额特别巨大"。

恶意透支的数额，是指在第一款规定的条件下持卡人拒不归还的数额或者尚未归还的数额。不包括复利、滞纳金、手续费等发卡银行收取的费用。

恶意透支应当追究刑事责任，但在公安机关立案后人民法院判决宣告前已偿还全部透支款息的，可以从轻处罚，情节轻微的，可以免除处罚。恶意透支数额较大,在公安机关立案前已偿还全部透支款息,情节显著轻微的,可以依法不追究刑事责任。

创业者未经注册以公司名义经营有何法律风险

[典型案例]

孟某原来是某酒厂销售人员,后来下海自己组织人员替酒厂代理酒的销售,进行创业。2011年孟某在市郊租了一个房子,雇了8名业务员联系业务。虽然没有注册公司,孟某却一直对外宣称自己企业名为"孟某酒业销售有限责任公司"以方便招聘员工及对外开展业务,员工与客户都信以为真。2012年由于与河南一家买家发生经济纠纷,孟某的"孟某酒业销售有限责任公司"被告上法庭,但没有在工商登记中查到该"孟某酒业销售有限责任公司"。那么,孟某没有注册公司,可以以公司的名义从事经营活动吗?

[律师解析]

现在很多人都在开始创业,但为了节约成本,减少麻烦或者有效避税,会选择在不注册为公司的情况下,冒用公司的名义从事经营活动,却不知这种行为是违法行为,会承担不利的法律后果。

本案中,孟某的行为是《公司法》《公司登记管理条例》《企业名称登记管理规定》等法律所禁止的,孟某的"孟某酒业销售有限责任公司"没有经过注册,所以其在创业期间不能以公司的名义从事经营活动。

[法条链接]

《公司法》第二百一十一条 未依法登记为有限责任公司或者股份有限公司,而冒用有限责任公司或者股份有限公司名义的,或者未依法登记为有限责任公司或者股份有限公司的分公司,而冒用有限责任公司或者股份有限公司的分公司名义的,由公司登记机关责令改正或者予以取缔,可以并处十万元以下的罚款。

《公司登记管理条例》第七十二条 未依法登记为有限责任公司或者股份有限公司,而冒用有限责任公司或者股份有限公司名义的,由公司登记机关责令改正或者予以取缔,并可处以一万元以上十万元以下的罚款。构成犯罪的,依法追究刑事责任。

《企业名称登记管理规定》第二十六条 违反本规定的下列行为,由登记主管机关区别情节,予以处罚:

(一)使用未经核准登记注册的企业名称从事生产经营活动的,责令停止经营活动,没收非法所得或者处以两千元以上、两万元以下罚款,情节严重的,可以并处;

(二)擅自改变企业名称的,予以警告或者处以一千元以上、一万元以下罚款,并限期办理变更登记;

(三)擅自转让或者出租自己的企业名称的,没收非法所得并处以一千元以上、一万元以下罚款;

(四)使用保留期内的企业名称从事生产经营活动或者保留期届满不按期将《企业名称登记证书》交回登记主管机关的,予以警告或者处以五百元以上、五千元以下罚款;

(五)违反本规定第二十条规定的,予以警告并处以五百元以上、五千元以下罚款。

允许第三方挂靠公司有何法律风险

[典型案例]

牛某是个人包工头,没有装修公司资质,为了能够承揽到装修项目,就经常以某装修公司的名义承接一些装修活儿,并与该装修公司的法定代表人杜娟商量后,每年支付给杜娟公司几千元管理费,允许牛某在合同上盖其公司的印章。后牛某拖欠他人装修材料款,不知去向。债主于是就去找杜娟要账,杜娟显得很被动。那么,杜娟公司让第三方挂靠公司有多大的风险呢?

[律师解析]

挂靠指依附于一个具有独立法人资格的单位,一般理解为单位或个人利用其他单位的名义或资质,以挂靠方的名义从事生产经营活动,并向挂靠方缴纳一定费用的行为。挂靠人可以利用被挂靠企业的信誉、信用或经营资格谋求更多的订约机会;作为出借企业名义的对价,被挂靠企业往往会从挂靠人的经营活动中取得一定利益,或是收取固定的管理费用,或是按照一定的比例提取利润。

生活当中常常出现因挂靠经营而产生的纠纷事件,因挂靠经营所引发的法律纠纷中,最常见的两种类型是:一是挂靠单位在对外合同中发生纠纷,第三人首先追究被挂靠企业的责任。二是挂靠人以被挂靠企业名义对外交易产生债务后,债权人会以被挂靠人作为债务人,要求其承担清偿责任。

根据《民法通则》之规定没有代理权、超越代理权或者代理权终止后的行为,只有经过被代理人的追认,被代理人才承担民事责任。未经追认的行为,由行为人承担民事责任。本人知道他人以本人名义实施民事行为而不作否认表示的，视为同意。

本案中，杜娟知道牛某以其公司名义对外承揽工程时没有反对，并且允许牛某使用公司的印章，形成了事实上的挂靠关系，在法律上即为代理关系。因此，该公司应为刘某的行为承担民事责任。被拖欠的债主可以诉至法院，要求该公司给付货款。

为此，也提醒允许第三方挂靠公司时要注意风险防范，可以与第三方签订书面经营协议，明确双方的权利义务，尤其是明确挂靠人以被挂靠人名义对外经营所应承担的法律责任，最大限度上保护被挂靠人的合法权益；同时要严格管理被挂靠人企业法人的营业执照、组织机构代码证、国税登记证、地税登记证、开户银行许可证等"五证"，防止挂靠人过度利用被挂靠人资质；另外要避免向挂靠人签发常年授权委托证书，做到授权委托证书一事一签发，明确授权权限及期限；最后还要对挂靠人的经营行为进行动态监管，发现挂靠人超越了经营协议的范围或者权限，就应积极采取措施，通过解除经营协议、向挂靠人的交易对象发出声明等形式，最大限度地维护自身合法权益。

[法条链接]

《民法通则》第六十六条　没有代理权、超越代理权或者代理权终止后的行为，只有经过被代理人的追认，被代理人才承担民事责任。未经追认的行为，由行为人承担民事责任。本人知道他人以本人名义实施民事行为而不作否认表示的，视为同意。

代理人不履行职责而给被代理人造成损害的，应当承担民事责任。

代理人和第三人串通，损害被代理人的利益的，由代理人和第三人负连带责任。

第三人知道行为人没有代理权、超越代理权或者代理权已终止还与行为人实施民事行为给他人造成损害的，由第三人和行为人负连带责任。

民间借贷逾期不还如何主张利息

［典型案例］

彭某老同学赵某向彭某借了两万元现金，并写了借条，约定一年后归还，由于是老同学，所以当时也没有谈到利息的事情。一年后，当彭某向老同学索要借款时，老同学以无钱为由拒绝还款。彭某很生气，想立即收回欠款，并要求其偿还一定的利息。彭某想知道自己以前因为是老同学的关系没有想着要利息，如今彼此反目想要利息，这样的做法是不是受法律支持呢？

［律师解析］

公民之间的借款具有互助性，一方面既可以是无偿的，另一方面也可以是有偿的。这样，对于公民之间的借款就分为约定利息和不约定利息两种情况。

对于借款合同未约定利息的我国法律常常认定为不用支付利息。我国《合同法》规定，自然人之间的借款合同对支付利息没有约定或者约定不明确的，视为不支付利息。

但是对于借款逾期不还或者有拒绝还款意图时，我国法律对于借款人利益主张加以保护。《最高人民法院关于贯彻执行〈中华人民共和国民法通则〉若干问题的意见（试行）》规定，公民之间的无息借款，有约定偿还期限而借款人不按期偿还，或者未约定偿还期限但经出借人催告后，借款人仍不偿还的，出借人要求借款人偿付逾期利息，应当予以准许。

根据上述规定，由于彭某与老同学之间的借款本来就没有约定利息，所以按照要求本来不能要求赵某支付借款期间的利息。但是，彭某的老同学赵某不按期偿还借款，而且有不还款的意图，所以彭某可以要求老同学支付借款期限届满至实际还款之日的利息应受到法律的支持。

[法条链接]

《最高人民法院关于贯彻执行〈中华人民共和国民法通则〉若干问题的意见（试行）》第一百二十三条 公民之间的无息借款，有约定偿还期限而借款人不按期偿还，或者未约定偿还期限但经出借人催告后，借款人仍不偿还的，出借人要求借款人偿付逾期利息，应当予以准许。

离职员工以原单位名义与他人签订的合同，有效吗

[典型案例]

赵某为某电器生产厂的业务员，负责与销售单位签订合同。后来，赵某离职，但仍持有电器厂的合同书。赵某利用电器厂的合同与另一销售单位签订了电器销售合同，对方预付了部分订金，但该销售单位并不知晓赵某已离职。此后，赵某与该销售单位失去联系，该销售单位遂找到电器生产厂家，要求其履行合同，电器厂家认为合同与己无关，予以拒绝。

那么，电器厂家应否履行合同？

[律师解析]

电器厂家应当履行合同。本案涉及的法律知识属表见代理的内容。表见代理是因本人与无权代理人的行为之间的关系，具有外表授权的特征，致使相对人有理由相信行为人有代理权而与其进行民事法律行为，使之发生与有权代理相同的法律效果。也就是说，本案中，虽然侯某已经没有了代理权，但他离职后仍持有电器厂家的合同书，这足以使销售单位相信其有代理权，而与他签订合同，在此情况下，侯某签订合同的行为效果应由电器厂家承受，电器厂家也应当履行合同。

[法条链接]

《合同法》第四十九条 行为人没有代理权、超越代理权或者代理权终止后以被代理人名义订立合同，相对人有理由相信行为人有代理权的，该代理行为有效。

因银行失误而多给顾客钱，需要返还吗

[典型案例]

常某去某银行柜台取钱，回来后发现银行工作人员不慎多给了5000元。常某很高兴，便将这5000元投入股市，获利800元。三个月后，银行工作人员找到常某要求其退回多给的5000元及炒股所得收益，常某不同意。

那么，常某应返还银行多给的钱吗？

[律师解析]

常某应当退回银行多给的钱及利息。没有合法根据，取得不当

利益，造成他人损失的，应当将取得的不当利益返还受损失的人。返还的范围取决于受益人是善意还是恶意。善意的返还范围仅以现存利益为限，而恶意受益人不论所受利益是否存在，一概要将所受利益返还。本案中的常某显然属于恶意受益人，应当退还银行多给的钱。另外，返还的不当利益，应当包括原物和原物所生的孳息。利用不当得利所取得的其他利益，扣除劳务管理费用后，应当予以收缴。常某不但应退还银行的本金，还应当包括它所产生的利息。常某利用银行多给的钱投资股市所得的收益，也应依法予以收缴。

［法条链接］

《民法通则》第九十二条　没有合法根据，取得不当利益，造成他人损失的，应当将取得的不当利益返还受损失的人。

《民法通则意见》第一百三十一条　返还的不当利益，应当包括原物和原物所生的孳息。利用不当得利所取得的其他利益，扣除劳务管理费用后，应当予以收缴。

第六章 遗产继承

子女替父母写遗嘱是否有效

[典型案例]

张先生的父母一共有3个子女,张先生与父母共同居住生活。父母在生前立了一份遗嘱,内容是父母死后,由张先生继承属于他们的私有房屋。遗嘱是按照父母的意愿,由张先生找人打的字,又有三个见证人在场,在父母面前宣读后,最后由父母在遗嘱上签了字,见证人也签了字。

那么,请问这份遗嘱是否有效?

[律师解析]

本案中,张先生父母所立的遗嘱是无效遗嘱。张先生父母所立遗嘱属于代书遗嘱。代书遗嘱的法定生效要件,必须符合《继承法》第十七条规定,即代书遗嘱应当有两个以上见证人在场见证,由其中一人代书,注明年月日,并由代书人,其他见证人和遗嘱人签名。张先生父母所立遗嘱无效主要表现在:遗嘱是由张先生打印的,而不是由代书人亲笔书写,所以该遗嘱不符合《继承法》关于代书遗嘱的规定,是无效遗嘱。

[法条链接]

《继承法》第十七条 公证遗嘱由遗嘱人经公证机关办理。

自书遗嘱由遗嘱人亲笔书写,签名,注明年、月、日。

代书遗嘱应当有两个以上见证人在场见证,由其中一人代书,注明年、月、日,并由代书人、其他见证人和遗嘱人签名。

以录音形式立的遗嘱,应当有两个以上见证人在场见证。

遗嘱人在危急情况下,可以立口头遗嘱。口头遗嘱应当有两个以上见证人在场见证。危急情况解除后,遗嘱人能够用书面或者录音形式立遗嘱的,所立的口头遗嘱无效。

腹中胎儿是否有继承权

[典型案例]

张明是一位公司财务总监,家庭经济条件较好。其生育有三个儿子,其妻早年因病去世。2013年5月,张明的第三个儿子因车祸死亡,此时,其妻子李丽已怀孕7个月。同年10月,张明心脏病突发死亡,安葬完毕之后,其长子与次子将张明遗留的20万元的现金和一栋价值30万元的楼房进行了分割继承。李丽得知后,遂向两位哥哥提出异议,认为其怀孕胎儿应分得一份遗产。而两位哥哥反对,认为弟弟已去世,李丽腹中胎儿不具有继承权。李丽诉至法院,要求保护腹中胎儿的合法权益。

那么,李丽腹中胎儿具有继承权吗?

[律师解析]

继承是老百姓生活中经常会遇到的问题。我国《继承法》规定遗嘱继承优先于法定继承，但由于本案中张明并没有立遗嘱只能进行法定继承。本案争议的焦点是遗腹子的继承权问题，有两种不同的意见。第一种意见认为，张明的第三个儿子已死亡，因此不存在继承问题。李丽的腹中胎儿能否顺利出生无法确定，因此无法享有继承权。胎儿即使顺利出生，但其不是第一顺序继承人，也不能享有继承权。张明的遗产只能由其长子与次子平分。第二种意见认为，张明的第三个儿子虽已死亡，但仍应获得遗产的三分之一，并由其妻李丽腹中的胎儿代位继承。

我国《民法通则》第九条规定，公民从出生时到死亡时止，具有民事权利能力，依法享有民事权利，承担民事义务。因此，自然人的民事权利能力实际也就是始于出生，终于死亡。胎儿因为没有出生并不属于独立的民事主体，因此不具有继承遗产的法定资格和能力。所以，从表面上看第一种意见是符合民法规定的。但是在继承领域我国法律又有特殊规定，根据《继承法》第二十八条规定："遗产分割时，应当保留胎儿的继承份额。胎儿出生时是死体的，保留的份额按法定继承办理。"为了妥善处理继承中有关胎儿的问题，最高人民法院《关于贯彻执行＜中华人民共和国继承法＞若干问题的意见》第四十五条规定："应当为胎儿保留的遗产份额没有保留的，应从继承人所继承的遗产中扣回。为胎儿保留的遗产份额，如胎儿出生后死亡的，由其继承人继承；如胎儿出生时就是死体的，由被继承人的继承人继承。"上述法律规定表明，我国法律对于未成年人利益保护的范围已经延伸到未出生的胎儿。虽然胎儿不属于民事主体不能直接享有继承权，但根据以上相关的法律规定还是应当为胎儿保留其应继承遗产的份额，等待胎儿出生后根据具体情况确定遗产的分配。

本案中由于胎儿的父亲先于被继承人张明去世，此种情况下，胎儿出生后就是张明儿子的子女,完全可以代替其父亲继承爷爷张明的遗产。 由此可见,孙子女不能直接继承祖父母的遗产,孙子女继承祖父母遗产是有条件的,这个条件就是必须孙子女的父母先于祖父母去世,孙子女才可以代替其父母继承祖父母的遗产。 正因为孙子有代位继承权故孙子女并不属于祖父母的法定继承人。

因此,张明的长子与次子两人分割遗产是没有法律根据的,应为其第三个儿子的遗腹子保留三分之一的遗产份额。

[法条链接]

《关于贯彻执行＜中华人民共和国继承法＞若干问题的意见》第四十五条　应当为胎儿保留的遗产份额没有保留的应从继承人所继承的遗产中扣回。 为胎儿保留的遗产份额,如胎儿出生后死亡的,由其继承人继承;如胎儿出生时就是死体的,由被继承人的继承人继承。

《继承法》第二十八条　遗产分割时,应当保留胎儿的继承份额。 胎儿出生时是死体的,保留的份额按照法定继承办理。

没有户口的公房怎么处理

[典型案例]

韩女士丈夫去世后,留下两套房子,一套是产权房,另一套是使用权房。产权房是韩女士和丈夫在婚后共同买下的售后公房,产权人是丈夫一人的名字。之后夫妻俩就搬入产权房里,他们的户口也一起迁出。其丈夫是使用权房的承租人。现使用权房出租。公公婆婆还健在,丈夫在去世前留下了遗嘱,但没有进行公证。遗嘱中写明了该产权房留给韩女士和孩子。那么,该产权房如何分配？另外，韩女士是否将户口迁进那套公房内就可以变更承租人为韩女士？如韩女士户口不迁进公房，也没有变更承租人，该公房是否会被国家收掉？

[律师解析]

本案中，该产权房虽登记在韩女士丈夫的名下，但却是其夫妻二人共同生活期间为共同生活购置的，应视为夫妻共同财产，由双方共同共有。现韩女士丈夫去世，其拥有的一半份额应作为遗产处理，根据其丈夫的遗嘱房产可归韩女士和小孩所有。但如果韩女士丈夫的父母存在缺乏劳动能力又没有生活来源的情形，则在遗产处理时需对其保留必要的遗产份额。

公有居住房屋的承租人死亡后，其生前在有房屋所在地常住户口的共同居住人，或者没有共同居住人的，其生前具有常住户口的配偶和直系亲属，有权继续履行租赁合同，因此，韩女士有权继续承租，该公房不会因韩女士丈夫去世而被收回。

关于产权房如何分配：该产权房登记的虽然是韩女士丈夫姓名，但却是其夫妻二人共同生活期间为共同生活购置的，应为夫妻双方共同共有。现在韩女士丈夫去世，其拥有的一半份额应作为遗产处理。

户口迁入公房与否对变更承租人无法律意义：承租人是谁要看房屋的承租协议的约定。当初的房屋承租人是其丈夫，其丈夫生前是和韩女士、韩女士孩子和公公婆婆住在一起共同生活的，现其丈夫过世，根据《合同法》规定，承租人在房屋租赁期间死亡的，与其生前共同居住的人可以按照原租赁合同租赁该房屋。

建议与公房所有权单位协商变更承租人事宜。

[法条链接]

《合同法》第二百三十四条 承租人在房屋租赁期间死亡的,与其生前共同居住的人可以按照原租赁合同租赁该房屋。

非婚生子女对生父母的遗产有继承权吗

[典型案例]

韩某系河北某市人。1983年,与李某结婚,后生有四个子女。2005年,50多岁的韩某在一次聚会上偶然结识了年仅20周岁的姑娘林某,后二人来往密切,最后发展成了同居关系。2007年初,韩某到西安开厂,生意十分红火。2007年5月,林某在西安产下一男婴,韩某赶回老家,给小孩办满月酒,并为其取名韩阳。2008年8月,韩某还以韩阳的名义在西安购买了一套价值15万余元的商品房,供其母子二人共同居住。为达到摆脱李某的目的,2008年韩某以妻子李某无端猜忌,夫妻感情破裂为由提出离婚诉讼,李某对此无异议,法院在同年6月8日判决双方离婚。离婚后韩某即带着林某与韩阳到武汉共同生活。

2009年3月6日,韩某心脏病突发而死,死时对其百万家产未留任何遗嘱,其原来子女对家产进行了分割。林某得知后十分气愤,认为韩某能有今天,与自己这几年来对他的照顾分不开,遂与儿子韩阳一起将韩某子女一同告上了法庭,要求重新分割韩某遗产。

那么,法院能支持林某的诉讼请求吗?

[律师解析]

本案涉及非婚生子女继承权的问题。非婚生子女是指没有合法婚姻关系的男女所生的子女。我国《继承法》规定，遗产按照下列顺序继承：第一顺序：配偶、子女、父母。第二顺序：兄弟姐妹、祖父母、外祖父母。继承开始后，由第一顺序继承人继承，第二顺序继承人不继承；没有第一顺序继承人继承的，由第二顺序继承人继承。《继承法》上的子女，包括婚生子女、非婚生子女、养子女和有扶养关系的继子女；《继承法》上的父母，包括生父母、养父母和有扶养关系的继父母。继承人以外的对被继承人扶养较多的人，或者依靠被继承人扶养的缺乏劳动能力又没有生活来源的人，可以分给他们适当的遗产。

本案中，由于韩某与林某不具有合法的婚姻关系。其同居期间所生子韩阳为非婚生子女，由于非婚生子女与婚生子女具有同等地位，因此韩阳有权继承韩某的财产。而林某与韩某未办理婚姻登记，不是合法夫妻，自然没有法律上的相互继承遗产的权利。但林某一直在韩某身边照顾，其属于继承人以外的对被继承人扶养较多的人，可以分得适当遗产。

[法条链接]

《继承法》第十四条 对继承人以外的依靠被继承人扶养的缺乏劳动能力又没有生活来源的人，或者继承人以外的对被继承人扶养较多的人，可以分给他们适当的遗产。

《最高人民法院关于贯彻执行〈中华人民共和国继承法〉若干问题的意见》第三十一条 依继承法第十四条规定可以分给适当遗产的人，分给他们遗产时，按具体情况可多于或者少于继承人。

非婚生子女享有与婚生子女同等的权利。对生父母的遗产有同样的、平等的继承权，任何人不能侵犯他们的权利，更不能加以歧视。

继承人是否应替被继承人偿还债务

[典型案例]

王女士所在甲公司系一家北京的快递公司,代理日本某品牌化妆品的配送,经债务人李先生介绍认识广州一家快递公司乙,三方当时约定:甲公司将客户预订的化妆日用品从北京发往上海,乙公司收到货后,根据订单地址将客户所需的产品送到客户手中并收取货款,再将代收货款汇到北京。自2006年1月~6月,乙公司先后将代收货款共450余万元通过银行转账方式汇给债务人李先生,但李先生仅返还甲公司230万元,尚欠甲公司货款220多万元。由于中介人李先生已于2006年7月因病去世,其名下有四套房屋,其配偶、女儿及父母继承了他的遗产,但不愿承担还款义务。甲公司负责人问:李先生的家人是否应该归还该笔债务?

[律师解析]

李先生的家人应该替李先生偿还其生前所欠债务。依据我国继承法的规定:遗产按照下列顺序继承:第一顺序:配偶、子女、父母。还规定:继承遗产应当清偿被继承人依法应当缴纳的税款和债务,缴纳税款和清偿债务以他的遗产实际价值为限。超过遗产实际价值部分,继承人自愿偿还的不在此限。为此,李先生的妻子、女儿及父母均是李先生的第一顺序继承人,他们在李先生去世后,已经继承了李先生名下的所有房产,且李先生拥有的四套房产价远大于对外所欠的债务,所以李先生妻子、女儿及父母在继承了李先生财产的同时，理应共同承担清偿被继承人李先生生前所欠王女士所在甲公司债务的责任。

[法条链接]

《继承法》第三十三条　继承遗产应当清偿被继承人依法应当缴纳的税款和债务，缴纳税款和清偿债务以他的遗产实际价值为限。超过遗产实际价值部分，继承人自愿偿还的不在此限。

继承人放弃继承的，对被继承人依法应当缴纳的税款和债务可以不负偿还责任。

什么是代位继承？继子女有代位继承的权利吗

[典型案例]

原告张磊，男，是陈家村的一名青年。被告张波，男，陕西省某县一工厂职工，系原告的叔叔。被告张丽，女，与张磊同村，系原告的姑姑。原告的爷爷、奶奶分别于2005年、2007年去世。二人共生育三个子女，分别为张民、张波和张丽。张磊系张民的继子，于1991年随母亲陈氏改嫁到陈家村，张民对张磊疼爱有加。可惜，天有不测风云，2002年的一天，张民从县城卖完东西回家，路上遭遇车祸，当场死亡。后张磊、母亲陈氏与爷爷奶奶住到了一起，相互照顾，直到两位老人去世。两位老人去世后，其拥有的一处90平方米的平房和一张3万元的存折都被儿子张波、女儿张丽平分。张磊知道此事后，就向叔叔、姑姑提出自己也应当分到一部分遗产，但二人称张磊不是大哥的亲儿子，根本就不是张家人，没有权利分得遗产。在索要无果的情况下，张磊一纸诉状将张波、张丽告上法庭，要求重新分割爷爷、奶奶的遗产。

那么，张磊的请求会得到法院的支持吗？

[律师解析]

本案主要涉及继子女是否属于法律上规定的"子女"的范围和代位继承的问题。代位继承又称"间接继承"，是指被继承人的子女先于被继承人死亡的，由被继承人子女的晚辈直系血亲代替已亡继承人继承被继承人的遗产。在代位继承中，先于被继承人死亡的继承人叫被代位人；代替已亡继承人继承遗产的人是代位人。被代位人的子女、孙子女、外孙子女、曾孙子女、外曾孙子女等均可作为代位继承人。其中子女包括生子女、养子女和已形成扶养关系的继子女。

我国《婚姻法》规定，父母和子女有相互继承的权利；继父或者继母和受其抚养教育的继子女间的权利和义务，适用《婚姻法》对父母子女关系的有关规定。我国《继承法》规定，本法所说的子女，包括婚生子女、非婚生子女、养子女和有扶养关系的继子女；被继承人的子女先于被继承人死亡的，由被继承人的子女的晚辈直系血亲代位继承。在本案中，张磊虽是继子，但是按照法律的规定其享有同亲生子女一样的遗产继承权，包括代位继承权，因此，张民应得的那份遗产应当由张磊代位继承，任何人不能加以剥夺。

[法条链接]

《婚姻法》第二十七条　继父母与继子女间，不得虐待或歧视。

继父或继母和受其抚养教育的继子女间的权利和义务，适用本法对父母子女关系的有关规定。

《继承法》第十一条　被继承人的子女先于被继承人死亡的，由被继承人的子女的晚辈直系血亲代位继承。代位继承人一般只能继承他的父亲或者母亲有权继承的遗产份额。

继子女继承了继父母遗产的，不影响其继承生父母的遗产；继父母继承了继子女遗产的，不影响其继承生子女的遗产。

丧偶女婿对岳父（母）的遗产有继承权吗

[典型案例]

常波与秦岭于1995年结婚，婚后夫妇二人一直与岳父秦斌在一起生活，家庭和睦。因秦斌只有一个女儿，视常波如同己出。常波也与老人相处融洽，待岳父如同自己的亲生父亲。

可惜好景不长，1999年，妻子秦岭时常感到头部疼痛，到市中医院一查，发现患恶性脑瘤，因生活条件有限，又延误治疗，不久便离开人世。秦斌老年丧女，悲伤过度，从此一病不起。次年，常波经人介绍认识了邻村女子米敏，与其结婚，虽然女婿另娶，但仍像过去一样伺候老丈人，同妻子一起料理岳父的日常起居，请医问药。2008年，秦斌因病去世，常波又为他料理了后事。

不久，秦斌之妹秦丽闻讯赶来，要继承哥哥5间平房和2万元存款的遗产。她认为，常波是外姓人，且已经另娶，不能继承秦家的遗产，常波与之理论未果，遂起诉到人民法院，要求继承秦斌的遗产，维护自己的合法权益。

那么，丧偶女婿有继承岳父遗产的权利吗？

[律师解析]

本案涉及丧偶女婿、丧偶儿媳继承权的问题。丧偶女婿、儿媳与岳父母之间不存在血缘上的关系，而是姻亲关系。所谓姻亲关系是指以婚姻为中介而产生的亲属关系。法定继承是以血缘关系和姻亲关系为基础的。正常情况下，配偶一方死亡，随着姻亲关系的结束，另一方就丧失了法定继承权。但是我国立法为鼓励丧偶女婿、儿媳对岳父母、公婆承担赡养义务，规定在其尽了主要的赡养义务的情况下，可以作为第一顺序继承人继承岳父母、公婆的遗产，其他任何人不得剥夺这种权利。《继承法》规定，丧偶儿媳对公婆、丧偶女婿对岳父母尽了主要赡养义务的，可以作为第一顺序继承人。《最高人民法院关于贯彻执行〈中华人民共和国继承法〉若干问题的意见》规定，对被继承人生活提供了主要经济来源，或者在劳务等方面给予了主要扶助的，应当认定其尽了主要赡养义务或者主要扶养义务。在本案中，常波再婚后，仍一如既往地照顾岳父秦斌，并且为他养老送终，尽了主要赡养义务，应当作为第一顺序继承人。而秦丽是秦斌的妹妹，兄弟姐妹是第二顺序继承人，在第一顺序继承人存在的时候，第二顺序继承人是不能继承死者遗产的。因此，常波是被继承人秦斌合法的遗产继承人，有权继承秦斌的遗产。

[法条链接]

《继承法》第十二条　丧偶儿媳对公、婆，丧偶女婿对岳父、岳母，尽了主要赡养义务的，作为第一顺序继承人。

口头遗嘱算不算？找人代写可行吗

[典型案例]

（一）小常的父亲生前立有遗嘱，将其名下的两处房产和银行的所有存款指定小常继承。立遗嘱时有小常母亲生前的两个好友肖某和丁某在场。遗嘱由肖某代书，但是在见证人一栏只有肖某一人的签字。后小常的两个姐姐以遗嘱无效为由起诉到法院，法院支持了小常姐姐的诉讼请求，认定遗嘱无效。

（二）姜子毅老人生命垂危，然而女儿在国外定居。由于老人发病突然，而女儿正在回国的路上还没有到达，老人在弥留之际立下口头遗嘱要把自己的遗产赠与红十字会，在场有两名医生和三名护士。说完老人就去世了，当他女儿赶到医院后，并不相信医护人员的话，双方争论不休。

[律师解析]

小常的父亲所立的遗嘱为代书遗嘱。代书遗嘱是指由他人代笔书写的遗嘱。我国《继承法》关于代书遗嘱的要求是：第一，代书遗嘱由遗嘱人口授遗嘱内容，由他人代书；第二，代书遗嘱需有两个以上的见证人（代书人也可为见证人）在场见证；第三，代书人、其他见证人和遗嘱人在遗嘱上签名，并注明年、月、日。在案例（一）中，小常父亲所立的遗嘱由于缺少"两个以上见证人签字"这一代书遗嘱的形式要件而无效。小常父亲留下来的遗产只能依据法定继承由他和他的两个姐姐共同继承了。

口头遗嘱，是指在危急情况下所立的遗嘱。但在危急情况解除后,遗嘱人能够用书面或者录音形式立遗嘱的,所立的口头遗嘱无效。立口头遗嘱须具备一定的条件。首先,遗嘱人有生命垂危或其他危急的情况。其次,因该危急情形,遗嘱人无法以书面形式为遗嘱。最后,须有两个以上的见证人在场,有两个以上的见证人在场,其目的在于保证口头遗嘱的真实性。案例(二)中姜子毅老人的口头遗嘱符合立口头遗嘱的要求,所以该遗嘱是有效的。

[法条链接]

《继承法》第十七条 公证遗嘱由遗嘱人经公证机关办理。

自书遗嘱由遗嘱人亲笔书写,签名,注明年、月、日。

代书遗嘱应当有两个以上见证人在场见证,由其中一人代书,注明年、月、日,并由代书人、其他见证人和遗嘱人签名。

以录音形式立的遗嘱,应当有两个以上见证人在场见证。

遗嘱人在危急情况下,可以立口头遗嘱。口头遗嘱应当有两个以上见证人在场见证。危急情况解除后,遗嘱人能够用书面或者录音形式立遗嘱的,所立的口头遗嘱无效。

法定代理人可以处分未成年人的遗产继承权吗

[典型案例]

石头9岁时其父母在一次意外中双亡,留下了房产和一些存款,石头的叔叔认为石头是未成年人,不能管理这些财产,因此石头也不能继承这些财产。后来经法官讲述,叔叔明白:石头虽然年龄小不能管理父母留下的遗产,但并不能因此剥夺他的合法继承权,他所继承的遗产可以由他的法定代理人代为管理,待石头成年后再交还给他自己管理。后石头的奶奶保管了石头父母留下的遗产。叔叔于是要求奶奶将房产以低价卖给自己，奶奶有权处理这些房产吗？

[律师解析]

我国《婚姻法》规定，父母和子女有相互继承遗产的权利。还规定，配偶、子女、父母同为第一顺序法定继承人。因此，我国父母与子女之间的遗产继承权是一种相互的权利。父母死亡时，子女依法继承父母的遗产；子女先于父母死亡时，父母依法继承子女的遗产。作为法定继承顺序，只有在第一顺序继承人不存在的情况下，才能由第二顺序的继承人继承，体现了养老育幼的继承原则。由于未成年人不懂实现自己的权益，因此，在继承关系中，尤其应当保护未成年人的继承权。

《最高人民法院关于贯彻执行〈继承法〉若干问题的意见》规定：法定代理人代理被代理人行使继承权、受遗赠权，不得损害被代理人的利益。法定代理人一般不能代理被代理人放弃继承权，受遗赠权。明显损害被代理人利益的，应认定其代理行为无效。从民事行为上来说，故事中如果奶奶任意处分石头所取得的遗产，属于明显损害被代理人石头的利益，应认定其代理行为无效。

我国《继承法》在许多方面保障未成年人的继承权利：在法定继承中依法对未成年人的继承份额予以特殊照顾；在遗嘱继承中，被继承人生前以遗嘱方式处分财产的，应为未成年人保留必要的遗产份额；依法保护胎儿的继承权；以强制力确保未成年人的合法继承权；父母离婚后，未成年子女仍然依法享有对父母双方的遗产继承权。不仅如此，法定代理人处分未成年人的继承遗产更要受到限制，一旦不利于未成年人，则属于违法无效的行为。

[法条链接]

《最高人民法院关于贯彻执行〈继承法〉若干问题的意见》第八条　法定代理人代理被代理人行使继承权、受遗赠权，不得损害被代理人的利益。　法定代理人一般不能代理被代理人放弃继承权、受遗赠权。　明显损害被代理人利益的，应认定其代理行为无效。

不履行赡养义务的子女还有继承权吗

[典型案例]

王飞和弟弟王龙两兄弟从小学习都十分优异，但由于家境贫寒，家里负担不起两人的学费，哥哥主动放弃学业，打工挣钱让弟弟完成学业。后弟弟由于长期在外地求学工作，在父母生前从未对二老尽过赡养义务。现在两兄弟的父母都已经去世了，留下几间房子。王飞对于弟弟没有赡养老人心存不满，认为其没有尽到赡养义务，拒绝弟弟参与继承。

那么，王龙是否还有继承权呢？

[律师解析]

我国《继承法》规定，继承开始后，按照法定继承办理；有遗嘱的，按照遗嘱继承或者遗赠办理；有遗赠扶养协议的，按照协议办理。　还规定，继承人有下列行为之一的，丧失继承权：（1）故意杀害被继承人的；（2）为争夺遗产而杀害其他继承人的；（3）遗弃被继承人的，或者虐待被继承人情节严重的；（4）伪造、篡改或者销毁遗嘱，情节严重的。

本案中，王龙只是对父母未尽赡养义务，而没有上述行为之一，所以不能剥夺其继承权。　同时，我国《继承法》规定："同一顺序继承人继承遗产的份额，一般应当均等。对生活有特殊困难的缺乏劳动能力的继承人，分配遗产时，应当予以照顾。对被继承人尽了主要扶养义务或者与被继承人共同生活的继承人，分配遗产时，可以多分。有扶养能力和有扶养条件的继承人，不尽扶养义务的，分配遗产时，应当不分或者少分。继承人协商同意的，也可以不均等。"第十四条规定："对继承人以外的依靠被继承人扶养的缺乏劳动能力又没有生活来源的人，或者继承人以外的对被继承人扶养较多的人，可以分给他们适当的遗产。"由此可见，由于王龙对被继承人尽的赡养义务相对较少，所以在分配遗产时，可以考虑适当少分。法律还规定，继承人应当本着互谅互让、和睦团结的精神，协商处理继承问题。遗产分割的时间、办法和份额，由继承人协商确定。协商不成的，可以由人民调解委员会调解或者向人民法院提起诉讼。

人人都有父母，人人都会老。赡养老人是儿女应尽的义务，每个子女应当尽自己所能承担起对父母的赡养责任。《继承法》对于尽主要扶养义务的多分遗产的规定正是对孝敬父母的社会道德的一种提倡。

[法条链接]

《继承法》第五条　继承开始后，按照法定继承办理；有遗嘱的，按照遗嘱继承或者遗赠办理；有遗赠扶养协议的，按照协议办理。

《继承法》第七条　继承人有下列行为之一的，丧失继承权：

（一）故意杀害被继承人的；

（二）为争夺遗产而杀害其他继承人的；

（三）遗弃被继承人的，或者虐待被继承人情节严重的；

（四）伪造、篡改或者销毁遗嘱，情节严重的。

《继承法》第十三条 同一顺序继承人继承遗产的份额，一般应当均等。

对生活有特殊困难的缺乏劳动能力的继承人，分配遗产时，应当予以照顾。

对被继承人尽了主要扶养义务或者与被继承人共同生活的继承人，分配遗产时，可以多分。

有扶养能力和有扶养条件的继承人，不尽扶养义务的，分配遗产时，应当不分或者少分。

继承人协商同意的，也可以不均等。

放弃继承权就能拒绝履行赡养义务吗

[典型案例]

王大娘今年76岁，老伴已去世。她有两个儿子，其中大儿子结婚后独立生活，小儿子一家自己没有住房，和王大娘住在一起并承担照料她的义务。一年前，小儿子下岗，王大娘又生病住院，看到小儿子经济上越来越困难，王大娘就找到大儿子要他以后承担一部分赡养费。但大儿子以老二住在母亲名下的房屋，以后他不参与房子的继承为由，拒绝给母亲赡养费，认为既然老二得了房子，就应该由老二一家赡养母亲。王大娘非常伤心，她想问一问，大儿子这样做有没有道理？

[律师解析]

王大娘大儿子的做法不仅违背了中华民族敬老、养老的社会伦理道德观念，也是一种违反法律的行为。我国《老年人权益保障法》规定："赡养人不得以放弃继承权或者其他理由，拒绝履行赡养义务。"该法律还规定："……对老年人负有赡养义务、扶养义务而拒绝履行赡养、扶养，情节严重构成犯罪的，依法追究刑事责任。"

王大娘的小儿子与其共同生活，对母亲尽了赡养义务，大儿子以自己不继承老人财产为由拒绝履行赡养母亲的义务是错误的。我国《继承法》规定："继承开始后，继承人放弃继承的，应当在遗产处理前，做出放弃继承的表示。"王大娘的大儿子应当承担赡养母亲的义务。赡养父母是法定义务，不因放弃继承权而免除。虽然王大娘的大儿子表示放弃房屋的继承权，但这只能产生继承权放弃的法律效力，并不能以此为由拒绝履行赡养义务。如果拒不履行，王大娘可以根据《老年人权益保障法》的规定，要求赡养人所在组织或者居民委员会、村民委员会调解，也可以直接向人民法院提起诉讼。不履行赡养义务，既是道德问题，也是法律问题。不仅要受到道德舆论的谴责，还要受到相应的法律制裁。

赡养和继承权的放弃是两个完全不同的法律概念，不能混为一谈。赡养，是指子女对父母在经济上的供养、生活上的照料及精神上的慰藉。我国《宪法》规定，成年子女有赡养扶助父母的义务。《老年人权益保障法》规定：赡养人不得以放弃继承权或者其他理由，拒绝履行赡养义务。也就是说，赡养人赡养父母的义务是法定的，是必须履行的，除非赡养人完全丧失赡养能力，否则是无条件的。继承权是公民的一项基本权利，继承人可以根据自己的意志决定接受还是放弃。但赡养父母是法定义务，不因放弃继承权而免除。

[法条链接]

《老年人权益保障法》第十五条 赡养人不得以放弃继承权或者其他理由，拒绝履行赡养义务。

赡养人不履行赡养义务，老年人有要求赡养人付给赡养费的权利。

赡养人不得要求老年人承担力不能及的劳动。

《老年人权益保障法》第二十五条 国家建立多种形式的医疗保险制度，保障老年人的基本医疗需要。

有关部门制定医疗保险办法，应当对老年人给予照顾。

老年人依法享有的医疗待遇必须得到保障。

《老年人权益保障法》第四十五条 老年人与家庭成员因赡养、扶养或者住房、财产发生纠纷，可以要求家庭成员所在组织或者居民委员会、村民委员会调解，也可以直接向人民法院提起诉讼。

调解前款纠纷时，对有过错的家庭成员，应当给予批评教育，责令改正。

人民法院对老年人追索赡养费或者扶养费的申请，可以依法裁定先予执行。

《继承法》第二十五条 继承开始后，继承人放弃继承的，应当在遗产处理前，做出放弃继承的表示。没有表示的，视为接受继承。

受遗赠人应当在知道受遗赠后两个月内，做出接受或者放弃受遗赠的表示，到期没有表示的，视为放弃受遗赠。

既有遗赠抚养协议，又有遗嘱的，该如何进行继承

[典型案例]

叶某有一位伯父，老伴早年去世，独生女儿又远嫁他乡。伯父年老，丧失了劳动能力，便在 2007 年和叶某签订了遗赠扶养协议，约定他的生养死葬由侄子负责，作为回报，他遗下的3间房屋归叶某所有。2011年3月，伯父病重，叶某将老人送进医院积极治疗。不久，伯父去世了，叶某正操办后事时，伯父的女儿闻讯赶回家奔丧，拿出了一份其父去世前立下的遗嘱，里面居然清楚地写着：遗产归女儿所有。有这份遗嘱在手，叶某的堂姐便自居为房屋继承人。叶某很气愤。那么，先前的协议和后来的遗嘱，到底哪个才有法律效力？

[律师解析]

根据《继承法》相关司法解释的规定，被继承人生前与他人订有遗赠扶养协议，同时又立有遗嘱的，继承开始后，如果遗赠扶养协议与遗嘱没有抵触，遗产分别按协议和遗嘱处理；如果有抵触，按协议处理，与协议抵触的遗嘱全部或部分无效。

由此可见，叶某伯父的遗嘱中关于三间房屋归其女儿所有的部分是无效的，按照叶某与其伯父遗赠协议的约定，房屋应归叶某所有，其他遗产由其伯父的女儿按遗嘱继承。

[法条链接]

《继承法》第五条　继承开始后，按照法定继承办理；有遗嘱的，按照遗嘱继承或者遗赠办理；有遗赠扶养协议的，按照协议办理。

《最高人民法院关于贯彻执行〈中华人民共和国继承法〉若干问题的意见》第五条　被继承人生前与他人订有遗赠扶养协议，同时又立有遗嘱的，继承开始后，如果遗赠扶养协议与遗嘱没有抵触，遗产分别按协议和遗嘱处理；如果有抵触，按协议处理，与协议抵触的遗嘱全部或部分无效。

遗嘱可以剥夺法定继承人的继承权吗

[典型案例]

滕某的父亲生前热爱公益,做了不少好事,最大的遗憾是在教育自己的孩子滕某上十分挫败。滕某从小不好好学习,常和社会上的小混混在一起,沾染了不少恶习。滕某的父亲屡屡劝告没有任何作用,老人对自己不争气的孩子感到十分寒心。滕某的父亲去世前立遗嘱,将自己的全部财产捐献给老家的小学。滕某认为,老人的遗嘱剥夺了其法定继承人的继承权,故这份遗嘱应是无效的。

那么,法律对此是如何规定的呢?

[律师解析]

依照《继承法》的规定,公民可以依照本法规定立遗嘱处分个人财产,并可以指定遗嘱执行人。公民可以立遗嘱将个人财产指定由法定继承人的一人或者数人继承,也可以立遗嘱将个人财产赠给国家、集体或者法定继承人以外的人。

在本案中,滕某的父亲立遗嘱将财产赠给老家小学,符合法律规定,滕某没有权利再继承其父的遗产,所有遗产应归该小学所有。

[法条链接]

《继承法》第十六条　公民可以依照本法规定立遗嘱处分个人财产,并可以指定遗嘱执行人。

公民可以立遗嘱将个人财产指定由法定继承人的一人或者数人继承。

公民可以立遗嘱将个人财产赠给国家、集体或者法定继承人以外的人。

多份"最后遗嘱",哪一个有效

[典型案例]

孟某和后老伴在一起生活,房子是孟某婚前自己买的。2006年3月,孟某患病,一直由老伴照顾,为了感谢老伴,就按照老伴的意思写了份"最后遗嘱",遗嘱言明房子和存款等都由老伴继承。可是,随着孟某病情加重,卧床不起,老伴也变了态度,不爱侍候,还冷言冷语地挖苦、打击。孟某把这事和儿子说了,儿子就把老人接回家照顾,老人觉得关键时候还是儿子有用,就决心把财产留给儿子,并做了公证遗嘱,言明是"最后遗嘱"。可是,孟某在儿子家待了两个月,觉得儿媳妇态度不好,就给女儿打电话要去住到医院,表示就算是死也死在医院。女儿将孟某送到医院,每天前去探望、呵护,孟某在弥留之际当着两个医生的面留下"最后遗嘱",将所有的财产给了女儿。孟某去世后,老伴和孟某的儿女就遗产问题引起了纷争。

那么,几份遗嘱哪一份有效呢?

[律师解析]

李案中,第二份公证遗嘱有效。本案中,孟某分别立有自书、公证、口头遗嘱。即使三份遗嘱的形式都符合法定的形式要件,也是以公证的遗嘱为准。因为,所有的遗嘱形式中,公证遗嘱效力最高,其他遗嘱都不能推翻公证遗嘱,除非再立一份公证遗嘱才能推翻之前的公证遗嘱。最后的口头遗嘱虽然时间上在最后,但是也不能推翻公证遗嘱。

[法条链接]

《继承法》第二十条　遗嘱人可以撤销、变更自己所立的遗嘱。

立有数份遗嘱，内容相抵触的，以最后的遗嘱为准。

自书、代书、录音、口头遗嘱，不得撤销、变更公证遗嘱。

遗嘱未处分的遗产应如何处理

[典型案例]

吴某是一位退休老人，有两个儿子和一个养女，妻子早已去世。兄妹三人都已结婚，并和父亲分开居住。吴某立下自书遗嘱，言明自己去世后留下的5间房屋由次子继承。2013年，吴某去世，遗产除5间房屋外，还包括存款26 000元，彩电、冰箱等家用电器和家具若干。次子认为他除了按遗嘱继承5间房屋外，对遗嘱中未处分的遗产也应当有权继承。但他的哥哥和妹妹认为，父亲的遗嘱已言明让他继承5间房屋，因此，其他遗产没有他的份。

那么，法律对此是如何规定的呢？

[律师解析]

根据《继承法》的规定，遗嘱未处分的遗产，按照法定继承办理。此外，遗嘱继承人放弃继承或者受遗赠人放弃受遗赠的遗产，遗嘱继承人丧失继承权的遗产，遗嘱继承人、受遗赠人先于遗嘱人死亡的遗产，遗嘱无效部分所涉及的遗产也应按照法定继承办理。

在本案中，吴某的遗嘱只对5间房屋做出了安排，对于其他遗嘱未处分的遗产，应按法定继承办理，由兄妹三人继承。

[法条链接]

《继承法》第二十七条　有下列情形之一的，遗产中的有关部分按照法定继承办理：

（一）遗嘱继承人放弃继承或者受遗赠人放弃受遗赠的；

（二）遗嘱继承人丧失继承权的；

（三）遗嘱继承人、受遗赠人先于遗嘱人死亡的；

（四）遗嘱无效部分所涉及的遗产；

（五）遗嘱未处分的遗产。

"保险金"能作为遗产被继承吗

[典型案例]

小赵的工作有危险性，并经常出差，为此，小赵为自己投保了人身意外保险，指定受益人是自己的儿子小豆豆。2009年8月9日，小赵在一次意外事故中不幸死亡，保险公司赔付了一百万元的保险金给小豆豆。小豆豆尚未成年，这笔钱暂时由其母亲代为领取并保管。豆豆的爷爷和奶奶要求继承这笔保险金，遭到豆豆母亲的拒绝后，遂起诉到法院。

那么，法院会如何判决呢？

[律师解析]

商业保险分为人身保险和财产保险，不同的保险要不同地对待。如果是财产保险，保险金是可以作为遗产被继承的，但是人身保险会有不同的情况。人身保险一般会涉及受益人问题，如果指定了受益人，就应该按照指定的受益人来继承；如果没有指定受益人，那么保险金就可以作为遗产被继承。本案中，豆豆虽然未成年,但是可以作为受益人,况且被指定为唯一的受益人,所以,这笔保险金应该归属于豆豆,其爷爷和奶奶不能继承。

[法条链接]

《保险法》第四十二条 被保险人死亡后,有下列情形之一的,保险金作为被保险人的遗产,由保险人依照《继承法》的规定履行给付保险金的义务:

(一)没有指定受益人,或者受益人指定不明无法确定的;

(二)受益人先于被保险人死亡,没有其他受益人的;

(三)受益人依法丧失受益权或者放弃受益权,没有其他受益人的。

受益人与被保险人在同一事件中死亡,且不能确定死亡先后顺序的,推定受益人死亡在先。

"服刑"人员还有继承权吗

[典型案例]

井某先后因为盗窃、抢劫先后两次被判刑,可谓"恶贯满盈"。井某有哥哥和姐姐及父母。在他第二次入狱后,父母曾当着亲友的面发狠说:"以后什么都不给他。"在井某服刑期间,其父母先后病逝。在处理遗产的时候,哥哥和姐姐认为井某给父母丢脸,是"罪犯",没有继承权,况且父母表过态,不给井某任何财产。在办理财产过户的时候,需要井某签字,可是井某见到哥哥姐姐不给自己任何份额,便拒绝签字,井某的哥哥姐姐遂起诉。

那么,井某的哥哥姐姐的诉讼会得到法院支持吗?

[律师解析]

井某哥哥姐姐的说法不正确。虽然井某先后两次犯罪,并正在服刑,可是他所犯的罪不是《继承法》规定的丧失继承权的情况,所以,井某与哥哥姐姐具有同等的法定继承权。至于其父母所说的"以后什么都不给他",算不上遗嘱,井某的哥哥姐姐也不能据此而剥夺井某的继承权。

[法条链接]

《继承法》第七条　继承人有下列行为之一的,丧失继承权:

(一)故意杀害被继承人的;

(二)为争夺遗产而杀害其他继承人的;

(三)遗弃被继承人的,或者虐待被继承人情节严重的;

(四)伪造、篡改或者销毁遗嘱,情节严重的。

怎么继承个人的"股票"

[典型案例]

冯某和妻子结婚十年了,有一个8岁的可爱女儿,一家人生活得幸福无忧。冯某业余时间喜欢研究股市,手里持有多家公司的股票,几乎都处于升值的状态。2009年9月7日,冯某因饮酒过度死亡,在处理遗产时,冯某的妻子与冯某的父亲发生争执:冯某的妻子认为股票是属于他们夫妻的婚后财产,老人不应该分割;而老人认为应分给自己一半,因为平时白天都是自己替儿子盯着股票,及时向儿子汇报,所以儿子才会有准确的信息和明确的判断。那么,冯某的股票能不能作为遗产分割呢?如何办理手续?

[律师解析]

根据法律规定，个人的股票是可以作为遗产被继承的。一般情况下，如果继承人之间没有争议，可以申请办理股票继承公证；如果继承人之间有争议，就只能向人民法院起诉，由法院进行裁决。证券公司凭人民法院生效的判决书、裁定书或调解书办理转户。

[法条链接]

《最高人民法院关于贯彻执行〈中华人民共和国继承法〉若干问题的意见》第三条　公民可继承的其他合法财产包括有价证券和履行标的为财物的债权等。

因受胁迫所立的遗嘱有效吗

[典型案例]

董某有兄弟姐妹4个，父亲在世时表示，自己一旦辞世，财产由子女们平分，即每个子女都平均地得到1/4的遗产。但是，董某觊觎父亲的巨额家财已经很久了，一直希望独自继承。董某逼迫父亲立下了所有遗产都由董某继承的遗嘱，以便父亲死后，自己可以独自占有遗产。

那么，这份遗嘱有效吗？

[律师解析]

本案中，这份遗嘱是没有法律效力的。我国《继承法》对遗嘱无效的情形做了列举式的规定，其中包括受胁迫所立的遗嘱。本案中董某的遗嘱是受其子胁迫而立，因此无效。

[法条链接]

《继承法》第七条 继承人有下列行为之一的,丧失继承权:

(一)故意杀害被继承人的;

(二)为争夺遗产而杀害其他继承人的;

(三)遗弃被继承人的,或者虐待被继承人情节严重的;

(四)伪造、篡改或者销毁遗嘱,情节严重的。

个人所立的遗嘱必须经过公证才有法律效力吗

[典型案例]

经商多年的海某,有一笔巨款。因现在年事已高,所以他想立一份遗嘱,将存款分割,分别交给三个儿子。但他听别人说,个人所立的遗嘱一定要经过公证才有法律效力。

请问,有这样的法律规定吗?

[律师解析]

没有这样的法律规定,遗嘱不是一定非要经过公证才有法律效力的,只要符合相关法规中对遗嘱的规定即可。根据我国《继承法》的规定,海某可以立遗嘱,将存款分给三个儿子。

[法条链接]

《继承法》第十六条 公民可以依照本法规定立遗嘱处分个人财产,并可以指定遗嘱执行人。

公民可以立遗嘱将个人财产指定由法定继承人的一人或者数人继承。

公民可以立遗嘱将个人财产赠给国家、集体或者法定继承人以外的人。

如何申请撤销遗嘱

[典型案例]

欧阳老先生患有老年痴呆症，今年76岁，无儿无女，有一处住房。他的侄子和侄媳妇强迫欧阳老先生立下遗嘱，将住房留给侄子，其侄子和侄媳妇的行为严重影响了欧阳老先生的正常生活。欧阳老先生病情时好时坏，当欧阳老先生想明白过来时，就想到公证处撤销了遗嘱，侄子和侄媳妇为此经常到欧阳老先生家敲门骚扰，这让欧阳老先生感到不安，并将房产证、身份证和户口本都藏了起来。

那么，欧阳老先生应该如何撤销这份遗嘱？

[律师解析]

法律之所以规定遗嘱继承优于法定继承是因为遗嘱继承体现了当事人的意思，是当事人真实意思的表示，是当事人自愿处理自己财产的行为，法律尊重当事人的意愿。但如果立遗嘱人是在受威胁或神志不清时立的遗嘱，遗嘱就不能体现当事人的真实意思，就可能无效。

所谓无效遗嘱是指订立遗嘱违反法律规定，导致其不能生效的遗嘱。在司法实践中，遗嘱无效的情形主要包括：

第一，无行为能力人、限制行为能力人所立遗嘱无效。对遗嘱能力的确定还应注意几种情况：（1）间歇性精神病人，精神正常时，所立遗嘱有效，发病期间所立遗嘱无效；（2）精神病治愈后的成年人，所立遗嘱无效；被诊断为痴呆症及年老而神志不清的人所立遗嘱无效。

第二，违背遗嘱人真实意思的遗嘱无效。我国《继承法》规定，遗嘱必须表示遗嘱人的真实意思，受胁迫、欺骗所立的遗嘱无效。伪造的遗嘱无效。遗嘱被篡改的，篡改的内容无效。

第三，遗嘱中没有对缺乏劳动能力又没有生活来源的继承人保留必要份额的，遗嘱无效。我国《继承法》规定，遗嘱应对缺乏劳动能力又没有生活来源的继承人保留必要的遗产份额。因此，违反此条规定的遗嘱无效。

第四，处分不属于自己财产的遗嘱内容无效。《最高人民法院关于贯彻执行〈中华人民共和国继承法〉若干问题的意见》中"遗嘱人以遗嘱处分了属于国家、集体或他人所有的财产的，遗嘱的这部分内容应认为无效"。

本案中，欧阳老先生是受侄子和侄媳妇的强迫所立的遗嘱，而且欧阳老先生患有老年痴呆，属于无行为能力人，遗嘱内容不是自己的真实意思，所立的遗嘱无效。欧阳老先生可以在清醒时，再重新立一份遗嘱。

[法条链接]

《继承法》第二十二条　无行为能力人或者限制行为能力人所立的遗嘱无效。

遗嘱必须表示遗嘱人的真实意思，受胁迫、欺骗所立的遗嘱无效。伪造的遗嘱无效。

遗嘱被篡改的，篡改的内容无效。

继承权在什么情况下可以被剥夺

[典型案例]

王某经过多年打拼，积攒了一笔不小的财产，一直存在银行里，子女们都不知道。王某晚年时因为年老体弱，就与儿子共同生活，但儿子不孝顺，不但不照顾王某的生活，还经常打骂虐待王某。王某无奈，只得与女儿一家共同生活，自此王某之子再没有履行过赡养的义务。老人去世后，这笔财产留给了女儿。儿子知道此事后，认为自己也有继承权。

那么，这样的子女还有继承权吗？

[律师解析]

随着我国老龄化人口急剧增多，老人的赡养问题已成为一种突出的社会现象。因不赡养老人引发的民事纠纷案件呈上升趋势。有些子女不但不赡养老人，还对老人有虐待行为。为了惩罚这一类人，法律规定可以剥夺他们对老人财产的继承权。

根据我国《继承法》的规定，继承人有下列行为之一的，丧失继承权：(1)故意杀害被继承人的；(2)为争夺遗产而杀害其他继承人的；(3)遗弃被继承人的，或者虐待被继承人情节严重的；(4)伪造、篡改或者销毁遗嘱，情节严重的。《最高人民法院关于贯彻执行〈中华人民共和国继承法〉若干问题的意见》规定，虐待被继承人情节严重的，不论是否追究刑事责任，均可确认其丧失继承权。

我国《继承法》采取列举的方式明确规定的这"四项内容"，是应当丧失继承权且属于民事法律制裁措施的实质性条件。在司法实务中，这"四项内容"要注意以下问题：

一是故意杀害被继承人的，是指继承人故意杀害被继承人，包括既遂和未遂两种情况。

二是为争夺遗产而杀害其他继承人的，即为争夺遗产而实施了杀害其他继承人(包括法定继承人或遗嘱继承人)的行为。如果继承人不是以争执遗产为目的，而杀害其他继承人的，实施杀害行为的该继承人仍然有继承权。

三是遗弃被继承人的,或者虐待被继承人情节严重的。遗弃被继承人的,只要实施了遗弃被继承人的行为即丧失对被其遗弃的被继承人的遗产的继承权利。虐待被继承人情节是否严重,可以从被虐待时间的长短,手段是否恶劣残忍,后果是否严重,社会影响的大小等方面,具体加以确定。

四是伪造、篡改或者销毁遗嘱,情节严重的。伪造遗嘱、篡改遗嘱、销毁遗嘱的行为侵害了丧失劳动能力又无其他生活来源的继承人的利益,侵害了未成年人的继承权,或者因此造成其他继承人生活困难的,均属于情节严重的行为。

综上所述,王某之子不再享有继承权。王某之子不但不对王某履行赡养义务,还经常打骂虐待王某,属于《继承法》中规定的可以剥夺继承权情形中的"虐待被继承人"的情形。所以,王某之子的继承权被剥夺,不能继承王某的遗产。

[法条链接]

《继承法》第七条 继承人有下列行为之一的,丧失继承权:

(一)故意杀害被继承人的;

(二)为争夺遗产而杀害其他继承人的;

(三)遗弃被继承人的,或者虐待被继承人情节严重的;

(四)伪造、篡改或者销毁遗嘱,情节严重的。

遗留在银行的存款该怎么继承

[典型案例]

赵某几个月前因病突然去世,工资卡里的钱尚未取出。赵某十几年前就已离婚，他有一个刚满18周岁的儿子，一个90岁的老母亲和两个哥哥、一个弟弟、一个妹妹。

请问，他的工资卡里的钱应由谁继承？

［律师解析］

本案中，如果赵某立有遗嘱的，按遗嘱继承；没有遗嘱，则由第一顺序继承人赵某的儿子和他母亲继承其遗留的个人合法财产。法定继承人如果知道工资卡的密码，可以直接到银行支取。如果不知道密码，则需要履行一系列手续。各个银行的规定可能不太一致，一般来说，继承人需出具工资卡、身份证、户口簿、存款人死亡证明、继承权公证书等材料才可以取出存款。

［法条链接］

《继承法》第五条　继承开始后，按照法定继承办理；有遗嘱的，按照遗嘱继承或者遗赠办理；有遗赠扶养协议的，按照协议办理。

第七章 合同纠纷

口头形式的买卖合同有效吗

[典型案例]

黄某与同村的贾某就购买贾某的旧小卡车达成了口头买卖协议,双方约定贾某以 3800 元的价格将小卡车卖给黄某,黄某在交款后三日内将小卡车开回自家。黄某交款以后去贾某家开小卡车时,贾某以价格太低、双方没有签订合同为由,拒绝让黄某把小卡车开走。

那么,黄某与贾某之间的口头协议有效吗?

[律师解析]

根据我国《合同法》的规定,合同有书面形式、口头形式和其他形式。口头形式也是合同的一种,除法律所规定必须采用书面形式的以外,以口头形式订立的合同,只要符合法律的规定,即为有效合同。但由于口头协议没有书面凭证,很容易产生纠纷,一旦一方违约,另一方很多时候会拿不出证据证明自己。根据本案的案情,不存在法律、行政法规规定采取书面形式的情形,应认定为合同生效,所以贾某应该把小卡车交付给黄某。

[法条链接]

《合同法》第十条 当事人订立合同,有书面形式、口头形式和其他形式。

法律、行政法规规定采用书面形式的,应当采用书面形式。当事人约定采用书面形式的,应当采用书面形式。

《合同法》第十一条 书面形式是指合同书、信件和数据电文(包括电报、电传、传真、电子数据交换和电子邮件)等可以有形地表现所载内容的形式。

合同对交易价格约定不明确,应如何处理

[典型案例]

2007年5月,A市某批发市场打算在8月从沿海的B市购进一批海产品。当时,A市水产品批发价为每公斤60元,而B市水产品的批发价为每公斤50元。于是该批发市场便与B市的某水产公司签订了一份买卖合同,约定水产公司于8月向批发市场供应水产品20吨,以买方自提的方式由批发市场到水产公司提货,验收后即时付款,并约定水产品价格按市价计算。由于某些原因,之后市场上水产品价格整体下滑,到了8月,A市市场上水产品降为每公斤45元,B市市场上的价格则降为每公斤35元。批发市场到水产公司提货时表示,合同中约定了按市价购买水产品,因此希望按8月两市的平均价格来交易,而水产公司则认为现在价格下降自己也会受损失,因此坚持按5月份订合同时B地的市场价来计算。那么,法律对此是如何规定的呢?

[律师解析]

在本案中,双方当事人在合同中约定按照市价来计算这批水产品的价格,但对何时何地的市价并未做明确约定,这属于价格约定不明确的情形。依照《合同法》的相关规定,当事人就质量、价款或者报酬、履行地点等内容没有约定或者约定不明确的,可以协议补充;不能达成补充协议的,按照合同有关条款或者交易习惯确定;仍不能确定的,如果有价款或者报酬不明确,按照订立合同时履行地的市场价格履行。因此,本案中双方有争议的"市价"应按照订立合同时履行地的价格来履行,即按 5 月份的价格来计算。同时,合同约定由批发市场到水产公司自行提货,可见合同履行地为 B 市,因此应按 5 月份 B 市的水产品价格来计算。

[法条链接]

《合同法》第十二条 合同的内容由当事人约定,一般包括以下条款:

(一)当事人的名称或者姓名和住所;

(二)标的;

(三)数量;

(四)质量;

(五)价款或者报酬;

(六)履行期限、地点和方式;

(七)违约责任;

(八)解决争议的方法。

当事人可以参照各类合同的示范文本订立合同。

合同变更内容不明的该怎么办

[典型案例]

某公司为了统一正式场合职员的着装，决定向某服装厂定做 60 套米色西装。双方订立了合同，约定一个月后由服装厂将做好的米色西装送至该公司，该公司先支付 40% 的预付款，余款等货到后支付。但在合同订立三天后，服装厂厂长谢某接到该公司相关负责人的电话，称决定将公司管理人员的西装颜色改为蓝黑色，普通职员的仍是米色。具体的数量比例会在统计后告知。但十多天过去了，该公司相关负责人未再联系谢某。谢某遂赶制了 60 套米色西装送至该公司，但该公司却拒绝收货。该公司负责人称，已经说好要将管理人员的西装做成蓝黑色，可是谢某竟然全部都做成了米色，所以拒绝接受。

那么，该公司的做法符合法律规定吗？

[律师解析]

根据《合同法》的规定，当事人协商一致，可以变更合同。当事人对合同变更的内容约定不明确的，推定为未变更。

在本案中，该公司虽然表示欲变更合同的内容，但是并未就变更内容与谢某达成一致，甚至变更的内容都是不明确的。所以，按照法律的规定，应当推定双方的合同未作变更，公司应接受这批西装并履行付款义务。

[法条链接]

《合同法》第七十七条　当事人协商一致，可以变更合同。

法律、行政法规规定变更合同应当办理批准、登记等手续的，依照其规定。

《合同法》第七十八条　当事人对合同变更的内容约定不明确的，推定为未变更。

定金和订金有区别吗

[典型案例]

2012年9月，韩某在某家具城订购了一套家具，双方约定了购买家具的价格、质量和提货时间。当时韩某交给家具城1万元，该家具城出具了收条，收条中写明了收韩某"订金"人民币1万元。2012年12月，家具城通知韩某付款提货。这时，由于韩某居住地拆迁，韩某需要大量资金购买新的住房。因此，在资金短缺的情况下，韩某不再愿意购买所订购的家具，并要求家具城退还其缴纳的1万元。家具城则以韩某违约无权要求返还"定金"为由，拒绝退还。韩某遂诉至法院。

那么，法院会如何处理呢？

[律师解析]

从法律上来说，"定金"是指合同当事人为了确保合同的履行，由当事人一方在合同履行之前，按照合同价款的一定比例（不超过20%），预先给付对方当事人的金钱或其替代物，以此作为合同履行的担保。《合同法》规定，当事人可以依照《担保法》约定一方向对方给付定金作为债权的担保。债务人履行债务后，定金应当抵作价款或者收回。给付定金的一方不履行约定的债务的，无权要求返还定金；收受定金的一方不履行约定的债务的，应当双倍返还定金。

而"订金"不属于法律概念，但在日常经济生活中经常使用。"订金"一般被视为预付款，它不具备担保作用。卖方违约，买方无权要求其双倍返还，只能得到原额；如果买方决定不购买，卖方应将"订金"全部退回。但如果买方超过规定期限才决定不购买，这笔"订金"就作为对卖方的赔偿。"订金"也常被称为"认购金""诚意金"。

此外，"定金"具有证明合同成立的作用，而"订金"不具备。

[法条链接]

《担保法》第一百一十五条　当事人可以依照《担保法》约定一方向对方给付定金作为债权的担保。债务人履行债务后，定金应当抵作价款或者收回。给付定金的一方不履行约定的债务的，无权要求返还定金；收受定金的一方不履行约定的债务的，应当双倍返还定金。

货物的所有权在何时转移

[典型案例]

程某向卢某购买一辆二手名牌汽车，两人约定，卢某将汽车交给程某后，程某于三日内将15万元转至卢某的银行账户。汽车交给程某的第二天，同样有买车意向的贾某向卢某表示愿以17万元购买此车。卢某于是找到程某，要求其返还汽车，遭到程某的拒绝。卢某认为，因为程某还未将钱打入自己的账户，汽车的所有权还在自己这里，程某无权霸占自己的汽车。而程某却认为，就在卢某将汽车交给自己的时候，所有权已经发生了转移，卢某无权索回汽车。那么，谁的说法是符合法律规定的呢？

[律师解析]

本案争议的焦点是买卖合同中所有权究竟何时转移，是在物品交付时就转移，还是在买方将款项交付卖方时转移。依照《合同法》的规定，除法律另有规定或者当事人另有约定的以外，标的物的所有权自标的物交付时起转移。所以，在卢某将汽车交付给程某的时候，所有权就已经从卢某的手中转移至程某，就算程某还没有将钱打入卢某的账户，卢某也不能以所有权还未转移为由向程某索要汽车。

[法条链接]

《合同法》第一百三十二条 出卖的标的物，应当属于出卖人所有或者出卖人有权处分。

法律、行政法规禁止或者限制转让的标的物，依照其规定。

《合同法》第一百三十三条 标的物的所有权自标的物交付时起转移，但法律另有规定或者当事人另有约定的除外。

赠与合同可以随意撤销吗

[典型案例]

王某之子患心脏病必须做移植手术才能保住性命，但所需的大笔费用对家里来说却是天文数字。后来此事被一家媒体报道，王某陆续收到一些好心人的捐款，但手术费还是差15万元。此时，经商的皮某从报上得知此事，深表同情，表示愿意捐款20万元，并承诺3日后足额汇款给王某。王某千恩万谢，马上让儿子住院准备手术。但手术后，皮某来电话说自己的妻子知道了此事，不同意捐款20万元，现在自己有心无力，只能捐5万元。在医院催要费用的压力下，无奈的王某将皮某告上了法庭，要求其履行捐款20万元的诺言。但皮某称自己肯捐5万元已经是善举了，他并没有捐钱的义务。

那么，法律对此是如何规定的呢？

[律师解析]

一般来说，赠与人在赠与财产的权利转移之前可以撤销赠与，但法律同时规定，一些例外的情况不得在财产的权利转移之前撤销，具有救灾、扶贫等社会公益、道德义务性质的赠与合同就是法律规定的例外情况之一。

本案中，皮某的捐赠行为是为了帮助社会弱者，救助其生命，是具有道德义务的赠与，不得随意撤销。所以，皮某应当履行诺言，向王某支付20万元捐款。

[法条链接]

第一百八十五条 赠与合同是赠与人将自己的财产无偿给予受赠人，受赠人表示接受赠与的合同。

第一百八十八条 具有救灾、扶贫等社会公益、道德义务性质的赠与合同或者经过公证的赠与合同，赠与人不交付赠与的财产的，受赠人可以要求交付。

第一百九十二条 受赠人有下列情形之一的，赠与人可以撤销赠与：

（一）严重侵害赠与人或者赠与人的近亲属；

（二）对赠与人有扶养义务而不履行；

（三）不履行赠与合同约定的义务。

赠与人的撤销权，自知道或者应当知道撤销原因之日起一年内行使。

在什么情形下赠与人可以不再履行赠与义务

[典型案例]

常某是个农村小伙，由于勤劳肯干，他开办的养鸡场效益不错。村办小学打算开计算机课却没有资金购买电脑，常某得知后找到校长，承诺为小学捐助15万元，分3次交付，并立即将第一次的5万元交给校长。校长向常某表示了感谢。两个月后，常某驾车外出时不慎将一男子撞成重伤，对方向常某索赔30万元。此时，养鸡场又遭遇了大面积禽流感，损失惨重。这使常某几乎赔上了所有家底，还借了5万元外债。无奈之下常某告知校长自己无力再负担另外10万元捐款了。校长却说已经和某电脑批发商订了15万元的购买合同，还请常某务必想办法履行诺言。

那么，从法律上来说，在这种情况下常某是否必须履行赠与义务？

[律师解析]

本案中，常某在承诺向小学捐款15万元时其经济条件不错，15万元系其能力范围之内。但后来常某发生交通事故，他的养鸡场又因禽流感而损失惨重，甚至借下外债，此时他确实已无力再负担另外10万元捐款。依照《合同法》的规定，赠与人的经济状况显著恶化，严重影响其生产经营或者家庭生活的，可以不再履行赠与义务。所以，本案中，常某不必再继续履行此赠与义务。

[法条链接]

《合同法》第一百九十五条　赠与人的经济状况显著恶化，严重影响其生产经营或者家庭生活的，可以不再履行赠与义务。

物流单子上的"限额赔偿"条款，效力如何

[典型案例]

2012年11月，北国通讯公司将一批送修手机及配件，委托南方货运公司运送至某电信维修部。后南方货运公司在运送过程中，由于工作严重疏忽，手机及配件丢失。北国公司知道后，与南方公司交涉，要求按照手机及配件的价格赔偿损失15万元。这时，南方公司指出，货运单背面已经载明：托运人可自愿向承运人进行保价运输，保价货物因承运人责任遭受损失时，承运人按相应保价金额赔偿损失，托运人未保价的，承运人最多只赔偿500元人民币。南方公司称，北国公司既然已经在货运单上签字，表明是同意这些条款的。因此，南方公司只同意赔偿500元。

后双方诉至法院，法院支持了北国公司的请求，判令南方公司赔偿损失18万元。

[律师解析]

在本案中，法院的判决是正确的。

首先，南方公司提前印制在货运单上的条款，在合同法上被称为"格式条款"。这种格式条款，没有经过合同双方充分协商，而是由一方单方提出的。根据《合同法》的规定，格式条款中如果有减轻或者免除自己一方责任的条款的话，提供格式条款者必须向对方明确说明并进行提示。本案中货运单上关于赔偿标准的条款，即属于减免责任的条款。因此，南方公司必须向北国公司明确提示和说明；否则，这个条款便是无效的。其次，南方公司在运送过程中，因工作存在重大疏忽才导致了手机及配件的丢失。这种情形，法律上叫作重大过失。因重大过失造成对方的财产损害，法律规定，也是不能免责的。

所以，无论是从格式条款的效力角度来讲，还是从免责条款的限制规定来讲，南方公司都应该赔偿北国公司的相应损失。

[法条链接]

《合同法》第三十九条　采用格式条款订立合同的，提供格式条款的一方应当遵循公平原则确定当事人之间的权利和义务，并采取合理的方式提请对方注意免除或者限制其责任的条款，按照对方的要求，对该条款予以说明。

《合同法》第四十条　格式条款具有本法第五十二条和第五十三条规定情形的，或者提供格式条款一方免除其责任、加重对方责任、排除对方主要权利的，该条款无效。

《合同法》第五十三条　合同中的下列免责条款无效：

（一）造成对方人身伤害的；

（二）因故意或者重大过失造成对方财产损失的。

对方"换人"后,该向谁主张权利

[典型案例]

天洋建筑材料公司于3月份与顺地装饰公司签订了一份建材买卖合同。签订后,天洋公司依约向顺地公司交付了建材。但顺地公司却一直未支付23万元的货款。后来,天洋公司将其对顺地公司的23万元债权卖给了圆通公司,并向天洋公司送达了通知书。圆通公司于是开始向天洋公司索要该23万货款。同时,顺地公司发现天洋公司交付的建材存在质量问题,因此,要求减少价款。于是,顺地公司向圆通公司发出了通知,要求减少价款。但圆通公司却称:你的货物并不是由我方提供,你应该向实际供货人天洋公司主张这个事情。而天洋公司也有自己推辞的理由:我已经退出合同了,不再是合同的当事人,你只能向圆通公司主张这个要求了。

那么,到底谁的说法正确呢?

[律师解析]

本案中,天洋公司将它对顺地公司的债权转让给了圆通公司,圆通公司就成为了新的债权人。天洋公司是债权的转让方,圆通公司是债权的受让方,而顺地公司仍然是债务人。由于顺地公司发现了天洋公司的建材存在质量问题,因此,可以要求减少价款。关键是,顺地公司是该向天洋公司主张还是应该向圆通公司主张呢?

如果说要求顺地公司向天洋公司主张,那么天洋公司确实已经退出合同,如果起诉的话,很难为法院受理。那么,能否向圆通公司提出呢？这是可以的，因为圆通公司是新的合同当事人。圆通公司在受让天洋公司的这笔债权时，相应的义务和责任其实也是一并转移到自己身上了。

［法条链接］

《合同法》第八十二条 债务人接到债权转让通知后，债务人对让与人的抗辩，可以向受让人主张。

合同中的第三人，能否被追究违约责任

［典型案例］

（一）小崔为了给女朋友阿兰一个意外惊喜，便给花店打电话订购了999朵玫瑰花，要求花店直接把花送到女朋友家里。但阿兰收到花后，却发现这些花都属于"残花败柳"，于是要求花店退换。但花店说，花是小崔订购的，他和我们之间存在合同关系，而你跟我们花店之间没有合同关系，因此你是没有权利要求退换的。

（二）小何前几日得到了"微软"的录用通知书。为了给新同事留下一个好印象，他特地去定做了一套高档西服，约定做好之后由加工店找一家快递公司把西服送到家里。后来，负责送西服的快递公司在路上把衣服给丢了。

那么，他们应该向合同中的第三方违约要求赔偿吗？

［律师解析］

在案（一）中，虽然花店的说法有些不近人情，但在法律上却是合法的。因为，在这种情况下，花店确实只和小崔之间存在鲜花的买卖合同关系。而花店和阿兰之间，是没有合同关系的。而违约责任的前提，只能是基于合同关系的存在。因此，由于阿兰和花店之间没有合同关系，所以也就无法主张违约责任了。当然，她可以告知小刘，让小刘追究花店的责任。

在案(二)中，也是同样一个道理。在小何和快递公司之间，是没有合同关系的。小何只有和服装店之间，才存在着合同关系。因为合同具有相对性，所以，小何也只能要求服装店承担违约责任。

[法条链接]

《合同法》第六十四条　当事人约定由债务人向第三人履行债务的，债务人未向第三人履行债务或者履行债务不符合约定，应当向债权人承担违约责任。

《合同法》第六十五条　当事人约定由第三人向债权人履行债务的，第三人不履行债务或者履行债务不符合约定，债务人应当向债权人承担违约责任。

履行合同中如何主张不安抗辩权

[典型案例]

甲公司与乙公司于2008年12月订立货物买卖合同，双方约定甲公司于2009年3月10日向乙交货，乙公司于收到货物后一周内支付货款。甲公司在2009年2月发现乙公司经营状况出现严重恶化，并且欠有巨额外债。甲公司害怕交付货物后拿不到货款，于是到了交货日期时拒绝交货。乙公司将甲公司诉至法院要求甲公司交货。

那么，法院会支持乙公司的请求吗？

[律师解析]

在实际交易时，一般都是一手交钱一手交货，交付贷款和货物同时进行。有时买卖合同的双方会约定先后履行顺序，一方先履行，另一方再履行。先履行一方没有履行前，后履行一方可以拒绝履行。但是这样规定可能会导致对先履行方的不公平，为此我国法律规定了相应的弥补措施，就是在先履行方发现后履行方存在履行困难时，可以停止履行并要求其提供担保。这样规定可以防止先履行一方履行完后，后履行一方不能履行而给先履行方造成损失。

根据《合同法》的相关规定，应当先履行债务的当事人，有确切证据证明对方有下列情形之一的，可以中止履行：(1)经营状况严重恶化；(2)转移财产、抽逃资金，以逃避债务；(3)丧失商业信誉；(4)有丧失或者可能丧失履行债务能力的其他情形。当事人没有确切证据中止履行的，应当承担违约责任。本条规定了合同履行过程中的不安抗辩权。

所谓不安抗辩权，是指当事人互负债务，有先后履行顺序的，先履行的一方有确切证据表明另一方丧失履行债务能力时，在对方没有履行或者没有提供担保之前，有权中止合同履行的权利。规定不安抗辩权是为了切实保护当事人的合法权益，防止借合同进行欺诈，促使对方履行义务。行使不安抗辩权的条件包括：

第一，双方当事人因同一劳务合同而互负债务。

第二，后给付义务人的履行能力明显降低，有不能为对待给付的现实危险，不安抗辩权制度保护先给付义务人是有条件的，只有在后给付义务人有不能为对待给付的现实危险、害及先给付义务人的债权实现时，才能行使不安抗辩权。所谓后给付义务人的履行能力明显降低，有不能为对待给付的现实危险，包括：其经营状况严重恶化；转移财产、抽逃资金，以逃避债务；谎称有履行能力的欺诈行为；其他丧失或者可能丧失履行能力的情况。

第三，有先后的履行顺序，享有不安抗辩权之人为先履行义务的当事人。

第四，先履行义务人必须有充足的证据证明相对人无能力履行债务。

第五，先履行一方的债务已经届满清偿期。

第六，后履行义务未提供担保。

根据上述规定可知，本案中甲公司可以行使不安抗辩权，因为乙公司存在经营状况显著恶化，并且乙公司未提供担保，但甲公司必须要有证据证明乙公司确实存在履行不能的情况。所以，甲公司可以拒绝履行，但如果乙公司提供了担保，则甲公司必须恢复履行。在乙公司恢复履行能力或提供担保前，甲公司有权拒绝向乙公司交货，所以法院不会支持乙公司的请求。

[法条链接]

《合同法》第六十八条 应当先履行债务的当事人，有确切证据证明对方有下列情形之一的，可以中止履行：

（一）经营状况严重恶化；

（二）转移财产、抽逃资金，以逃避债务；

（三）丧失商业信誉；

（四）有丧失或者可能丧失履行债务能力的其他情形。

当事人没有确切证据中止履行的，应当承担违约责任。

签约后毁约如何承担违约责任

[典型案例]

2010年5月8日，王先生想购买一套房屋，于是与开发商签订了买卖合同。合同约定，王先生购买开发商一套楼房，交易价为25万元；王先生支付给开发商购房定金3万元，剩下余款由王先生通过银行办理抵押贷款，并且约定王先生、开发商双方不得以任何理由违反合同规定，否则将对另一方进行赔偿。合同签订后，王先生依约交付购房定金3万元。但2010年6月16日，开发商却通知王先生，取消与王先生的约定，并答应返还王先生3万元定金。王先生得知，开发商已将该房屋以高出原售价2万元的价格卖与他人。于是，王先生要求开发商双倍返还定金，但遭到拒绝。无奈之下，王先生将开发商告上法庭，要求被告双倍返还购房定金。

那么，王先生的要求是否合理？

[律师解析]

在商品房交易中为保证双方能更好地履行合同，一般都会在合同中约定定金罚则，即给付定金的一方不履行约定的债务的，无权要求返还定金；收受定金的一方不履行约定的债务的，应当双倍返还定金。定金罚则的存在可以保证合同双方当事人正确履行义务，防止一方当事人违约，也可以在一方违约时给予另一方及时的救济。

根据《合同法》的规定，当事人可以依照《担保法》约定一方向对方给付定金作为债权的担保。债务人履行债务后，定金应当抵作价款或者收回。给付定金的一方不履行约定的债务的，无权要求返还定金；收受定金的一方不履行约定的债务的，应当双倍返还定金。

根据上述规定可知，本案中开发商应该双倍返还定金。因为王先生和开发商签订的买卖合同系双方真实意思表示，自签订时合同成立并生效，双方均应依该合同履行相应义务。 原告王先生已按该合同的规定向开发商履行了交付定金的义务，开发商在双方签订合同并收到原告的定金后拒绝履行该合同，且将双方约定买卖的房屋卖与他人，其行为是违约行为，应承担违约责任。 王先生要求被告双倍返还定金的请求符合有关法律规定，故法院予以支持。

[法条链接]

《合同法》第一百一十五条　当事人可以依照《中华人民共和国担保法》约定一方向对方给付定金作为债权的担保。 债务人履行债务后，定金应当抵作价款或者收回。 给付定金的一方不履行约定的债务的，无权要求返还定金；收受定金的一方不履行约定的债务的，应当双倍返还定金。

因重大误解签订了合同时如何维权

[典型案例]

80岁的常老汉，家有一祖传木椅，常老汉见木椅比较破旧，准备出售。韩某得知后，与其朋友蔡某一同前去看货。蔡某一眼便看出这是古董椅子，价格不菲。但他并未声张，于是二人欣然以1000元购得，尔后以10万元的价格将其售出。常老汉得知这一情况后，懊悔不已，向韩某追讨这把错卖的明代红木椅。在多次协商未果后，常老汉一纸诉状将韩某和蔡某两人告上了法庭。

那么，常老汉的说法会得到法院的支持吗？

[律师解析]

在现实的买卖中,由于人们的理解能力不同,或者是因为特定的环境影响人们的判断,都会产生对交易行为后果的误解。重大误解一般是指行为人在做出意思表示时,对涉及合同法律效果的重大事项存在认识的显著缺陷,其后果是使误解者的利益受到重大损失,或者达不到误解者订立合同的目的。这种情况下当事人做出的意思表示是不真实的,不是自己的本意,因此法律赋予遭受损失的一方一定的救济权。

根据《合同法》的规定,下列合同,当事人一方有权请求人民法院或者仲裁机构变更或者撤销:(1)因重大误解订立的;(2)在订立合同时显失公平的。一方以欺诈、胁迫的手段或者乘人之危,使对方在违背真实意思的情况下订立的合同,受损害方有权请求人民法院或者仲裁机构变更或者撤销。当事人请求变更的,人民法院或者仲裁机构不得撤销。

另外,《最高人民法院关于贯彻执行〈中华人民共和国民法通则〉若干问题的意见(试行)》规定,行为人因对行为的性质、对方当事人、标的物的品种、质量、规格和数量等的错误认识,使行为的后果与自己的意思相悖,并造成较大损失的,可以认定为重大误解。

本案中,常老汉由于自己的认识能力不足,对这把价格不菲的明代红木古椅做出了错误认识,使10万元的木椅贱卖为1000元,因而常老汉对这起买卖行为存有重大误解。韩某等被告在买卖过程中,故意隐瞒真实情况,不如实告知椅子是明代由名贵木材打造的古物,使得常老汉做出错误的意思表示,因而韩某等被告也存在一定的欺诈行为。现在,常老汉向法院提起了诉讼,要求撤销合同,法院依法应予以支持。

[法条链接]

《合同法》第五十四条 下列合同，当事人一方有权请求人民法院或者仲裁机构变更或者撤销：

（一）因重大误解订立的；

（二）在订立合同时显失公平的。

一方以欺诈、胁迫的手段或者乘人之危，使对方在违背真实意思的情况下订立的合同，受损害方有权请求人民法院或者仲裁机构变更或者撤销。

当事人请求变更的，人民法院或者仲裁机构不得撤销。

撤销合同的时效法律是如何规定的

[典型案例]

2009年4月，石家庄市某商场与一纺织厂签订买卖合同，向该厂购买一批纯羊毛保暖内衣，该厂称其产品是百分之百纯羊毛，合同中约定货品与样品质量必须相同。商场收货付款后，在销售过程中，顾客反映该内衣并非纯羊毛制品。2010年3月，商场到有关技术检验部门进行检验，发现内衣成分中确有部分化纤成分，于是商场降价销售了这部分内衣。2011年7月，商场发现这种内衣依然有一大部分没有销售出去，于是向纺织厂提出退货，遭到拒绝。于是商场以纺织厂在合同中有欺诈行为为由，诉至法院，要求法院撤销双方的买卖合同，将剩余部分的货物退回去，由纺织厂返还这部分货款，并赔偿相应的损失。那么，商场的请求是否合法？

[律师解析]

在商品买卖中经常会发生欺诈行为，为了给予受害方必要的救济，法律规定了受害方的撤销权，但该权利的行使是有时间限制的。法律不保护"权利上的睡眠者"，如果受害人一直不行使撤销权，该权利可能就会消灭。现实中，确实存在有些权利人不注意及时行使撤销权的情况，该制度的存在就是为了督促权利人尽快行使权利。

我国《合同法》规定，有下列情形之一的，撤销权消灭：(1)具有撤销权的当事人自知道或者应当知道撤销事由之日起一年内没有行使撤销权；(2)具有撤销权的当事人知道撤销事由后明确表示或者以自己的行为放弃撤销权。根据上述规定可知，受害方应该在知道之日起一年内行使其撤销权，否则，该权利就会消灭。而该案中，商场行使撤销权的期限已经超过一年，因此其撤销权已消失。

综上所述，本案中，纺织厂向商场提供的内衣称为百分之百纯羊毛，而实际上却含有化纤成分。商场在不知情的情况下订立了合同，并且付清了货款。纺织厂隐瞒了真实情况，使商场对内衣的品质产生重大误解，并签订合同，其行为构成欺诈，故该合同属于可撤销合同。但商场在2010年3月就知道该情况，2011年7月才向法院起诉要求撤销合同，已经超过一年的行使撤销权的期限，该撤销权消失。

[法条链接]

《合同法》第五十五条　有下列情形之一的，撤销权消灭：

（一）具有撤销权的当事人自知道或者应当知道撤销事由之日起一年内没有行使撤销权；

（二）具有撤销权的当事人知道撤销事由后明确表示或者以自己的行为放弃撤销权。

《合同法》第五十六条　无效的合同或者被撤销的合同自始没

有法律约束力。合同部分无效，不影响其他部分效力的，其他部分仍然有效。

怎么区分合同和协议

[典型案例]

丁某要购买黄某的一幅收藏画，谈好价格为10万元，两人签订买卖协议，约定丁某交定金2万元，半个月后丁某来取画，同时交尾款8万元。丁某刚走，葛某上门来买画，也看中了这幅画，表示愿意出15万元现金购买，于是黄某将该幅画卖给李某。半个月后，丁某来取画，黄某辩解："我们只是签的私人协议又不是合同，不算数的！"

那么，合同和私人协议是两回事吗？

[律师解析]

通常我们所说的协议是指一种合意或约定，无论其内容如何，只要当事人对某事达成一致意见，就可以称之为协议。比如说成人间请客送礼的约定，青年男女一起去看电影的约定等都可以称之为协议。然而很明显，这些都不能称之为合同，因为这些协议的内容都算不上是法律上的权利义务。故我们在这里仅凭此就可以很容易得出一个结论：合同是协议的一种，但协议不完全都是合同，即协议的外延大于合同。

我国合同法上所说的合同是平等主体的自然人、法人、其他组织之间设立、变更、终止民事权利义务关系的协议。由此可见，合同就是具有特定内容的协议，同样具备上述特征的协议就是合同。合同就是有法律约束力的协议。合同是一种承诺，违反承诺可以得到法律救助，某种意义上法律将履行该承诺看作是一种补偿。实践中，合同可以以不同的名称出现，如合同、合同书、协议、协议书、备忘录，名字并不重要，关键是看其内容。

本案中，双方签订的"协议"较为详细地约定了付款方式和交货时间，符合合同的基本特征，有明确的法律关系，也必须严格履行其规定，否则就要承担相应的民事责任。因此，这类详尽的"协议"完全可作为买卖合同履行。

[法条链接]

《合同法》第二条 本法所称合同是平等主体的自然人、法人、其他组织之间设立、变更、终止民事权利义务关系的协议。

婚姻、收养、监护等有关身份关系的协议，适用其他法律的规定。

《合同法》第六条 当事人行使权利、履行义务应当遵循诚实信用原则。

《合同法》第八条 依法成立的合同，对当事人具有法律约束力。当事人应当按照约定履行自己的义务，不得擅自变更或者解除合同。

依法成立的合同，受法律保护。

《合同法》第一百零七条 当事人一方不履行合同义务或者履行合同义务不符合约定的，应当承担继续履行、采取补救措施或者赔偿损失等违约责任。

《最高人民法院关于适用〈中华人民共和国合同法〉若干问题的解释(二)》第一条 当事人对合同是否成立存在争议，人民法院能够确定当事人名称或者姓名、标的和数量的，一般应当认定合同成立。但法律另有规定或者当事人另有约定的除外。

对合同欠缺的前款规定以外的其他内容，当事人达不成协议的，人民法院依照《合同法》第六十一条、第六十二条、第一百二十五条等有关规定予以确定。

《民法通则》第一百零六条 公民、法人违反合同或者不履行其他义务的，应当承担民事责任。

《最高人民法院关于审理涉及人民调解协议的民事案件的若干规定》第一条 经人民调解委员会调解达成的、有民事权利义务内容，并由双方当事人签字或者盖章的调解协议，具有民事合同性质。当事人应当按照约定履行自己的义务，不得擅自变更或者解除调解协议。

卖方不履行合同，买方如何计算损失

[典型案例]

某区煤气供应点与某市煤气总公司签订了一份煤气供应合作合同，合同约定：煤气总公司供给煤气点煤气10吨，每吨5800元。该合同从签订之日起履行。双方没有在合同中规定违约金和支付定金。

合同签订后，由于受国际市场的影响，国内煤气大幅度涨价，从每吨5900元涨到每吨8100元。见煤气涨价，煤气总公司就没有继续按照合同约定给某区煤气供应点送气。4个月后，煤气供应点要求煤气总公司赔偿经济损失18万元。煤气总公司却坚持认为，在合同既没有约定违约金又没有给付定金的情况下，煤气供应点要求索赔，纯属无中生有。

那么，煤气总公司违约该不该赔偿某区煤气供应点，应该怎样计算赔偿？

[律师解析]

本案涉及不履行合同引起的违约责任。合同违约责任，又称为违反合同的民事责任，是指当事人不履行合同义务所应承担的法律后果。

我国《合同法》规定，当事人一方不履行合同义务或者履行合同义务不符合约定的，应当承担继续履行、采取补救措施或者赔偿损失等违约责任。当事人一方不履行合同义务或者履行合同义务不符合约定，给对方造成损失的，损失赔偿额应当相当于因违约所造成的损失，包括合同履行后可以获得的利益，但不得超过违反合同一方订立合同时预见到或者应当预见到的因违反合同可能造成的损失。

在本案中，由于煤气涨价，作为卖方的煤气总公司擅自停止供应某区煤气供应点煤气达4个月，给买方某区煤气供应点造成了一定的经济损失。某区煤气供应点应以客观标准计算损失，该损失包括合同履行后可以获得的利益，但不得超过违反煤气公司订立合同时预见到或者应当预见到的因违反合同可能造成的损失。

[法条链接]

《合同法》第一百零七条 当事人一方不履行合同义务或者履行合同义务不符合约定的，应当承担继续履行、采取补救措施或者赔偿损失等违约责任。

《合同法》第一百一十三条 当事人一方不履行合同义务或者履行合同义务不符合约定，给对方造成损失的，损失赔偿额应当相当于因违约所造成的损失，包括合同履行后可以获得的利益，但不得超过违反合同一方订立合同时预见到或者应当预见到的因违反合同可能造成的损失。

当事人一方不履行合同义务或者履行合同义务不符合约定，给对方造成损失的，损失赔偿额应当相当于因违约所造成的损失，包括合同履行后可以获得的利益，但不得超过违反合同一方订立合同时预见到或者应当预见到的因违反合同可能造成的损失。

交叉要约能否成立合同

[典型案例]

韩某系个体户，经营日常百货。2007年11月，韩某决定改行，想要处理库存存货。赵某得知后，前去看货，但当时未与韩某达成协议，而是告诉韩某与妻子商量后再与韩某联系。赵某与妻子商议后，在2007年11月15日向韩某发函称："如果所有货物按批发价出售，我们就买，请在5日内回话。"恰在此时，韩某也在11月15日向赵某去信称："所有货物按批发价处理，你是否购买？请于15日内答复。"11月18日韩某收到了赵某的信后，认为已与赵某成交，就拒绝了其他客户。而赵某在11月19日收到韩某的信后，听说百货生意现在比较难做，心生悔意，不想再买韩某的货物，于是赵某在11月22日向韩某发出一封电报，表示不买这批货物了。韩某获电，十分气愤，诉诸法院，要求维护双方已达成的交易。

[律师解析]

根据我国《合同法》的规定，韩某和赵某，同时对向的互发要约的情况，在法律上被称为"交叉要约"。本案涉及交叉要约能否直接成立合同的问题。

本案中，韩赵二人互发的邀约，其他条件比较相同，但承诺期限是不一样的。韩给予赵的承诺期限是 15 天，即从 11 月 15 日到 11 月 30 日，在此期间做出购买承诺，合同都是成立的。而赵给予韩的承诺期限是 5 天，从 11 月 15 日到 11 月 20 日。本案中，韩收到赵的要约后，没有回复，而赵在承诺期间内的 11 月 22 日时给予了拒绝，由此，韩某和赵某之间的合同不成立。

生意之间的往来，是一件事无巨细的事情，故而应该多次沟通。而法律对于交叉要约如此安排，也是给予双方充分意志自由。虽然是交互要约，表面上完全符合合同成立的要件，但因为交互的要约中，未能达成完全一致，且没有给予彼此确认，故而合同是不成立的。

[法条链接]

《合同法》第十三条 当事人订立合同，采取要约、承诺方式。

《合同法》第十八条 要约可以撤销。撤销要约的通知应当在受要约人发出承诺通知之前到达受要约人。

《合同法》第十九条 有下列情形之一的，要约不得撤销：

（一）要约人确定了承诺期限或者以其他形式明示要约不可撤销；

（二）受要约人有理由认为要约是不可撤销的，并已经为履行合同做了准备工作。

《合同法》第二十条 有下列情形之一的，要约失效：

（一）拒绝要约的通知到达要约人；

（二）要约人依法撤销要约；

（三）承诺期限届满，受要约人未做出承诺；

（四）受要约人对要约的内容做出实质性变更。

好心帮朋友做担保人，承担什么责任

[典型案例]

赵某与吴某系朋友关系，2009年2月26日，吴某以做生意急需资金周转为由向赵某借款3万元，约定月利率为2分，到期日期为2010年2月26日。并约定将吴某的摩托车抵押给赵某，同时刘某作为担保人在借条上签了字。借款合同期满后，吴某一直没有还款，且下落不明，赵某多次向刘某催款未果。2010年12月2日，赵某向法院起诉，要求刘某偿还欠款3万元及利息7200元。

[律师解析]

当债务人不履行到期债务或者发生当事人约定的实现担保物权的情形，债权人应当按照约定实现债权。在没有约定的情况下，并出现物的担保与人的保证同时存在的情况时，物的担保应优先适用。本案中，吴某下落不明，赵某的债权无法实现，在没有约定的情况下，应该首先处分吴某的抵押物，不足还债的部分由刘某承担连带清偿责任。刘某作为保证人，未在借条上注明是一般保证责任，故刘某要承担连带清偿责任。刘某偿还赵某借款本息后，可向吴某追索。

[法条链接]

《物权法》第一百七十六条 被担保的债权既有物的担保又有人的担保的，债务人不履行到期债务或者发生当事人约定的实现担保物权的情形，债权人应当按照约定实现债权；没有约定或者约定不明确，债务人自己提供物的担保的，债权人应当先就该物的担保实现债权；第三人提供物的担保的，债权人可以就物的担保实现债权，也可以要求保证人承担保证责任。提供担保的第三人承担担保责任后，有权向债务人追偿

《担保法》第六条　本法所称保证，是指保证人和债权人约定，当债务人不履行债务时，保证人按照约定履行债务或者承担责任的行为。

《担保法》第二十八条　同一债权既有保证人又有物的担保的，保证人对物的担保以外的债权人放弃物的担保的，保证人在债权人放弃权利的范围内免除保证责任。

一物卖给两人，谁能取得所有权

[典型案例]

2013年7月13日，唐某将自己的一个艺术花瓶出售给康某，双方约定到7月14日办完展览后再将花瓶交给康某。8月16日，唐某又将花瓶以更高的价格卖给了李某，而李某不知唐某先前已将花瓶卖给了康某。那么，唐某与李某谁拥有这个花瓶的所有权？

[律师解析]

李某取得该花瓶的所有权。本案中，唐某将花瓶卖给康某，约定由唐某占有该花瓶至展览结束，属于占有改定。这种情况下，该花瓶的所有权从双方约定生效时起发生改变，此时康某是该花瓶的所有权人，唐某无权再将该花瓶卖给其他人。而受让人李某不知该花瓶已不属于唐某所有，属于《物权法》规定的善意取得。按照有关法律规定，李某最终享有该花瓶的所有权，至于康某的损失，则

可以要求唐某赔偿。

[法条链接]

《物权法》第一百零六条　无处分权人将不动产或者动产转让给受让人的，所有权人有权追回；除法律另有规定外，符合下列情形的，受让人取得该不动产或者动产的所有权：

（一）受让人受让该不动产或者动产时是善意的；

（二）以合理的价格转让；

（三）转让的不动产或者动产依照法律规定应当登记的已经登记，不需要登记的已经交付给受让人。

受让人依照前款规定取得不动产或者动产的所有权的，原所有权人有权向无处分权人请求赔偿损失。

当事人善意取得其他物权的，参照前两款规定。

第八章 物权纠纷

因人民法院的法律文书,导致物权变更的,该物权变动何时生效

[典型案例]

徐某和侯某因一艘渔船的所有权产生纠纷对簿公堂。法院经过审理,判令该船的所有权归徐某,判决生效后,徐某并未办理变更登记。

那么,该渔船的物权何时归徐某所有呢?

[律师解析]

依照《物权法》的规定,因人民法院、仲裁委员会的法律文书或者人民政府的征收决定等,导致物权设立、变更、转让或者消灭的,自法律文书或者人民政府的征收决定等生效时发生效力。所以,在本案中,法院判决书生效之日,即为徐某拥有该船物权之时。

[法条链接]

《物权法》第二十条 因人民法院、仲裁委员会的法律文书或者人民政府的征收决定等,导致物权设立、变更、转让或者消灭的,自法律文书或者人民政府的征收决定等生效时发生效力。

《物权法》第三十一条 依照本法第二十八条至第三十条规定

享有不动产物权的，处分该物权时，依照法律规定需要办理登记的，未经登记，不发生物权效力。

因继承取得物权的，该物权变动何时生效

[典型案例]

洪某和妻子成某都是一家国企的退休职工，两人育有两个女儿，分别为大洪和小洪。2011年10月，洪某因病去世。洪某留有一套三室两厅的房产，根据《继承法》的规定，该套房产由成某、大洪、小洪共同拥有，但几年时间过去了，三人一直未办理产权变更登记。

那么，该房产的物权是否发生过变更呢？

[律师解析]

依照《物权法》的规定，因继承或者受遗赠取得物权的，自继承或者受遗赠开始时发生效力。因此，在洪某去世时，该套房产的物权已经归成某、大洪、小洪共同所有了。不过，《物权法》同时规定，在处分物权时，未经登记，不发生物权效力。

[法条链接]

《物权法》第二十九条　因继承或者受遗赠取得物权的，自继承或者受遗赠开始时发生效力。

《物权法》第三十一条　依照本法第二十八条至第三十条规定享有不动产物权的，处分该物权时，依照法律规定需要办理登记的，未经登记，不发生物权效力。

主合同无效的，担保合同有效吗

[典型案例]

林某欠邓某赌债 20 万元，请求朋友张某为自己的债务向邓某提供担保。张某不知是赌债，于是以自己的轿车作为担保，并签订了担保合同。

那么，如果债务到期后林某无力偿还邓某的钱，邓某是否有权要求张某卖掉轿车来还钱？

[律师解析]

依照《物权法》的规定，设立担保物权，应当依照本法和其他法律的规定订立担保合同。担保合同是主债权债务合同的从合同。主债权债务合同无效，担保合同无效，但法律另有规定的除外。担保合同被确认无效后，债务人、担保人、债权人有过错的，应当根据其过错各自承担相应的民事责任。

本案中，主合同是林某与邓某之间的借款合同，因为赌债是不受法律保护的，所以主合同无效，那么担保合同作为从合同也无效。张某在此事中没有过错，所以不需要承担任何担保责任。

[法条链接]

《物权法》第一百七十二条 设立担保物权，应当依照本法和其他法律的规定订立担保合同。担保合同是主债权债务合同。

同一债权既有物的担保又有人的担保,谁先承担担保责任

[典型案例]

陈某因做生意向银行贷款30万元,其父母以自己名下的一套房产作为担保,可银行仍然不放心,于是陈某又找来好友甘某作为自己的担保人。后来,陈某因生意亏损不能按时还款。

那么,在这种既有物的担保又有人的担保的情况下,应该由谁先承担担保责任呢?

[律师解析]

依照《物权法》的规定,被担保的债权既有物的担保又有人的担保的,债务人不履行到期债务或者发生当事人约定的实现担保物权的情形,债权人应当按照约定实现债权;没有约定或者约定不明确,债务人自己提供物的担保的,债权人应当先就该物的担保实现债权;第三人提供物的担保的,债权人可以就物的担保实现债权,也可以要求保证人承担保证责任。提供担保的第三人承担担保责任后,有权向债务人追偿。所以,本案中,银行可以就陈某父母的房产实现债权,也可以要求甘某承担保证责任,陈某的父母有权在承担担保责任后向陈某追偿。

[法条链接]

《物权法》第一百七十六条 被担保的债权既有物的担保又有人的担保的,债务人不履行到期债务或者发生当事人约定的实现担保物权的情形,债权人应当按照约定实现债权;没有约定或者约定不明确,债务人自己提供物的担保的,债权人应当先就该物的担保

实现债权；第三人提供物的担保的，债权人可以就物的担保实现债权，也可以要求保证人承担保证责任。提供担保的第三人承担担保责任后，有权向债务人追偿。

什么是质权？质权自何时起设立

[典型案例]

2012年4月6日，纪某向林某借款2万元，以自己新买的一台41英寸彩电和一套音响作为质押，并签订了合同。当时林某就把2万元给了纪某。2012年5月8日，纪某将彩电和音响搬到了林某家。那么，林某的质权设立于哪一天呢？

[律师解析]

所谓质权，是指债权人为了保证债权能够实现，临时占有债务人或者第三人提供的财产，如果债务人到期不履行债务，债权人可以就该财产的价值优先受偿。在质押关系中，债务人或者第三人为出质人，债权人为质权人，交付的财产为质押财产。需要注意的是，接受质押的只能是动产而不能是不动产。《物权法》规定，质权自出质人交付质押财产时设立。在本案中，纪某于2012年4月6日将彩电和音响交付给林某，所以林某的质权设立于2012年4月6日。

[法条链接]

《物权法》第一百七十六条　被担保的债权既有物的担保又有人的担保的，债务人不履行到期债务或者发生当事人约定的实现担保物权的情形，债权人应当按照约定实现债权；没有约定或者约定不明确,债务人自己提供物的担保的,债权人应当先就该物的担保实现债权;第三人提供物的担保的,债权人可以就物的担保实现债权,也可以要求保证人承担保证责任。 提供担保的第三人承担担保责任后,有权向债务人追偿。

抵押权和留置权哪一个优先

[典型案例]

个体运输户杨某向某信用社贷款 3 万元,约定半年后一次性还清本息,并以自己的货车作为抵押物与信用社办理了抵押登记手续。5 个多月后,杨某的货车出现故障,杨某将车送到修理厂修理。但修好之后杨某嫌费用太高而拒绝付款,修理厂遂将该货车留置。一个月后,信用社催促杨某清偿欠款。杨某无力偿还,信用社于是要求实现抵押权,却被杨某告知该车已被修理厂留置。

那么,此时抵押权和留置权哪个优先呢?

[律师解析]

依照《物权法》的规定,同一动产上已设立抵押权或者质权,该动产又被留置的,留置权人优先受偿。 所以,本案中,在信用社的抵押权和修理厂的留置权并存的情况下,应当是留置权人修理厂对该货车享有优先受偿权。

[法条链接]

《物权法》第二百三十九条 同一动产上已设立抵押权或者质权,该动产又被留置的,留置权人优先受偿。

何为"善意取得"

[典型案例]

赵某与李某原系夫妻,2013年双方协议离婚。协议中,双方约定将登记于李某名下的房屋一栋归赵某所有。但在协议签订后,双方忘记了办理房屋过户登记手续。也就是说,此时房屋仍然登记在李某名下。

2014年1月,李某瞒着赵某,把房屋卖给了吴某,双方签订了买卖房屋合同,并办理了房屋所有权的变更登记手续。赵某得知后,以李某、吴某二人为被告向法院起诉,要求二被告返还该房屋。但赵某的诉讼请求最终并未获得法院的支持,为什么?

[律师解析]

本案焦点,出卖人并非是物的所有权人,也并非是所有权人授权其出卖该物的人。这种情况下的出卖人,我们称之为无权处分人。无权处分,是指无权处分的人处分他人财产,并与他人订立转让财产合同的行为。无权处分的构成有以下三个条件:行为人实施了处分行为;行为人以自己名义实施处分行为;行为人无处分权。

在无权处分中,有一个第三人的问题。这个第三人,就是指与无权处分人订立合同,从无权处分人处取得财物的人。这里的问题是,如果处分人(出卖人)是无权处分人,那么第三人从他这里购买财物的行为是否有效呢?第三人能否取得所购买财物的所有权呢?在这里,就涉及第三人的利益和真正的物的所有权人的利益平衡问题,也涉及社会交易的安全问题。对此,法律上将第三人分为"善意第三人"和"非善意第三人"。对于善意者，法律予以保护，而对于非善意者，法律不予以保护。"善意第三人"是指在某些有瑕疵的法律关系中，该瑕疵法律关系双方之外的任一不知法律关系有瑕疵而做出有损瑕疵法律关系双方某一方的人，该第三人所做出的损害行为并非出于故意。法律对善意第三人予以保护，是有一定的条件的：一是该第三人在购买财物时确为善意，即不知道也不应当知道该财物并不属于出卖人，而是另有其人。即第三人主观上没有恶意或者过失。二是善意第三人在取得该财物时支付了相应的价款。即该第三人取得该财物不是无偿的或者超低价的。三是无权出卖人已经将物权实际转移给该第三人，即已经交付或者进行了变更登记。在符合上述条件的情况下，法律即保护第三人对物的权利。

本案中，赵某要求第三人吴某返还自己财产的诉讼请求均未被支持，其原因就在于法院要保护第三人的利益，要维护社会的交易安全。当然，赵某虽然不能要求返还原物，但可以要求无权出卖人李某向自己承担赔偿责任。

应当注意的是，即使是善意的取得的第三人，如果不是通过正规的市场购买，那么也是不会受到法律保护的，如：购买路边兜售的来历不明的手机或自行车。

[法条链接]

《物权法》第一百零六条 无处分权人将不动产或者动产转让给受让人的，所有权人有权追回；除法律另有规定外，符合下列情形的，受让人取得该不动产或者动产的所有权：

（一）受让人受让该不动产或者动产时是善意的；

（二）以合理的价格转让；

（三）转让的不动产或者动产依照法律规定应当登记的已经登

记,不需要登记的已经交付给受让人。

受让人依照前款规定取得不动产或者动产的所有权的,原所有权人有权向无处分权人请求赔偿损失。

当事人善意取得其他物权的,参照前两款规定。

死亡人员可否获得征地款

[典型案例]

余某是甲村村民,2005年该村包括余某家的大片土地被征收,随后便发放了地上附着物补偿费,因征地补偿价款一直未达成协议,遂拖至2008年补偿款才发放,而此时余某已经死亡。村民会议经讨论确定了分配方案,决定按目前登记在册的村民发放征地补偿款。这样,尽管余某在世时土地已被征收,但是由于补偿款发放时余某已死亡,所以村里决定其不能获得补偿款。

那么,死亡人员可否获得征地款?

[律师解析]

针对死亡人员能否获得征地款这个问题,应该区别对待。因为死亡的人员的民事权利已经消失,所以,一般情况下,死亡人员不能成为征地补偿费的分配对象。但是,根据我国《土地管理法》《土地管理法实施条例》《农村土地承包法》的规定,并结合《民法通则》的相关内容,对涉及死亡人员的土地补偿款和安置补助费的处理原则为:在征地前死亡的人员实际上已不再占有土地,从而不能作为安置补偿对象;在征地后死亡的,应当将其计算在征地款的范围之内,应当享有征地款的分配权利,其所应得的收益由其继承人继承。本案中,土地被征用时,余某并未死亡,依法享有分得补偿款的权利。发放补偿款时，余某已死亡，则余某所应得的补偿款应由继承人继承。

[法条链接]

《土地管理法》第四十七条 征收土地的，按照被征收土地的原用途给予补偿。

征收耕地的补偿费用包括土地补偿费、安置补助费以及地上附着物和青苗的补偿费。征收耕地的土地补偿费，为该耕地被征收前三年平均年产值的六至十倍。征收耕地的安置补助费，按照需要安置的农业人口数计算。需要安置的农业人口数，按照被征收的耕地数量除以征地前被征收单位平均每人占有耕地的数量计算。每一个需要安置的农业人口的安置补助费标准，为该耕地被征收前三年平均年产值的四至六倍。但是，每公顷被征收耕地的安置补助费，最高不得超过被征收前三年平均年产值的十五倍。

征收其他土地的土地补偿费和安置补助费标准，由省、自治区、直辖市参照征收耕地的土地补偿费和安置补助费的标准规定。

被征收土地上的附着物和青苗的补偿标准，由省、自治区、直辖市规定。

征收城市郊区的菜地，用地单位应当按照国家有关规定缴纳新菜地开发建设基金。

依照本条第二款的规定支付土地补偿费和安置补助费，尚不能使需要安置的农民保持原有生活水平的，经省、自治区、直辖市人民政府批准，可以增加安置补助费。但是，土地补偿费和安置补助费的总和不得超过土地被征收前三年平均年产值的三十倍。

国务院根据社会、经济发展水平，在特殊情况下，可以提高征收耕地的土地补偿费和安置补助费的标准。

非法出租土地用于非农业建设，应该如何处罚

[典型案例]

陕西某县陈家村在未依法办理用地审批手续的情况下，擅自与某砖厂签订了土地租赁合同。合同约定，村里将20亩荒地租赁给砖厂，租期为30年，每年租金为2万元，一年一交。

那么，非法出租土地应该如何处罚？

[律师解析]

本案中，该村未经国土资源管理部门批准，在未依法办理用地手续的情况下，就擅自将土地租赁给砖厂用于非农业建设，属于违法行为。根据有关法律规定，对于该案的直接责任人应当给予行政处分，主管部门责令限期整改，没收违法所得，并处罚款。

[法条链接]

《土地管理法》第八十一条　擅自将农民集体所有的土地的使用权出让、转让或者出租用于非农业建设的，由县级以上人民政府土地行政主管部门责令限期改正，没收违法所得，并处罚款。

网游里的"虚拟武器"，算是财产吗

[典型案例]

2006年4月16日22时许，西安游戏玩家薛刚登录游戏时惊讶地发现，自己在游戏中拥有的一把顶级网络道具装备"18魔杖"没有了！这把"18魔杖"是他在游戏中耗费了大量时间、

精力和金钱练就的,在他所在游戏区里属性值最高。

薛刚立即与代理这款韩国网络游戏的网络公司联系,被告知其"18魔杖"被公司删除了,原因是其属于"变态装备",可能影响游戏公平。薛刚要求网络公司恢复,但遭到拒绝。2006年7月,薛刚向法院起诉,要求判令网络公司返还属于他的"18魔杖";公开向他道歉并赔偿损失1元。针对薛刚的诉求,网络公司承认删除薛刚"18魔杖"的事实,但辩称:薛刚在安装游戏时,接受了用户协议,根据该协议内容,公司有权删除"变态装备"。

法院经审理认为,虚拟财产是网络游戏中的一种有别于有形财产的新型财产,包括游戏中积分、装备、账号和货币。其在虚拟环境中的作用决定了其可以被人占用、使用等。游戏玩家要取得虚拟财产除了花费时间外,还必须付出一定的费用,同时该虚拟财产通过现实中的交易能转化为货币,因此虚拟财产既有价值又有使用价值,具有现实财产的属性。另外,在被告以维护游戏公平为由删除原告的"变态装备"的问题上,法院认为原告的魔杖是在被告运营的游戏平台上,通过被告提供的程序和方法取得的,不应承担任何责任。

据此,法庭在被告律师缺席的情况下宣判:薛刚在游戏中取得的魔杖,是通过合法渠道取得的,故应得到法律的保护。网络公司公司应在判决生效后七日内,将薛刚所拥有的魔杖,予以恢复,并赔偿薛刚人民币1元。

[律师解析]

该案被称为"虚拟财产第一案"。在这个案件中,人民法院在没有明确的法律规范可以依据的情况下，根据民法学的基本原理和规则，做出了一个令人信服的判决。

财产，在民法上被称为"物"。这个"物"跟物理上的物是不一样的。比如，物理学上，月亮和太阳都可以称作"物"。但在民法上，它们就不是"物"了。相反，一些在民法上能称之为"物"的东西，在物理上却不能称之为物。比如本案中的网游武器，恐怕没有哪个物理学家说它是物。

而作为民法上的"物"，具体构成条件：民法上的物，是指人身之外能够为人力所控制并具有经济价值的物。据此可知，所谓"物"，必须符合以下几个条件：一是必须存在于人体之外，人身的器官不是民法上的物。二是必须是人力所能支配的。如果人力不能支配和控制，比如日月星辰，虽然是客观存在的，但由于非人力所能控制和支配，所以也不是民法上的物。三是具有经济价值，即能够为权利人带来经济利益。如果没有经济价值，则也不算是民法上的"物"。所以，民法上的"物"与"财产"在某种意义上来说是同义词。但物理上的"物"却并非如此。

本案中，网络游戏里的武器装备，虽然不是"实物"，但却是存在于人体之外的能为人力所控制的且具有经济价值的物品。因此，应当认定为财产。

[法条链接]

《民法通则》第七十五条　公民的个人财产，包括公民的合法收入、房屋、储蓄、生活用品、文物、图书资料、林木、牲畜和法律允许公民所有的生产资料以及其他合法财产。

《物权法》第二条　本法所称物，包括不动产和动产，法律规定权利作为物权客体的，依照其规定。

共有财产谁说了算？致人损害由谁承担

[典型案例]

小王和小段一起租房而居。两人觉得生活无聊，就想养一只宠物。后来，两人商量了一下，决定买一条小狗养。双方各自出资了500元，买了条"巴西犬"。某日，两人上班前忘记了给他们的"巴西犬"拴上绳子，致使"巴西犬"窜到楼下，咬伤了对面便利店店主的小女儿。店主要求小王和小段赔偿自己女儿的医疗费。但两个人互相推卸责任，小王说是小段忘了给狗拴绳子，应该由小段赔偿。小段则说是小王把狗的绳子给解开了，应该由小王赔偿。店主看两人推来推去，似乎说得都有几分道理，就不知道该怎么办了。同时，小王和小段也在责任分担上无法达成统一的意见。

[律师解析]

本案涉及财产共有的问题。共有，是指某项财产由两个或两个以上的权利主体共同享有所有权，包括公民之间的共有、法人之间的共有以及公民和法人之间的共有。共有分为按份共有和共同共有。按份共有是指各共有人按确定的份额对共有财产分享权利和分担义务的共有。共同共有是指共有人对全部共有财产不分份额地享有权利和承担义务的共有。某一财产是共同共有还是按份共有，应该以共有人之间的约定为准。如果共有人之间没有约定或者约定不明确，则推定为按份共有，除非共有人之间是一家人。

在本案中涉及两个法律问题：动物致人伤害的问题和共有财产

致人损害如何承担责任的问题。

首先,根据《民法通则》的规定,动物致人损害的,动物饲养人或者管理人应当承担民事责任。本案中,小王和小段是"巴西犬"的饲养人,应当对店主女儿的伤害共同负责。两人应当对店主的损失负担连带赔偿责任。

其次,在内部关系上,由于小王和小段未约定对"巴西犬"是按份共有还是共同共有,应当认定为按份共有,各自按出资额占有1/2的份额。在内部的责任分担上,由于双方没有就此做出约定,也应认定为是按照共有份额来承担责任。即各自承担1/2的责任。

综上,店主可以要求小王和小段共同承担赔偿责任,也可以随便要求其中一人承担全部赔偿责任。当然,如果小王和小段其中一人在承担了全部或者超过1/2的责任后,可以向另外一个人追偿其承担的超过1/2责任的部分。

[法条链接]

《物权法》第九十八条 对共有物的管理费用以及其他负担,有约定的,按照约定;没有约定或者约定不明确的,按份共有人按照其份额负担,共同共有人共同负担。

《物权法》第九十七条 处分共有的不动产或者动产以及对共有的不动产或者动产做重大修缮的,应当经占份额三分之二以上的按份共有人或者全体共同共有人同意,但共有人之间另有约定的除外。

《物权法》第一百零二条 因共有的不动产或者动产产生的债权债务,在对外关系上,共有人享有连带债权、承担连带债务,但法律另有规定或者第三人知道共有人不具有连带债权债务关系的除外;在共有人内部关系上,除共有人另有约定外,按份共有人按照份额享有债权、承担债务，共同共有人共同享有债权、承担债务。偿还债务超过自己应当承担份额的按份共有人，有权向其他共有人追偿。

《物权法》第一百零三条　共有人对共有的不动产或者动产没有约定为按份共有或者共同共有，或者约定不明确的，除共有人具有家庭关系等外，视为按份共有。

《物权法》第一百零四条　按份共有人对共有的不动产或者动产享有的份额，没有约定或者约定不明确的，按照出资额确定；不能确定出资额的，视为等额享有。

《民法通则》第一百二十七条　饲养的动物造成他人损害的，动物饲养人或者管理人应当承担民事责任；由于受害人的过错造成损害的，动物饲养人或者管理人不承担民事责任；由于第三人的过错造成损害的，第三人应当承担民事责任。

第九章 民事违法行为提示

短信骚扰他人要担责吗

[典型案例]

蔡某（男）与李某（女）系同事关系，双方均已结婚。2012年12月24日、2013年2月14日，蔡某用自己的手机向李某的手机发送带有淫秽性和威胁性内容的短信9条，该内容系蔡某专门针对李某编写的。上述短信给李某造成了很大的精神压力，并在一定程度上影响了其家庭关系。李某在接到上述短信后，曾用短信警告蔡某停止上述行为。2013年2月17日李某到派出所报案，派出所就此事曾传唤蔡某，并制作询问笔录，蔡某对发短信一事予以认可，却坚称自己是开玩笑。李某向法院提起民事诉讼，要求蔡某停止性骚扰，赔礼道歉，赔偿精神损害抚慰金5000元。

[律师解析]

本案涉及性骚扰的界定问题。所谓性骚扰，是指违背对方意愿，故意侵扰对方性权利的某种作为或不作为。在实践中可通过四个方面来界定性骚扰：一是被骚扰者的主观状态，骚扰者的行为违背了被骚扰者的主观意愿，会引起被骚扰者的心理抵触、反感等。二是骚扰者的主观状态，是出于一种带有性意识的故意，即骚扰者明知自己带有性意识的行为违背被骚扰者的主观意愿，并且希望或者放任这种结果发生。三是骚扰者的客观行为，骚扰行为可以表现为作为，即积极主动的言语、身体、眼神或某种行为、环境暗示等；也可以表现为不作为，即利用某种不平等的权力关系使被骚扰者按照其意志行为。四是侵犯的客体，性骚扰行为直接侵犯的权利客体是被骚扰者的性权利，实质上是公民人格尊严权的一种。

本案中，蔡某对李某出于性意识的故意，在违背李某主观意愿的情况下，以发送淫秽性和威胁性手机短信的方式，引起了李某的心理反感，侵扰了李某保持自己与性有关的精神状态愉悦的性权利，故蔡某的行为构成了性骚扰，并非蔡某辩称之玩笑过火行为。

在我国，妇女的名誉权和人格尊严受法律保护，禁止用各种方式损害妇女的名誉和人格，所以蔡某应承担自己性骚扰行为的法律责任，故对于李某要求蔡某停止短信骚乱和赔礼道歉的请求予以支持。同时依《最高人民法院关于确定民事侵权精神损害赔偿责任若干问题的解释》第一条的规定，自然人的人格尊严权受到非法侵害时，受害人可以主张精神损害赔偿；依该《解释》第八条第(二)项的规定，自然人因侵权致其精神损害，造成严重后果时，侵权人应赔偿受害人相应的精神损害抚慰金。本案中，蔡某的性骚扰行为已对李某本人及其家庭造成了相当程度的损害后果，故法院对于李某要求蔡某给付精神损害抚慰金的请求予以支持。依照《妇女权益保障法》第四十条之规定，判令：一是蔡某停止对李某利用通信工具进行性骚扰侵害的行为。二是蔡某在本判决生效后10日内向李某赔礼道歉。三是蔡某在本判决生效后10日内赔偿李某精神抚慰金1000元。

[法条链接]

《最高人民法院关于确定民事侵权精神损害赔偿责任若干问题的解释》第一条 自然人因下列人格权利遭受非法侵害,向人民法院起诉请求赔偿精神损害的,人民法院应当依法予以受理:

(一)生命权、健康权、身体权;

(二)姓名权、肖像权、名誉权、荣誉权;

(三)人格尊严权、人身自由权。

违反社会公共利益、社会公德侵害他人隐私或者其他人格利益,受害人以侵权为由向人民法院起诉请求赔偿精神损害的,人民法院应当依法予以受理。

《妇女权益保护法》第四十条 禁止对妇女实施性骚扰。受害妇女有权向单位和有关机关投诉。

饲养的动物造成他人损害应承担什么民事责任

[典型案例]

杜某系一单位退休工人,平时喜欢养些小猫小狗打发时间。某日,杜某带着饲养的小花狗在社区 A 花园里散步,不小心与其走失,杜某伤心地打听这条小狗的下落,可是杳无音信。原来这条小狗趁其不注意溜出小院迷了路,与社区 B 的流浪狗一起玩耍。王某生活在流浪狗经常出没的社区 B,平时喜欢小动物,所以经常拿吃的喂养这些流浪的小猫小狗。两周后的某一天,居住在社区 B 的赵某带着 3 岁的孩子出来散步,见王某喂养小动物就准备避让离开,没想到孩子顽皮,拿着手上的石头对着杜某这条正在吃食的小花狗扔去,小花狗朝小男孩扑上来,王某没有成功制止，幸好赵某反应及时，挡在孩子前面才避免了这场悲剧，但自己被小花狗咬伤，花去医药费1000元。赵某于是向法院起诉要王某承担责任。由于案子影响力较大，社区A的杜某得知后前来听审，认出了那条肇事的小花狗并声称小狗归自己所有。

王某、赵某及其小孩、杜某分别应当如何承担责任？

[律师解析]

饲养动物致损，在日常生活中经常随处可见，随着家养宠物数量的递增，饲养人的管理义务必须更加严格，宠物致害的责任归属必须越来越明确，编写一套体系性的法律势在必行。

根据我国《侵权责任法》的规定，禁止饲养的烈性犬等危险动物造成他人损害的，比普通家养宠物造成的损害赔偿更为严格，因为没有"被侵权人过错"的免责的条款，即能够证明损害是因被侵权人故意或者重大过失造成的，可以不承担或者减轻责任。 同时指出，在任何情况下，只要第三人有过错，就应当承担责任。

本案中，小孩是无民事行为能力人，不需对家人赵某承担责任。 王某并不是小花狗的看管人，只是一个过路人，对小花狗的咬伤人不需要承担任何责任。 小花狗是在丢失过程中咬伤赵某，属于"逃逸的动物"，应适用《侵权责任法》的规定由原动物饲养人或者管理人杜某承担侵权责任。 赵某作为小孩的监护人，并没有正当履行自己监护人的义务致使自己被咬伤，因此根据《侵权责任法》的规定，应当负担一部分法律责任。

[法条链接]

《侵权责任法》第八十四条 饲养动物应当遵守法律，尊重社会公德，不得妨害他人生活。 此条即指出了饲养人的此项义务。

在动物致损的情况下，责任明确也有了具体的法律依据。

《侵权责任法》第七十八条　饲养的动物造成他人损害的，动物饲养人或者管理人应当承担侵权责任，但能够证明损害是因被侵权人故意或者重大过失造成的，可以不承担或者减轻责任。

《侵权责任法》第七十九条　违反管理规定，未对动物采取安全措施造成他人损害的，动物饲养人或者管理人应当承担侵权责任。

《侵权责任法》第八十条　禁止饲养的烈性犬等危险动物造成他人损害的，动物饲养人或者管理人应当承担侵权责任。

《侵权责任法》第八十二条　遗弃、逃逸的动物在遗弃、逃逸期间造成他人损害的，由原动物饲养人或者管理人承担侵权责任。

《侵权责任法》第八十三条　因第三人的过错致使动物造成他人损害的，被侵权人可以向动物饲养人或者管理人请求赔偿，也可以向第三人请求赔偿。动物饲养人或者管理人赔偿后，有权向第三人追偿。

私吞不明埋藏物应负什么责任

[典型案例]

王某系某村村民。某日，其在耕地时挖出一盒古代文物，内有乾隆年间钱币数枚、宝石一个、首饰若干。文物盒上书"民国二十一年埋于此地"，署名"张××"。同村村民张某得知此事后，遂去翻阅自家祖谱，发现自己从未谋面的曾祖父与署名者同名，于是向王某索要文物宝盒。张某称这块耕地原来是自己家的，由于某些原因转让给其他人，此事经调查属实。王某认为，钱币是自己在耕地时挖出的，理应归自己所有，况且"张××"

的重名者也有可能出现，出具的祖谱并不能证明此文物宝盒就是其曾祖父所埋的，双方争执不下遂告至法院。

那么，此宝盒究竟应该归属于谁？

[律师解析]

发现埋藏物是一个事实行为，是指发现了隐藏于他物之中，不能确定所有人的动产，而对其予以占有。对于埋藏物的发现者，不要求拥有民事行为能力。值得注意的是，埋藏物与遗失物不同，后者的所有人是可知的，丧失占有并不是出于所有人的故意为之，而前者的丧失占有是所有人故意的行为所导致的结果。

我国《民法通则》第七十九条和《物权法》第一百一十四条均对发现的埋藏物物权归属做出规定。前者规定，所有人不明的埋藏物、隐藏物，归国家所有。接收单位应当对上缴的单位或者个人，给予表扬或者物质奖励。后者规定，拾得漂流物、发现埋藏物或者隐藏物的，参照拾得遗失物的有关规定。《文物保护法》等法律另有规定的，依照其规定。我国《文物保护法》规定，文物收藏单位以外的公民、法人和其他组织可以收藏通过下列方式取得的文物：(1)依法继承或者接受赠与；(2)从文物商店购买；(3)从经营文物拍卖的拍卖企业购买；(4)公民个人合法所有的文物相互交换或者依法转让；(5)国家规定的其他合法方式。文物收藏单位以外的公民、法人和其他组织收藏的前款文物可以依法流通。因此，挖出的文物根据该法不属于个人所有。《最高人民法院关于贯彻执行〈中华人民共和国民法通则〉若干问题的意见（试行）》相关规定，公民、法人对于挖掘、发现的埋藏物、隐藏物，如果能够证明属其所有，而且根据现行的法律、政策又可以归其所有的，应当予以保护。

本案中，王某作为文物的发现者，根据《文物保护法》不能享有金币的所有权。张某如果给出足以证明文物确系其曾祖父所埋，即有权继承该文物而享有所有权，而且根据现行的法律、政策又可以归其所有的，应当予以保护，否则应当将文物上交给国家。

[法条链接]

《文物保护法》第五十条 文物收藏单位以外的公民、法人和其他组织可以收藏通过下列方式取得的文物：

（一）依法继承或者接受赠与；

（二）从文物商店购买；

（三）从经营文物拍卖的拍卖企业购买；

（四）公民个人合法所有的文物相互交换或者依法转让；

（五）国家规定的其他合法方式。文物收藏单位以外的公民、法人和其他组织收藏的前款文物可以依法流通。

网络活动中的侵权行为如何承担民事责任

[典型案例]

常某和田某是在一个单位工作了十几年的同事，两人因为四年前单位分房的事情有了芥蒂。这年年终，单位又要评选新的优秀员工并有奖金1.5万元。常某和田某的业绩差不多，于是常某就想通过其他办法将田某优秀员工候选人中剔除。某天，常某在其博客上发文捏造事实，说田某的工作业绩掺假，很多都是他硬逼着别人把业绩给自己的。消息很快传开了，给田某的名誉造成了很不好的影响。后来田某通知博客所属网站屏蔽该文章未果,影响进一步扩大,田某也因此在年终评比中落选。

那么,本案中,侵权行为人常某是否能因为网站未及时屏蔽恶意信息而使自己逃脱该部分责任?常某的损失又该由谁承担?

[律师解析]

网络侵权,目前已经成为一个热点话题,很多人利用网络侵犯他人名誉权,已经严重危害公民的合法权益。《侵权责任法》规定,网络用户、网络服务提供者利用网络侵害他人民事权益的,应当承担侵权责任。

由于网络上的信息纷繁复杂,无法辨认真假,最终侵权责任人也难以追查,因此法律把责任归属到了网络中介的头上。《侵权责任法》规定,网络用户利用网络服务实施侵权行为的,被侵权人有权通知网络服务提供者采取删除、屏蔽、断开链接等必要措施。网络服务提供者接到通知后未及时采取必要措施的,对损害的扩大部分与该网络用户承担连带责任。网络服务提供者知道网络用户利用其网络服务侵害他人民事权益,未采取必要措施的,与该网络用户承担连带责任。

以上侵权责任的归属,是指网络用户与网络服务提供者承担连带责任,其实质上是指网络用户与服务提供者对被侵权人在扩大的损失部分构成了共同侵权,任何责任人都有责任对被侵权人这部分的损害承担全部责任。但不意味着被侵权人可以获得两份赔偿,而是说无论谁将赔偿全额偿付,侵权责任即告消除。

本案中,常某作为网络用户,网站作为网络服务提供者,利用网络侵害了田某的民事权益(名誉权),应当承担侵权责任。本案中,被侵权人田某有权通知网络服务提供者网站采取删除、屏蔽、断开链接等必要措施。网络服务提供者网站接到通知后未及时采取必要措施，对损害的扩大部分承担连带责任。因此，本案中田某可以就损失扩大部分向常某、网站要求赔偿损失，扩大之前的那一部分损失由常某偿付；也可以就全部损失向常某要求赔偿，常某没有任何理由可以规避自己的全部损害赔偿责任。

[法条链接]

《侵权责任法》第三十六条 网络用户、网络服务提供者利用网络侵害他人民事权益的，应当承担侵权责任。

网络用户利用网络服务实施侵权行为的，被侵权人有权通知网络服务提供者采取删除、屏蔽、断开链接等必要措施。网络服务提供者接到通知后未及时采取必要措施的，对损害的扩大部分与该网络用户承担连带责任。

网络服务提供者知道网络用户利用其网络服务侵害他人民事权益，未采取必要措施的，与该网络用户承担连带责任。

购买赃物应负什么责任

[典型案例]

小贺因为工作需要，在二手车行以市价五折的价钱买了一辆二手车，某天路检时，警察发现该车为赃车并予以扣押。那么，小贺有无民、刑事责任？

[律师解析]

所谓赃物，系指他人因触犯侵害财产法益之罪（如窃盗、抢夺、强盗、侵占、诈欺、背信等罪）所得之物。赃物包括动产及不动产，并以现实财物为限，财产上之利益则不属于赃物。判断购买人是否应该负民事或者刑事责任，以购买人是否确知所买物是赃物为标准。

我国《刑法》明确规定，明知是犯罪所得的赃物而予以窝藏、转移、收购或者代为销售的，处三年以下有期徒刑、拘役或者管制，并处或者单处罚金。本罪是故意犯罪。"明知是犯罪所得的赃物"是构成本罪的主观要件。"犯罪所得的赃物"，是指通过盗窃、抢劫、诈骗、贪污等犯罪获取的公私财物，包括金钱、物品等。"窝藏、转移、收购、代为销售"赃物是构成本罪的客观方面要件，这四种行为，只要有其中之一的，就构成本罪"窝藏"，是指将赃物隐藏起来，不让他人发现或替犯罪人保存赃物，使司法机关不能获取—"转移"，是指将赃物转移到他处，以使侦查机关不能查获。"收购"，是指以出卖为目的收买赃物，个人为自己使用而买赃的不构成本罪。"代为销售"，是指代替犯罪人将赃物卖出的行为。犯本罪的，处三年以下有期徒刑、拘役或者管制，并处或者单处罚金。

无权处分他人财产的占有人，在不法将其占有的财产转让给第三人以后，如果受让人在取得该财产时系出于善意，即依法取得该财产的所有权，原财产所有人不得要求受让人返还财产。

如果购买人怀疑所买物是赃物，或者以不合理价格购买之，则需负返还原物的民事责任。

本案中小贺购买赃车的行为不符合窝藏、转移、收购、销售赃物罪的构成要件，无须承担刑事责任。其是否需要承担民事责任关键在于判断其在购车时是否明知该车为赃物，由于小贺直到警察发现时才知晓该车为赃车，且价格并非不合理，故小贺亦无须承担民事责任。

［法条链接］

《刑法》第三百一十二条　明知是犯罪所得及其产生的收益而予以窝藏、转移、收购、代为销售或者以其他方法掩饰、隐瞒的，处三年以下有期徒刑、拘役或者管制，并处或者单处罚金；情节严重的，处三年以上七年以下有期徒刑，并处罚金。

单位犯前款罪的，对单位判处罚金，并对其直接负责的主管人员和其他直接责任人员，依照前款的规定处罚。

高空坠物砸坏轿车，车主该怎么办

［典型案例］

王某开车去银行办事，因银行的停车位已满，王某便将车停在附近一处未加防护的工地内，然后离开。王某办完事回来时却发现车的挡风玻璃被砸了一个洞。原来是工地在吊运材料的过程中材料脱落，将王某的车砸坏。李某要求工地负责人赔偿自己的损失，该负责人却认为王某不该将车停在工地内，是王某自己的过错造成了损失，与工地没有关系而拒绝赔偿。工地负责人的理由成立吗？

［律师解析］

本案中，工地负责人的理由不能成立。本案属于高度危险作业致害侵权，适用无过错责任原则。根据法律规定，只要实施了对周围环境有高度危险的作业行为，并造成了他人损害，就应该承担赔偿责任，而不论作业人的活动是否具有违法性，是否尽到了应有的注意义务。具体到本案中，虽然王某不该将车停在工地内，但其行为并不是故意要使自己遭受损害，所以工地应承担赔偿责任。

[法条链接]

《民法通则》第一百二十三条 从事高空、高压、易燃、易爆、剧毒、放射性、高速运输工具等对周围环境有高度危险的作业造成他人损害的，应当承担民事责任；如果能够证明损害是由受害人故意造成的，不承担民事责任。

猫狗打架撞伤老人，谁应承担法律责任

[典型案例]

王某与李某是邻居。王某家养了一只猫，经常窜到李某家偷吃东西。一次，王某家的猫又窜到李某家，李某很生气，拿起木棍去打猫。猫受惊吓后逃窜，撞在后院的李某家的狗身上。狗受惊乱跑，将散步回家的韩大爷撞倒。韩大爷髋骨受伤，花去医疗费用3000元。出院后韩大爷找到李某，让他赔偿医疗费，李某认为是王某家的猫导致自家的狗受惊惹祸，责任应由王某承担，而王某则认为是李某打猫才导致韩大爷受伤，应由李某承担责任。

那么，韩大爷的医疗费到底应由谁赔偿呢？

[律师解析]

王某与李某应对李大爷的损害负连带赔偿责任。我国法律规定，不管动物饲养人或管理人有无过错，对动物致人损害均应承担民事责任，除非受害人有过错或损害是由第三人的过错所造成的。本案中，韩大爷本身并不存在过错，而李某为了保护自己的合法权益赶走猫的行为也没有过错。根据"二人以上共同侵权造成他人损害的，应当承担连带责任"这一法律规定可以看出，对于韩大爷的

损害应由动物的饲养人也就是王某与李某共同承担。

[法条链接]

《民法通则》第一百二十七条 饲养的动物造成他人损害的，动物饲养人或者管理人应当承担民事责任，由于受害人的过错造成损害的，动物饲养人或者管理人不承担民事责任；由于第三人的过错造成损害的，第三人应当承担民事责任。

《民法通则》第一百三十条 二人以上共同侵权造成他人损害的，应当承担连带责任。

见义勇为而自身受到伤害，应由谁来赔偿

[典型案例]

男青年徐某夜晚在公园游玩时，遇见一歹徒持刀抢劫一中年妇女。徐某奋起与歹徒搏斗，搏斗中不幸被歹徒刺中腹部几刀，歹徒乘机逃脱。徐某住院治疗两个月，医疗费用共15万元。歹徒始终无法抓获，徐某后来找到被救妇女，希望其能为自己支付部分医疗费用，但遭到该中年妇女的拒绝。请问，徐某难道要独自为自己的见义勇为行为买单吗？

[律师解析]

本案中，徐某可以要求获救妇女给予其补偿。我国法律规定，因防止、制止国家的，集体的财产或者他人的财产、人身遭受侵害而使自己受到损害的，由侵害人承担赔偿责任，受益人也可以给予适当的补偿。本案中，徐某是被歹徒刺伤的，本应由歹徒承担赔偿责任，但歹徒逃脱，没有抓获，因此徐某无法向其追究责任。获救

妇女是徐某见义勇为行为的获益人,根据"受益人可以给予适当的补偿"原则,获救妇女理应给予徐某适当的经济补偿。

[法条链接]

《民法通则》第一百零九条　因防止、制止国家的、集体的财产或者他人的财产、人身遭受侵害而使自己受到损害的,由侵害人承担赔偿责任,受益人也可以给予适当的补偿。

《民法通则意见》第一百五十七条　当事人对造成损害均无过错,但一方是在为对方的利益或者共同的利益进行活动的过程中受到损害的,可以责令对方或者受益人给予一定的经济补偿。

道路施工没有标志,行人受伤找谁负责

[典型案例]

某市主干道因安装地下通信电缆,施工人员在街道上挖了一条深沟。但施工人员一时大意,并没有在施工地段设置警示牌。中午时分,工人们离开施工路段休息,老王恰巧骑自行车路过。由于没有任何警示标志,导致毫无心理准备的老王连人带车一齐摔入沟内,造成左臂骨折。

那么,老王应找谁负责?

[律师解析]

本案中,老王可以找施工人索取民事赔偿。根据我国有关法律,施工时没有标志或采取措施致人损害的,施工人承担责任。施工人是否设置了明显标志和采取了安全措施,应以事故发生时的状态为准。如果施工人在施工开始时设置了明显的标志和采取了安全措施，但这些标志和措施失灵或被别人破坏，造成损害的，施工人仍应承担民事责任；施工人承担民事责任后，有权向损坏标志和措施的第三人追偿。此案中，施工人员一时疏忽，没有设置警示牌，根据法律，应对由此造成的损害负责。

[法条链接]

《民法通则》第一百二十五条　在公共场所、道旁或者通道上挖坑、修缮安装地下设施等，没有设置明显标志和采取安全措施造成他人损害的，施工人应当承担民事责任。

寻开心谎报火警，应该如何处理

[典型案例]

余某，男，28岁，待业在家。一日，余某闲来无事，在马路上溜达，看到路边的IC电话机上写有"电话机仅限拨打紧急号码"的字样，为了寻开心、看热闹，余某拨打了119火警电话，并谎称："开发区人民路62号明珠大厦内部着火啦，请你们赶快来救火！"消防人员立即驾着两辆消防车火速赶到现场。一部分消防人员疏散附近人群，组织群众快速撤离，另一部分消防人员进入明珠大厦内部，但并没有发现警情，一打听才知道是假火警。此后，余某先后多次谎报火警，致使消防部门多次扑空，后余某被公安机关抓获。

那么，对于余某的行为应当如何认定？应该如何处罚？

[律师解析]

本案涉及以谎报警情方式故意扰乱公共秩序行为的处罚问题。

谎报警情故意扰乱公共秩序的行为是指行为人明知没有发生警情而故意向有关部门报告以"制造混乱",从而引起群众心理恐慌,社会秩序混乱,影响群众生产、生活,干扰国家机关工作人员正常工作的行为。行为人出于某种目的,故意编造实际不存在的火警、匪警、地震、洪水等险情,并向国家主管部门报告,可能会扰乱国家主管部门正常工作秩序,也有可能引起社会公众的恐慌,扰乱社会的公共秩序。此外,一旦真正的警情同时发生,则有可能得不到有效的支援,从而造成严重的危害。根据《治安管理处罚法》规定,散布谣言,谎报险情、疫情、警情或者以其他方法故意扰乱公共秩序的,处5日以上10日以下拘留,可以并处500元以下罚款;情节较轻的,处5日以下拘留或者500元以下罚款。

本案中,余某无聊至极,以"报警"取乐,戏弄国家工作人员。扰乱公共秩序,既缺乏社会道德,又目无法纪,造成了不应有的财产损失。针对余某的行为,当地公安机关应当给予余某以治安拘留并处罚款的处罚。

谎报险情,情节轻微,没有造成严重后果的,要按照《治安管理处罚法》的规定,给予治安处罚;如果谎报险情引起社会秩序的完全混乱,造成严重后果的,则应以《刑法》规定之"妨害社会管理秩序罪"论处。

[法条链接]

《治安管理处罚条例》第二十五条 有下列行为之一的,处五日以上十日以下拘留,可以并处五百元以下罚款;情节较轻的,处五日以下拘留或者五百元以下罚款:

(一)散布谣言,谎报险情、疫情、警情或者以其他方法故意扰乱公共秩序的;

（二）投放虚假的爆炸性、毒害性、放射性、腐蚀性物质或者传染病病原体等危险物质扰乱公共秩序的；

（三）扬言实施放火、爆炸、投放危险物质扰乱公共秩序的。

拿娱乐明星"开涮"侵权吗

[典型案例]

2000年10月17日至11月13日，网蛙公司和网易公司联手推出了"国内歌坛十大丑星评选活动"。网蛙公司负责撰写此次活动在网上发布的文章，主要有：以"金银财宝"的名义介绍此次评选活动的主题、宗旨、评选方法，并在未告知且未经当事人同意的情况下，发布含臧天朔、韦唯、赵薇等三十名歌手被列为"十大丑星"候选人的照片、文字介绍以及评选结果和相关评论。网易公司对上述文章未进行删改。评选期间，上述文章分别在网蛙公司所属的三九网蛙音乐网站和被告网易公司所属的网易网站的音乐频道上以网络链接的方式发布。有近万网民参与了评选，选票为415 363人次。还有以"方言""品位低下"的名义在网站上发表的对此次活动的评论文章等。在11月13日公布的评选结果中，臧天朔以16 911的票数名列"国内歌坛十大丑星"的第三名。

网蛙公司和网易公司在举办上述评选活动时，没有告知臧天朔把他列为"丑星"候选人之一，也未征得臧天朔本人的同意。在发布候选人名单中使用了三张不同的臧天朔的肖像照片。对照片的使用没有经过臧天朔本人的同意。对臧天朔的文字介绍是"有人说要嫁就嫁臧天朔。我怎么也没看出来广大未婚女青年有什么重大举措啊！"文字介绍中"要嫁就嫁臧天朔"是《音乐生活报》上关于臧天朔的一篇报道的标题。

臧天朔向北京市朝阳区人民法院起诉，认为网蛙公司和网易公司组织的"评丑"的行为，强行将其本人列入所谓"歌坛丑星"候选人的行列，给广大网民提供了可以在网上随意发表针对臧天朔人身评论的平台，招致广大网民的随意攻击，不仅严重损害了原告作为一个普通公民应享有的平等、独立的人格权利，也破坏了其健康向上的职业歌手的形象，使原告的社会评价降低，已构成对其人格权和名誉权的侵害。被告为提高其网站知名度，谋取企业无形资产的增加，未经同意使用原告照片，已构成对原告肖像权的侵害。因此，原告要求二被告停止侵害，在《新华社通稿》《音乐生活报》《北京青年报》《北京晚报》《北京晨报》《南方周末》等报刊和网蛙、网易、新浪和搜狐网站上就二被告侵害原告的人格权、名誉权和肖像权的行为公开赔礼道歉、消除影响，要求二被告赔偿因此给原告造成的经济损失人民币65万元，赔偿经济损失10万元，承担原告为此案支付的律师费10万元和公证费1500元。

2001年9月24日，北京市朝阳区人民法院做出了一审判决：被告网蛙公司和被告网易公司在判决生效之日起停止侵害原告臧天朔肖像权和人格权的侵权行为；在各自所属的网站上发布向原告臧天朔赔礼道歉的声明；在判决生效后十日内一次性赔偿原告臧天朔的经济损失人民币1500元，其中网蛙公司赔偿1115元，网易公司赔偿375元；因侵害原告臧天朔的人格权赔偿臧天朔10 000元，其中网蛙公司承担7500元，网易公司承担2500元；因侵害原告臧天朔的肖像权赔偿臧天朔人民币10 000元，其中网蛙公司承担7500元，网易公司承担2500元。原告臧天朔认为二被告侵害其名誉权的诉讼请求，朝阳区人民法院没有支持。

[律师解析]

本案是一个涉及明星权利的案子。从我国法律的现行规定来看，法院的判决是正确的。

首先，两个网络公司的网站，都是经营性的网站。虽然从表面上来看，它们是供网民无偿访问的，但是，网站通过发布一些吸引眼球的内容，来增加自己的访问量，进而再通过在网站上发布广告的行为来赚取商家的广告费，这就是网站的盈利点所在。因此，虽然网站表面上是无偿的、免费的，但实际上却是盈利性的。它们在网站上擅自使用臧天朔等名人的照片，最终的目的和步骤是这样的：开涮名人——吸引眼球——提高访问量——商家做广告——盈利。。从这个环节可以看出，网站最终盈利，是和使用名人的资料，对名人进行开涮密不可分的。因此，可以认定，网络公司使用臧天朔等人的照片是经营性使用。

其次，网络公司的此次活动，名为"选丑"。我们知道，爱美之心人皆有之，没有人愿意听别人"表扬"自己的相貌丑。两个网站上组织的"选丑"活动，使得每个人都可以对被评选者进行评头论足。这确实有些"侮辱"人格的味道。当然，这种"侮辱"当然是出于纯粹的娱乐目的，而并非是出于个人报复或者恶意贬损等其他目的。正是基于这一点，法院在认定网络公司构成侵权的基础上，正确地把握了赔偿的"度"。

那么，名人的权利应该如何保护？在国外，许多国家的司法实践和法律是不支持名人所谓的"隐私权"和"人格权"。他们认为，名人作为公众人物，既然从社会公众对他们的关注中获得了不菲的利益，那么他们也应该牺牲一些个人的权利，来满足人们对明星的好奇心和"恶搞"行为。

[法条链接]

《民法通则》第一百条　公民享有肖像权，未经本人同意，不得以营利为目的使用公民的肖像。

《民法通则》第一百零一条　公民、法人享有名誉权，公民的人格尊严受法律保护，禁止用侮辱、诽谤等方式损害公民、法人的名誉。

"人肉搜索"合法否？侵犯权利谁担责

[典型案例]

女白领姜某生前在网络上注册了名为"北飞的候鸟"的个人博客，她在博客中以日记形式记载了自杀前两个月的心路历程，将丈夫王某与另一女性合影照片贴在博客中，认为二人有不正当两性关系，自己的婚姻很失败。姜某在2007年12月试图自杀前将自己博客的密码告诉了一名网友，并委托该网友在12小时后打开博客。此后，姜某的博客日记被一名网民阅读后转发在天涯社区论坛中，后又不断被其他网民转发至不同网站上，姜某的死亡原因、王某的"婚外情"等情节引发众多网民的长时间、持续性关注和评论。

姜某的大学同学张某得知姜某死亡后，于2008年1月注册"北飞的候鸟"非经营性网站，披露王某"婚外情"和其个人信息，引发众多网民使用"人肉搜索"的网络搜索模式，搜寻与王某及其家人有关的任何信息。"人肉搜索"使王某的姓名、工作单位、家庭住址等详细个人信息逐渐被披露；更有部分网民在大旗网等网站上对王某进行谩骂、人身攻击。还有部分网民到王某家庭住址处进行骚扰，在门口书写、张贴"逼死贤妻""血债血偿"等标语，给王某及家人的生活、工作、名誉造成极为恶劣而严重的影响。

随后，王某将张某告上法庭，要求张某立即停止侵害、删除"北飞的候鸟"网站上有关侵权信息，并在"北飞的候鸟"网上为其恢复名誉，消除影响，赔礼道歉，赔偿其工资损失3.5万元，精神损害抚慰金2万元，支付2050元公证费用的三分之一。

法院审理后认为：公民享有名誉权，禁止用侮辱、诽谤、泄露他人隐私等方式损害公民的名誉。我国《互联网信息服务管理办法》及《互联网电子公告服务管理规定》中规定，互联网信息服务提供者应当向上网用户提供良好的服务，并保证所提供的信息内容合法。任何人不得在电子公告服务系统中发布含有侮辱或者诽谤他人、侵害他人合法权益的信息。电子公告服务提供者发现其电子公告服务系统中出现明显属于上述信息内容的，应当立即删除，保存有关记录，并向国家有关机关报告。张某作为姜某的大学同学，在得知姜某自杀身亡后，为了祭奠姜某，抨击王某的不忠行为，注册了"北飞的候鸟"网站。张某在注册网站后，应当依法管理网站，对该网站中发布的帖子内容负责。张某作为"北飞的候鸟"网站的注册管理者，在自己管理的网站上撰写文章、登载网民的文章，享有言论自由的权利。但张某的这些行为均应建立在遵守法律法规的基础之上，并以不侵害他人的合法权益为前提。本案中，张某本人及其他一部分网民撰写文章的内容已突破了法律的禁止性规定，侵犯了王某的隐私权和名誉权，在产生了严重后果以后及王某起诉后，张某作为网站的管理者还不予以妥善处理，则张某应当承担相应的侵权民事责任。具体方式包括停止侵害，将网站中的侵权信息（包括侵权文章及侵权图片）删除，赔礼道歉及赔偿相应损失。

据此，法院判决：（1）被告张某于本判决生效后七日内停止对原告王某的侵害行为，删除刊登在"北飞的候鸟"网站上的《哀莫大于心死》《静静的》《心上的月光》三篇文章及原告王某与案外人东某的合影照片。（2）被告张某于本判决生效后七日内在"北飞的候鸟"网站首页上刊登向原告王某的道歉函，刊登天数不得少于十天，道歉函的内容由本院核定；否则本院将本案判决书主要内容刊登于其他媒体上，费用由被告张某承担。（3）被告张某于本判决生效后七日内赔偿原告王某精神损害抚慰金五千元。（4）被告张某于本判决生效后七日内赔偿原告王某公证费用六百八十四元。

[律师解析]

本案被称之为"人肉搜索第一案"，是一起因网络侵权而引发的诉讼。这个案件，为人们的网络行为提供了参考标准，为人们的网络自由限定了尺度。"人肉搜索"这种行为，的确是侵犯了被搜索人的隐私权。

所谓隐私权，是指自然人享有的私人生活安宁与私人信息不被他人非法侵扰、知悉、搜集、利用和公开的一项人格权利。可见，首先，隐私权是专属于自然人的一项民事权利。法人和单位无所谓隐私权，当然，它们对本单位的商业秘密或者其他秘密信息也是有权利的。但不是隐私权。其次，隐私权的内容一般包括隐私隐瞒权，即对于"隐私"，个人是有权隐瞒的。这与我们儒家传统提倡的"君子坦荡荡"是不一样的。隐私权还包括隐私利用权、隐私维护权、隐私支配权。毫无疑问，这些隐私权是属于隐私权利个人的。其他人未经隐私权人允许，不得以披露、利用等方式和手段对他人的隐私权进行干预。否则，就构成了侵犯隐私权的行为。

我国《民法通则》并未规定公民的隐私权。在过去的司法实践中，也很少涉及隐私权的问题，而往往以保护名誉权的方式来保护隐私权。因为司法界认为，侵犯他人的隐私权的后果，必将是使他人的名誉受损。在披露他人不良隐私信息的情况下，上述说法是正确的。但是，在某些情况下，虽然侵犯了他人的隐私权，但并不必然导致他人的名誉受损。因此，随着人们权利意识的提高，隐私权越来越脱离其他民事权利而得以独立。近年来，司法实践已经肯定了隐私权的存在和保护方式。未来的侵权法和民法典，必然也是包括隐私权的。

[法条链接]

《最高人民法院关于贯彻执行〈中华人民共和国民法通则〉若干问题的意见》第一百四十条 以书面、口头等形式宣扬他人的隐私，或者捏造事实公然丑化他人人格，以及用侮辱、诽谤等方式损害他人名誉，造成一定影响的，应当认定为侵害公民名誉权的行为。

第十章 刑事违法行为提示

取了他人遗留在 ATM 机上的卡中钱是否违法

[典型案例]

2013 年 5 月 20 日晚 7 时许，市民王某在城区某工商银行自动存取款机取款后忘记将卡从 ATM 机上取出。不久，李某到该 ATM 机上办理业务时，发现王某遗留下的银行卡，便用该卡从王某的账户中取走 6000 元钱。王某在发现忘记取卡而且卡上的钱被取走后，到公安机关报案。该区公安分局对此进行立案侦查，7 月 23 日成功将犯罪嫌疑人李某抓获。

那么，李某的行为触犯了我国法律的哪条规定？

[律师解析]

本案中，李某的行为实质上是冒用他人身份非法从别人账户取钱，其行为已涉嫌信用卡诈骗。李某在 ATM 机上发现别人未取走的银行卡，起了贪念，冒用他人身份在 ATM 机上取钱，其行为已触犯了《刑法》第一百九十六条的规定，涉嫌信用卡诈骗。因为，任何冒用他人身份在 ATM 机上取款的行为都是非法的，在遇到类似情况时，不要心存贪念和侥幸，如果贪一时便宜，可能将涉嫌刑事犯罪，最终受到法律的严惩。

[法条链接]

《刑法》第一百九十六条 有下列情形之一,进行信用卡诈骗活动,数额较大的,处五年以下有期徒刑或者拘役,并处二万元以上二十万元以下罚金;数额巨大或者有其他严重情节的,处五年以上十年以下有期徒刑,并处五万元以上五十万元以下罚金;数额特别巨大或者有其他特别严重情节的,处十年以上有期徒刑或者无期徒刑,并处五万元以上五十万元以下罚金或者没收财产:

(一)使用伪造的信用卡的;

(二)使用作废的信用卡的;

(三)冒用他人信用卡的;

(四)恶意透支的。

前款所称恶意透支,是指持卡人以非法占有为目的,超过规定限额或者规定期限透支,并且经发卡银行催收后仍不归还的行为。

盗窃信用卡并使用的,依照本法第二百六十四条的规定定罪处罚。

挪用公款购买银行理财产品是否能够认定为营利活动

[典型案例]

被告人王某、查某分别任某县妇幼保健院会计、出纳。2013年2月18日,应某县邮政储蓄银行理财经理黄某的请求,被告人王某指使被告人查某用现金支票从本单位银行对公账户上提取现金20万元存入该行查某个人账户,以完成黄某的揽储任务。2013年4月2日,被告人查某将20万元取出,用于发放本单位职工工资、奖金等,利息30.13元仍存放在查某个人账户上。2013年4

月12日，应黄某的请求，被告人查某经被告人王某同意，再次用现金支票从本单位银行的对公账户提取现金30万元，存入该行查某个人账户，以完成黄某的揽储任务。当日，在黄某的推介下，被告人查某又用此款银行短期理财产品"财富鑫鑫向荣"，2013年4月28日将此款赎回。2012年4月27日，被告人查某将30万元取出，用于发放本单位职工工资、奖金等，理财产品获利241.64元仍存放在查某个人账户上。

那么，王某、查某的行为违反我国法律的哪条规定？

[律师解析]

根据《刑法》的相关规定，挪用公款犯罪侵犯的客体是复杂客体，既侵犯了国家公职人员的廉洁性，又侵犯了公共财物的所有权。主观方面只能由故意构成，即行为人明知是公款而故意将公款非法挪作私用，目的在于非法取得公共财物的使用权，通过暂时使用公款而获取经济上的利益。客观方面表现为三种情形：一是指国家工作人员利用职务上的便利，挪用公款归个人使用，进行非法活动的；二是挪用公款数额较大，进行营利活动的；三是挪用公款数额较大、超过3个月未还的行为。本案的争议焦点在于王某、查某挪用公款存入银行是否能够认定为营利活动。第一，从主观上来讲，王某、查某挪用公款为了替他人揽储，并没有利用公款谋取个人私利的直接主观故意，但是两人作为国有事业单位财务工作人员，应当明知不得将公款挪作他用的财务制度及财经纪律，而仍然故意将公款挪作私用，存入个人银行账户，其中30万元申购了理财产品，意图通过短暂使用公款而帮助别人获取经济上的利益。实质上，挪用已经改变了公款的性质，公款的所有权已经受到侵害。第二，从客观上来讲，王某、查某将公款存入个人银行账户，且其挪用的第二笔公款又购买了理财产品，挪用行为已成立，客观上已产生利息，且利息未上交单位，仍在个人账户中，根据《关于审理挪用公款案件具体应用法律若干问题的解释》，挪用公款存入银行、用于集资、购买股票等，属于挪用公款进行营利活动，且不受挪用时间和是否归还的限制。第三，本案挪用时间虽然短暂，且已收回，没有造成严重的损失，但是该行为潜在的社会危害性仍然不可小视，如果放任这种私自挪用公款的行为，那么公款的命运将会遭遇很多不测的风险，将会给国家带来巨大损失。

所以，王某、查某构成挪用公款罪。挪用行为成立且存入银行是以个人名义开户，利息未上交单位且其挪用的第二笔公款又购买了理财产品。根据"两高"司法解释应认定为挪用公款存入银行。王某、查某身为国有事业单位工作人员，利用职务之便挪用公款归个人使用，存入银行或购买银行短期理财产品进行营利活动，数额巨大，其行为应当构成挪用公款罪。

[法条链接]

《刑法》第三百八十四条 国家工作人员利用职务上的便利，挪用公款归个人使用，进行非法活动的，或者挪用公款数额较大、进行营利活动的，或者挪用公款数额较大、超过三个月未还的，是挪用公款罪，处五年以下有期徒刑或者拘役；情节严重的，处五年以上有期徒刑。挪用公款数额巨大不退还的，处十年以上有期徒刑或者无期徒刑。

挪用用于救灾、抢险、防汛、优抚、扶贫、移民、救济款物归个人使用的，从重处罚。

出卖亲生子女是否一定触犯了拐卖儿童罪

[典型案例]

被告人黄某系农村妇女，两年前随丈夫进城打工，2012年11月计划外怀孕，黄某身患高血压等不宜流产的疾病，只能将孩子生下。因其家境贫寒，且负有许多外债，遂与同村来城打工的表兄张某商议将产后婴儿卖给他人，并托张某联系一个家庭条件好的收养人。2013年9月，黄某在医院生一男婴。按约定，黄某在孩子满月（出生30日）后将男婴交与张某及收养人吴某，由吴某给付黄某现金5000元。

那么，黄某的行为是否触犯了拐卖儿童罪？

[律师解析]

本案中，黄某的行为不构成拐卖儿童罪。虽然黄某有出卖的故意，也实施了出卖行为，但不具备我国《刑法》第二百四十条规定的拐骗、贩卖行为，故不构成本罪。理由是：第一，出卖亲生子女是否构成犯罪？主要看情节是否恶劣以及是否以营利为目的。我国《刑法》规定，拐卖妇女、儿童是指以出卖为目的，有拐骗、绑架、收买、贩卖、接送、中转妇女、儿童行为之一的，即构成拐卖妇女、儿童罪。可见，拐卖儿童罪只限于上述六种客观行为，并没有将出卖自己的亲生子女列为拐卖儿童罪的范畴。黄某夫妇系男婴的法定监护人，对孩子有监护权，因生活所迫使监护权转移，并收受了经济利益5000元，不能完全等同于"出卖"，虽然其直接动因是获利，但不能完全等同于那些以人为商品的人贩子。第二，我国

《收养法》规定，出卖亲生子女的，由公安部门没收非法所得，并处以罚款；构成犯罪的，依法追究刑事责任。其立法本意所讲构成的犯罪，是指出卖自己亲生子女而触犯刑法条款的犯罪，是受刑法调整的犯罪，如遗弃罪。若要构成拐卖儿童罪，即使是亲生子女，还需具有刑法第二百四十条规定的六种情形之一，才能构成犯罪。第三，"两高一部"和全国妇联2000年3月20日《关于打击拐卖妇女儿童犯罪有关问题的通知》第四部分规定："出卖亲生子女的，由公安机关依法没收非法所得，并处以罚款；以营利为目的，出卖不满十四周岁子女，情节恶劣的，借收养名义拐卖儿童的，以及出卖拾捡儿童的，均应以拐卖儿童罪追究刑事责任。"《全国法院维护农村稳定刑事审判工作座谈会纪要》中阐述：对于买卖至亲的案件，要区别对待。以贩卖牟利为目的"收养子女"的，应以拐卖儿童罪处理；对那些迫于生活困难，受重男轻女思想影响而出卖亲生子女或收养子女的，可不作为犯罪处理；对于出卖子女确属恶劣的，可按遗弃罪处罚。

这里要说明的是，如何认定出卖子女确属"情节恶劣"以及营利为目的，目前还没有明确规定，实践中的判定标准也不统一，这需要有关部门尽快出台相关的司法解释去解决，在此之前，任何机关无权对此做出任何扩大解释。

因此，本案中黄某的行为不构成拐卖儿童罪。虽然黄某有出卖的故意，也实施了出卖行为，但不具备刑法第二百四十条规定的拐骗、贩卖行为，故不构成本罪。

[法条链接]

《刑法》第二百四十条 拐卖妇女、儿童的，处五年以上十年以下有期徒刑，并处罚金；有下列情形之一的，处十年以上有期徒刑或者无期徒刑，并处罚金或者没收财产；情节特别严重的，处死刑，并处没收财产：

（一）拐卖妇女、儿童集团的首要分子；

（二）拐卖妇女、儿童三人以上的；

（三）奸淫被拐卖的妇女的；

（四）诱骗、强迫被拐卖的妇女卖淫或者将被拐卖的妇女卖给他人迫使其卖淫的；

（五）以出卖为目的，使用暴力、胁迫或者麻醉方法绑架妇女、儿童的；

（六）以出卖为目的，偷盗婴幼儿的；

（七）造成被拐卖的妇女、儿童或者其亲属重伤、死亡或者其他严重后果的；

（八）将妇女、儿童卖往境外的。

拐卖妇女、儿童是指以出卖为目的，有拐骗、绑架、收买、贩卖、接送、中转妇女、儿童的行为之一的。

《收养法》第三十一条 借收养名义拐卖儿童的，依法追究刑事责任。

遗弃婴儿的，由公安部门处以罚款；构成犯罪的，依法追究刑事责任。

出卖亲生子女的，由公安部门没收非法所得，并处以罚款；构成犯罪的，依法追究刑事责任。

自我防卫过当会有什么惩罚

［典型案例］

被告人王某与被害人李某由于双方债务关系积怨很深，2011

年5月某晚，李某酒后在路上遇见王某，便上前向王某讨要两年前的借款，王某声称自己已经将钱托韩某转还给李某，是韩某拒不承认导致钱还没到李某手中，应当向韩某讨要。李某由于前夜与老婆为小事争吵，心情本来就糟糕，加之酒后怒火中烧，于是与王某两人争吵后厮打成一团。李某一拳头直击王某下体要害部位，致其倒地。王某平日较意气用事，处理问题经常不考虑后果，见李某第二拳又直奔其脸部而去，拿出手中钥匙扣上的小剪刀朝李某连扎三下，剪刀扎在李某腿部致其鲜血直流。见李某呈呻吟状，王某量其已没有反抗能力便扬长而去，李某被路人救起送往医院，经法医鉴定为轻伤。后王某被公安机关抓获归案，检察院以故意伤害罪对王某提起公诉，王某在庭上辩解称自己是正当防卫，法院认为王某防卫过当，判处王某拘役3个月的刑罚。王某只听说正当防卫是受到法律保护的，没想到自己会因为对方打自己，自己反抗而会产生防卫过当的后果，究竟什么是防卫过当？

[律师解析]

正当防卫，依据《刑法》的相关规定，是指为了使国家、公共利益、本人或者他人的人身、财产和其他权利免受正在进行的不法侵害，而采取的制止不法侵害的行为，该行为对不法侵害人造成了损害，但是不负刑事责任。针对一般的正当防卫，应当认为一是必须存在现实的、正在进行的不法侵害行为，二是正当防卫人具有防卫的意识，而且对象必须只能是不法侵害行为人本人，在满足以上两个条件之后，三是必须强调防卫行为没有超过必要限度造成重大损害。

对于以上第三种情况，《刑法》做出具体的规定，正当防卫明显超过必要限度造成重大损害的，应当负刑事责任，但是应当减轻或者免除处罚。司法实践中，对于"必要限度"的认定采取了较旧"刑法"更为宽松的态度，在全面分析案件所处的环境等情况下，还要考量具体保护的利益是否大于或等于防卫行为所造成的损害。因此，不能因为微小的利益保护而严重侵害他人的身体甚至生命。此外，对于"防卫过当"的认知还必须是"明显超过必要限度"，即认为"是否过限"如果存在模糊的判断则不认为是"防卫过当"。

但是，《刑法》又对一类特殊的正当行为做出了例外的规定，对正在进行行凶、杀人、抢劫、强奸、绑架以及其他严重危及人身安全的暴力犯罪，采取防卫行为，造成不法侵害人伤亡的，不属于防卫过当，不负刑事责任。对于"杀人、抢劫、强奸"的认定很容易，对于"行凶"，《刑法》里并没有进行解释和认定，在司法实践中，一般以"严重危及人身安全的暴力犯罪"为判断标准，要求该类犯罪具有危及人身安全的紧迫性和严重性。

本案中，李某与王某的斗殴行为属于一般的打斗，首先从一般人的认知角度看，李某对王某脸部的攻击并没有导致"严重危及人身安全"的可能性，因此不能认定王某是特殊防卫；其次，王某对李某的防卫行为造成了轻伤的后果，与王某可能遭到的轻微损害对比是"明显超过必要限度"，已经构成"故意伤害罪"，但在量刑过程中，应当对王某减轻或者免除处罚。

[法条链接]

《刑法》第二十条　为了使国家、公共利益、本人或者他人的人身、财产和其他权利免受正在进行的不法侵害，而采取的制止不法侵害的行为,对不法侵害人造成损害的,属于正当防卫,不负刑事责任。

正当防卫明显超过必要限度造成重大损害的,应当负刑事责任,但是应当减轻或者免除处罚。

对正在进行行凶、杀人、抢劫、强奸、绑架以及其他严重危及人身安全的暴力犯罪,采取防卫行为,造成不法侵害人伤亡的,不属于防卫过当,不负刑事责任。

犯罪中止如何追究刑事责任

[典型案例]

钟某系某村农民子弟,高中毕业后未能考上心仪的大学,遂准备上外地找工作。由于缺乏相应的社会经验,来当地的第一天即被骗去身上所有现金。钟某认为社会上的人丧失人性基本道德标准,遂对社会产生憎恶情绪,决意报复社会。第二天夜里,钟某搭上出租车,欲抢劫"的哥"任某的钱财和车辆,当该车行至某偏僻处时,钟某掏出准备好的水果刀逼至任某颈部,胁迫其交出车辆和所有钱财。任某此前遭遇过类似案例,且处理妥当,因此经验丰富。见钟某操外地口音,且动作生疏,料想其是初次犯案,有挽救余地,于是好言相劝。钟某出于良知放下刀具,将自己的遭遇与任某诉说,任某出于同情,给了钟某200元钱,并劝其好好做人,毋以恶小而为之。钟某手拿水果刀走在路上,交警发现遂上前盘问,钟某诚实地将刚才的事情经过说出,交警带他去附近派出所投案自首。后法院审理认为,钟某构成抢劫罪的犯罪中止且认罪态度较好,遂做出免除处罚的判决。

那么，什么是犯罪中止？为什么与未遂相比会造成不同的判决结果？两者有什么根本差异？

[律师解析]

犯罪中止，根据《刑法》的规定，是指在犯罪过程中，自动放弃犯罪或者自动有效地防止犯罪结果发生的一种现实状态。根据法律对它的定义可以认为，犯罪分子的主观意志对于犯罪未遂和犯罪中止的区分起到了决定性的作用。

为什么对两者予以区别对待？关键在于，犯罪中止在很大程度上取决于犯罪分子对犯罪行为是主动放弃的。犯罪分子有良好的认罪态度和对法律的社会认同，迫于法律的威慑和自己良心的谴责而放弃了自己的犯罪行为，法律认为这类人具有可以重新塑造的空间，于是给予他们改过自新的机会。

本案中，钟某被"的哥"劝说而动恻隐之心，在客观上他仍然具有完成犯罪行为的可能，因此可以认为他是主观上放弃了犯罪行为的，构成抢劫罪（犯罪中止）。由于并未造成任何损害，钟某应当免除处罚。值得注意的是，《刑法》中的免除处罚是"免刑不免罪"，即犯罪事实已经存在，刑罚免除并不意味着钟某没有犯抢劫罪。

[法条链接]

《刑法》第二十四条 在犯罪过程中，自动放弃犯罪或者自动有效地防止犯罪结果发生的，是犯罪中止。

对于中止犯罪，没有造成损害的，应当免除处罚；造成损害的，应当减轻处罚。

犯罪后逃跑是否可以规避法律处罚

[典型案例]

被告人谢某系某村居民,平常为人性格太过直白,而且好意气用事,一天与同村的王某因用水问题发生争吵,谢某一时怒气上头,拿起手边的砖头向王某头部砸去,王某旋即倒地,口吐鲜血,谢某见此情况慌了手脚,扔下砖头便往自家跑去,由于周围人少,王某未被及时送往医院医治,因失血过多不幸身亡。半小时后,在村中盛传王某被杀,谢某心生恐惧,不断念想自己不小心杀人了,可能会被"枪毙"。平生没接触过任何法律的他,曾经无意听人说起,如果犯罪后过了一定的时间还没有被抓到,自己的刑事责任就会因此不会再被追究。于是立即整理行装逃往外地避避风头。10年过后,谢某逐渐放松警惕,某日在外地一家招待所入住时被警方盯上,发现这是10年前的通缉犯,遂将其抓获归案。在审问过程中,警察发现谢某在打伤王某之前,曾经盗窃过邻居颜某1000元现金。故意伤害案告破后,谢某被法院以故意伤害罪判处有期徒刑10年。谢某认为,自己外逃后风头肯定已经过去了,法律不也规定不再追诉了吗?谢某的故意伤害行为和盗窃行为会随着时间的流逝而不被追究刑事责任吗?

[律师解析]

追诉时效,根据法律有关规定,是指一个有效的期限。在该期限内,司法机关对犯罪分子有权进行刑事追诉,如果期限之内司法机关并不认为此为犯罪行为或未进行有效的追诉活动,则在期限之外时，司法机关就不再有权进行追诉。

很多人在看法律条文时对这条进行了误读，认为只要是在法定期限内警察没有抓到自己，就是警察无能，只要期限已过，自己就可以光明正大地承认犯罪行为而不会得到惩罚。其实这是错误的理解，《刑法》规定，在人民检察院、公安机关、国家安全机关立案侦查或者在人民法院受理案件以后，逃避侦查或者审判的，不受追诉期限的限制。被害人在追诉期限内提出控告，人民法院、人民检察院、公安机关应当立案，而不予立案的，不受追诉期限的限制。也就是说，司法机关受理案件后，该案的追诉时效即处于无限中断的状态，犯罪嫌疑人在逃期间如果被通缉，则追诉时效的期间一直没有开始计算，不存在时效已过的问题。追诉时效的制度价值不在于保护犯罪，而是维护社会秩序的稳定，避免使以前的疑难问题因为得不到解决而一直影响司法机关的办案效率。

对于追诉起始时间的确定，《刑法》规定，追诉期限从犯罪之日起计算；犯罪行为有连续或者继续状态的，从犯罪行为终了之日起计算。在追诉期限以内又犯罪的，前罪追诉的期限从犯后罪之日起计算。

本案中，被告人谢某一共进行了两次犯罪行为，对于故意伤害案而言，谢某一直被通缉而没有中断追诉时效，因此应当承担刑事法律责任；对于盗窃案而言，司法机关未在法定最高刑的时间范围内进行有效的追诉活动，因此不能予以追诉。

[法条链接]

《刑法》第八十九条　追诉期限从犯罪之日起计算；犯罪行为有连续或者继续状态的，从犯罪行为终了之日起计算。

在追诉期限以内又犯罪的，前罪追诉的期限从犯后罪之日起计算。

教唆未成年人犯罪要受什么惩罚

[典型案例]

曾某系某社区地头蛇,从事犯罪活动多年且一直被警方锁定,但很难抓住把柄。近几年,曾某为逃离警方视线,在身边笼络了一群稚气未脱的小孩,在曾某的组织和教授下从事犯罪活动。吴某是曾某的"得意门生",从10岁就辍学离家,跟从曾某"走南闯北",五六年来经历了很多黑社会的事情,也学会了很多犯罪技巧。某日,曾某让吴某以惯常手法盗窃,吴某在某商场门口盗得皮包一个,内有人民币1000元以及数码相机等贵重物品。吴某的犯罪过程被商场监控录像拍摄到,不久被警方抓获归案。在警方的劝说和教导下,吴某在审问中交代了曾某组织犯罪的全过程,并带领警方端掉了该犯罪窝点。此案告破后,曾某被检方指控,并被法院判处有期徒刑5年。曾某辩解称自己并没有实施任何犯罪,只是向身边的小孩传授了一些犯罪方法而已。

曾某的行为应当追究法律责任吗?

[律师解析]

根据《刑法》的规定,教唆他人犯罪是指故意引起他人犯罪意图并实施犯罪的行为。教唆犯是指故意教唆他人犯罪的行为人,在主观上要有教唆他人犯罪的故意,客观上要有教唆他人犯罪的行为。

根据我国《未成年人保护法》的规定,教唆未成年人违法犯罪的,依法从重处罚。《刑法》针对教唆犯罪和未成年人的特点,规定了不同的罪与罚：如果教唆不负刑事责任的未成年人即不满十四周岁的未成年人和满十四周岁不满十六周岁的未成年人，犯《刑法》第十七条第二款所列之罪（包括故意杀人、故意伤害致人重伤或者死亡、强奸、抢劫、贩卖毒品、放火、爆炸、投毒）以外的其他罪的，则教唆者就是间接正犯，即上述未成年人所犯之罪由教唆犯承担，未成年人不构成犯罪，也不构成共同犯罪；如果教唆负完全刑事责任年龄的未成年人即十六周岁以上不满十八周岁的未成年人和已满十四周岁不满十六周岁，犯《刑法》第十七条第二款所列之罪的，教唆犯与未成年犯罪人构成共同犯罪，应按照教唆犯在共同犯罪中所起的作用给予处罚。起主要作用的，按主犯对待；起次要作用的，按从犯对待；如果被教唆的未成年人没有犯被教唆的罪，对于教唆犯，可以从轻或者减轻处罚。

其他关于教唆未成年犯罪的具体规定，如《刑法》之"利用、教唆未成年人走私、贩卖、运输、制造毒品，或者向未成年人出售毒品的，从重处罚"的规定。《刑法》"引诱、教唆、欺骗或者强迫未成年人吸食、注射毒品的，从重处罚"的规定。

本案中，曾某教唆吴某犯罪，必须承担刑事责任。曾某教唆不满十六周岁的未成年人吴某实施其不负刑事责任的犯罪，曾某应被认定为间接正犯，承担盗窃罪的刑事责任。

[法条链接]

《刑法》第三百四十七条 走私、贩卖、运输、制造毒品，无论数量多少，都应当追究刑事责任，予以刑事处罚。

走私、贩卖、运输、制造毒品，有下列情形之一的，处十五年有期徒刑、无期徒刑或者死刑，并处没收财产：

（一）走私、贩卖、运输、制造鸦片一千克以上、海洛因或者甲基苯丙胺五十克以上或者其他毒品数量大的；

（二）走私、贩卖、运输、制造毒品集团的首要分子；

（三）武装掩护走私、贩卖、运输、制造毒品的；

（四）以暴力抗拒检查、拘留、逮捕，情节严重的；

（五）参与有组织的国际贩毒活动的。

走私、贩卖、运输、制造鸦片二百克以上不满一千克、海洛因或者甲基苯丙胺十克以上不满五十克或者其他毒品数量较大的，处七年以上有期徒刑，并处罚金。

走私、贩卖、运输、制造鸦片不满二百克、海洛因或者甲基苯丙胺不满十克或者其他少量毒品的，处三年以下有期徒刑、拘役或者管制，并处罚金；情节严重的，处三年以上七年以下有期徒刑，并处罚金。

单位犯第二款、第三款、第四款罪的，对单位判处罚金，并对其直接负责的主管人员和其他直接责任人员，依照各该款的规定处罚。

利用、教唆未成年人走私、贩卖、运输、制造毒品，或者向未成年人出售毒品的，从重处罚。

对多次走私、贩卖、运输、制造毒品，未经处理的，毒品数量累计计算。

伪造证件要受什么处罚

[典型案例]

樊某系一农村女孩，早年由于家庭贫困辍学在家务农，未完成高中学业。成年之后，樊某外出打工，到处求职应聘。但是樊某来到市区后发现，几乎所有工厂等招收劳动者均要求高中以上学历,未读完高中的她心里感到泄气。某日,她看到一家电子企业招收工人,要求就是高中学历。一心想从事纺织工作的她,再也不想错过这次求职的机会,于是决定不择手段将这个机会争取到手。在路边闲逛的时候,她看见电线杆上贴了很多办假证的广告,于是决定铤而走险,联系了其中一个电话,特意托付商贩韩某置办了一套假证,包括身份证和高中毕业证等。后被该电子企业发现后报警。警察在询问樊某相关情况后希望她对工作予以配合,在樊某指引下,警方联手端掉了这一制假窝点。

那么,樊某的行为和商贩韩某的行为是违法的吗?应该受到什么样的惩罚?

[律师解析]

身份证是我国公民证明身份的唯一有效证件,公民的合法身份要通过身份证来核实,其重要性不言而喻。毕业证、学位证等证件,是学历证明,代表了公民的受文化教育程度。

根据《治安管理处罚法》的规定,有下列行为之一的,处十日以上十五日以下拘留,可以并处一千元以下罚款;情节较轻的,处五日以上十日以下拘留,可以并处五百元以下罚款:(1)伪造、变造或者买卖国家机关、人民团体、企业、事业单位或者其他组织的公文、证件、证明文件、印章的;(2)买卖或者使用伪造、变造的国家机关、人民团体、企业、事业单位或者其他组织的公文、证件、证明文件的;(3)伪造、变造、倒卖车票、船票、航空客票、文艺演出票、体育比赛入场券或者其他有价票证、凭证的;(4)伪造、变造船舶户牌,买卖或者使用伪造、变造的船舶户牌,或者涂改船舶发动机号码的。

我国《刑法》规定，对伪造、变造身份证的行为，要处以三年以下有期徒刑、拘役管制或者剥夺政治权利。司法实践中，伪造毕业证的行为一般以伪造事业单位印章罪论处。《刑法》该法还规定，伪造、变造、买卖或者盗窃、抢夺、毁灭国家机关的公文、证件、印章的，处三年以下有期徒刑、拘役、管制或者剥夺政治权利；情节严重的，处三年以上十年以下有期徒刑。伪造公司、企业、事业单位、人民团体的印章的，处三年以下有期徒刑、拘役、管制或者剥夺政治权利。伪造、变造居民身份证的，处三年以下有期徒刑、拘役、管制或者剥夺政治权利；情节严重的，处三年以上七年以下有期徒刑。

因此，在本案中，樊某的行为和韩某的行为都是违法的。情节轻微、社会危害性不大的话，应给予相应的行政处罚；情节严重、社会危害性大的话，则应依法承担相应的刑事责任。

[法条链接]

《治安管理处罚法》第五十二条　有下列行为之一的，处十日以上十五日以下拘留，可以并处一千元以下罚款；情节较轻的，处五日以上十日以下拘留，可以并处五百元以下罚款：

（一）伪造、变造或者买卖国家机关、人民团体、企业、事业单位或者其他组织的公文、证件、证明文件、印章的；

（二）买卖或者使用伪造、变造的国家机关、人民团体、企业、事业单位或者其他组织的公文、证件、证明文件的；

（三）伪造、变造、倒卖车票、船票、航空客票、文艺演出票、体育比赛入场券或者其他有价票证、凭证的；

（四）伪造、变造船舶户牌，买卖或者使用伪造、变造的船舶户牌，或者涂改船舶发动机号码的。

非法传销要承受什么处罚

[典型案例]

王某系一社区居民，平时好投机取巧，希望通过某些巧妙的途径赚取丰厚的利润。某日听闻传销这一行业特别赚钱，便查阅相关信息，了解到自己社区内就有一个洗发水的传销组织，于是加入其中，接受很多传销的理念，并成为该组织会员，很受感染而无法自拔。一个月后，他向同事陈某推荐该洗发水，并声称购买即可成为公司会员，买1套258元是一级会员，买5套1490元是二级会员，而三级会员要买12套2580元，如此递增，买得越多，优惠越多。如果成为该公司会员，经常介绍别人购买可以拿提成，不同级别的会员拿的提成也不一样。如果经你介绍之人转而再去介绍别人购买，你也可以再提成，根据王某对陈某的描述，这一收入基本上是呈指数增长的。陈某平时了解一些传销内幕，深知这一行当害人不浅，很多人因此倾家荡产，于是劝说王某赶快脱离这一组织，过正常的生活。王某已被洗脑，当然不愿听劝，无奈之下，陈某打电话报警，与警方配合端掉了这一传销组织窝点。

那么，什么是非法传销？非法传销要承担刑事责任吗？

[律师解析]

本案中这种行为经适用法律判断属于非法传销。通过对被发展人员以其直接或者间接发展的人员数量或者销售业绩为依据计算和给付报酬，或者要求被发展人员以交纳一定费用为条件取得加入资格等方式牟取非法利益都属于传销行为，对于介绍、诱骗、胁迫他人参加传销的,由工商行政管理部门责令停止违法行为,没收非法财物,没收违法所得,处10万元以上50万元以下的罚款;构成犯罪的,应处五年以下有期徒刑或者拘役,并处罚金;情节严重的,处五年以上有期徒刑,并处罚金。

[法条链接]

《禁止传销条例》第二条　本条例所称传销,是指组织者或者经营者发展人员,通过对被发展人员以其直接或者间接发展的人员数量或者销售业绩为依据计算和给付报酬,或者要求被发展人员以交纳一定费用为条件取得加入资格等方式牟取非法利益,扰乱经济秩序,影响社会稳定的行为。

《禁止传销条例》第七条　下列行为,属于传销行为:

(一)组织者或者经营者通过发展人员,要求被发展人员发展其他人员加入,对发展的人员以其直接或者间接滚动发展的人员数量为依据计算和给付报酬(包括物质奖励和其他经济利益,下同),牟取非法利益的;

(二)组织者或者经营者通过发展人员,要求被发展人员交纳费用或者以认购商品等方式变相交纳费用,取得加入或者发展其他人员加入的资格,牟取非法利益的;

(三)组织者或者经营者通过发展人员,要求被发展人员发展其他人员加入,形成上下线关系,并以下线的销售业绩为依据计算和给付上线报酬,牟取非法利益的。

《禁止传销条例》第二十四条　有本条例第七条规定的行为,组织策划传销的,由工商行政管理部门没收非法财物,没收违法所得,处50万元以上200万元以下的罚款;构成犯罪的,依法追究刑事责任。有本条例第七条规定的行为,介绍、诱骗、胁迫他人参加传销的，由工商行政管理部门责令停止违法行为，没收非法财物，没收违法所得，处10万元以上50万元以下的罚款；构成犯罪的，依法追究刑事责任。 有本条例第七条规定的行为，参加传销的，由工商行政管理部门责令停止违法行为，可以处2000元以下的罚款。

《刑法修正案（七）》 组织、领导以推销商品、提供服务等经营活动为名，要求参加者以缴纳费用或者购买商品、服务等方式获得加入资格，并按照一定顺序组成层级，直接或者间接以发展人员的数量作为计酬或者返利依据，引诱、胁迫参加者继续发展他人参加，骗取财物，扰乱经济社会秩序的传销活动的，处五年以下有期徒刑或者拘役，并处罚金；情节严重的，处五年以上有期徒刑，并处罚金。

什么是危害公共安全罪

[典型案例]

韩某乃某村村民，在村中包了一个鱼塘，每年收益颇丰，但是从去年起，村民孙某夜晚来偷鱼，韩某损失严重。韩某心生一计，为防止他人在自己饲养的鱼塘内偷鱼，就在鱼塘的四周架设了电网，并写上"偷鱼者防电"字样。韩某想，既然自己已经写了牌子提醒，那么不可能有人傻到还来偷鱼。一日夜晚，韩某离开鱼棚到家中睡觉。当日夜晚，吴某携带偷鱼工具到韩某鱼塘内偷鱼，他看到了提示牌，心想，这一定是韩某骗人的，于是便爬电网。吴某手刚一触到电网，当即倒地身亡。次日晨，韩某听说吴某触电后，即先到鱼棚内切断电源，而后对吴某进行了人工呼吸，但无效果。为掩盖自己的罪责，韩某将鱼棚四周的电网全部拆除，而后伪造了吴某自己用电偷鱼不慎死亡的现场。公安局后来发现了实情，找到了韩某私设电网的证据，而韩某坚称，自己的行为是正当防卫。被告人韩某为防止盗窃私设电网的行为是否属于正当防卫？如果韩某的行为不是正当防卫，那么吴某的行为构成何罪？

[律师解析]

韩某的行为不属于正当防卫，是防卫过当，构成以危险方法危害公共安全罪应当承担刑法上的刑事责任。

根据《刑法》的规定，为了使国家、公共利益、本人或者他人的人身、财产和其他权利免受正在进行的不法侵害，而采取的制止不法侵害的行为，对不法侵害人造成损害的，属于正当防卫，不负刑事责任。

防卫行为必须在必要合理的限度内进行，否则就构成防卫过当，但是应当减轻或者免除处罚。韩某为了使自己的财产权利免受不法侵害，因防盗而非法设置电网的行为，不能否认行为人主观上存在防卫的意图，客观上具备一定的防卫性，但是由于防盗而造成偷鱼者死亡，则属于明显超过必要限度造成重大损害，是防卫过当。

本案中，韩某的行为构成以危险方法危害公共安全罪。根据《刑法》的规定，放火、决水、爆炸以及投放毒害性、放射性、传染性病原体等物质或者以其他危险方法危害公共安全，尚未造成严重后果的，处三年以上十年以下有期徒刑。

根据《刑法》规定，放火、决水、爆炸以及投放毒害性、放射性、传染病病原体等物质或者以其他危险方法致人重伤、死亡或者使公私财产遭受重大损失的，处十年以上有期徒刑、无期徒刑或者死刑。过失犯前款罪的，处三年以上七年以下有期徒刑；情节较轻的，处三年以下有期徒刑或者拘役。

本案中，被告人韩某在鱼塘四周架设电网的行为侵害了不特定多数人的生命安全，甚至可能伤及无辜。虽然在架设电网时写上了警示标语，但在夜间无灯光的情况下，这种警示措施是完全无效的，所以其行为构成以危险方法危害公共安全罪。

[法条链接]

《刑法》第一百一十四条 放火、决水、爆炸、投毒或者以其他危险方法破坏工厂、矿场、油田、港口、河流、水源、仓库、住宅、森林、农场、谷场、牧场、重要管道、公共建筑物或者其他公私财产，危害公共安全，尚未造成严重后果的，处三年以上十年以下有期徒刑。

《刑法》第一百一十五条 放火、决水、爆炸、投毒或者以其他危险方法致人重伤、死亡或者使公私财产遭受重大损失的，处十年以上有期徒刑、无期徒刑或者死刑。

过失犯前款罪的，处三年以上七年以下有期徒刑；情节较轻的，处三年以下有期徒刑或者拘役。

《刑法》第一百一十六条 破坏火车、汽车、电车、船只、航空器，足以使火车、汽车、电车、船只、航空器发生倾覆、毁坏危险，尚未造成严重后果的，处三年以上十年以下有期徒刑。

遗弃婴儿应当承担哪些法律责任

[典型案例]

2012年5月11日中午11时许，一名30多岁的男子徐某将一名6个月大的男婴连同一辆豪华婴儿车一起遗弃在广州市白云区第一人民医院，车上放着一张纸条和5555元钱，纸条上面写明该婴儿患有严重的疾病，请好心人收留。但经过医院检查，该名男婴其实患的只是平常的 G6PD 缺乏症（俗称蚕豆病），并非重症绝症。公安机关通过观看监视录像，找到了徐某，然而徐某拒绝领回婴儿。

[律师解析]

根据《刑法》的规定，遗弃罪是指对于年老、年幼、患病或者其他没有独立生活能力的人，负有扶养义务而拒绝扶养，情节恶劣的行为。

我国法律明确规定，遗弃情节恶劣的，构成遗弃罪，处五年以下有期徒刑、拘役或者管制。所谓情节恶劣，通常是指被遗弃人因生活无着落而被迫到处乞讨的；遗弃动机卑鄙的；遗弃手段十分恶劣的；遗弃造成疾、残、死亡后果的。

由此可知，本案中徐某的行为已经构成遗弃罪，需依法承担刑事责任。

[法条链接]

《刑法》第二百六十一条　对于年老、年幼、患病或者其他没有独立生活能力的人，负有扶养义务而拒绝扶养，情节恶劣的，处五年以下有期徒刑、拘役或者管制。

怎样会构成非法侵入他人住宅罪

[典型案例]

林某与陈某之妻、王某之姐王女士系某市中学教师，居住在教师宿舍内。该宿舍系学校分配供教师及其直系亲属居住、生活。林某与王女士于 2005 年 7 月 4 日因琐事发生纠纷，后经学校、政府调解终结。同年 7 月 18 日，林某在自己宿舍午休，陈某和王某为帮王女士出气，敲门后推开虚掩的房门进入林某宿舍，即对在床上午休的林某进行殴打。经公安机关法医鉴定，林某构成轻微伤。

那么，陈某和王某的行为是否会受到法律的处罚？

[律师解析]

非法侵入住宅罪，是指违背住宅内成员的意愿或无法律依据，进入公民住宅，或进入公民住宅后经要求退出而拒不退出的行为。要构成非法侵入住宅罪，需要同时满足如下四个构成要件：

（1）本罪侵犯的客体是国家对公民人身权利和住宅安宁权的保护制度。

（2）本罪在客观方面表现为实施了非法侵入他人住宅的行为。"非法"是指违背住宅内成员的意愿，或者没有法律根据。"侵入"主要指未经住宅权人同意、许可进入他人住宅，以及不顾权利人的反对、劝阻，强行进入他人住宅。侵入的方式是多种多样的，如破门而入、翻窗而入、强行闯入等。侵入的行为可能是公开的，也可能是秘密的，但是构成本罪并不以实施暴力为必要条件。"他人"是相对自己而言的，即自己不在该住宅内单独或共同生活。对自己而言，亲戚朋友的住宅也是他人的住宅，通过非法的手段侵入亲友的住宅，也构成本罪。即使是曾经与他人共同居住过的，如婚姻存续期间曾共同共有的住房，离婚后已经分开另住，依法就成为他人的住宅。再如，兄弟两人共同继承父母的遗产房后，按约定分割了房产，对哥哥而言弟弟的房产即为他人的住宅，反之，对弟弟而言哥哥的房产即为他人的住宅。考察住宅时，不仅要考察所有权，而且还要考察实际居住权，如房屋已经租借给他人，所有权没有转移，但使用权已发生转移，居住权亦已发生了转移，所有权人非法侵入已经出租他人居住的住宅，也应构成非法侵入住宅罪。

（3）本罪的主体是一般主体，凡具有刑事责任能力的自然人，均可以构成本罪。

（4）本罪在主观方面表现为故意。行为人明知自己的侵入或不退出行为，违反了权利人的意思，或破坏他人住宅的安宁，而积极侵入或消极不退出，就构成非法侵入住宅罪。误入他人住宅，一经发现立即退出，或者有正当理由必须紧急进入他人住宅的，不构成本罪。比如，发生火灾，家中无人，无法征得同意，而消防队员的破门而入，就属于法律上的紧急避险。

本案中，陈某与王某的行为构成非法侵入他人住宅罪。

[法条链接]

《刑法》第二百四十五条 非法搜查他人身体、住宅，或者非法侵入他人住宅的，处三年以下有期徒刑或者拘役。

司法工作人员滥用职权，犯前款罪的，从重处罚。

斗殴致人轻微伤是否违反刑法

[典型案例]

2012年7月15日下午，王某与朋友林某等六七人驾小船登上位于乐安河水域内林某的采沙淘金船上，欲强逼林某同意由王某等一伙人来抬高并统一该水域的沙石价格。在双方发生争吵后，王某仗着人多势众，对林某进行殴打。把林某打入乐安河中后，王某跳入水中，继续追打。后在林某合伙人的劝阻下，王某才罢手，并扬长而去。当天傍晚，在林某送去医院救治途中，又遇到王某一伙人，王某拦停车并威胁林某不许报警。经查实，林某被殴已造成轻微伤甲级，王某因涉嫌殴打他人，负案逃匿。

王某究竟该受怎样的处罚？

[律师解析]

法定不起诉,又称为绝对不起诉,是指人民检察院对公安机关侦查终结移送起诉的案件或者自己侦查终结的案件进行审查后,认为犯罪嫌疑人的行为不构成犯罪或依法不应追究刑事责任,从而做出不将犯罪嫌疑人诉至人民法院审判的一种处理决定,是《刑事诉讼法》规定的不起诉的三种情况之一。

[法条链接]

《刑事诉讼法》第十五条 斗殴致人轻微伤,属于我国法律规定的法定不起诉的情形之一,应当适用《治安管理处罚法》第43条进行处罚。 即殴打他人的,或者故意伤害他人身体的,处五日以上十日以下拘留,并处二百元以上五百元以下罚款;情节较轻的,处五日以下拘留或者五百元以下罚款。

有下列情形之一的,处十日以上十五日以下拘留,并处五百元以上一千元以下罚款:

(一)结伙殴打、伤害他人的;

(二)殴打、伤害残疾人、孕妇、不满十四周岁的人或者六十周岁以上的人的;

(三)多次殴打、伤害他人或者一次殴打、伤害多人的。

临时工玩忽职守会获罪吗

[典型案例]

邓某是某工商所聘用的市场协管员,对辖区内无照经营行为依法进行查处。2009年10月,王某等人在无合法手续的情况下,在一个废弃的砖窑上新建砖瓦窑一座,并于2010年4月开始生产。邓某在明知砖厂非法经营的情况下,不仅没有向上级汇报也没有采取任何制止措施,而且擅自向该砖厂收取工商管理费1000元,致使该砖厂的非法经营行为造成50亩耕地被破坏。

那么,邓某的行为是否构成玩忽职守罪?

[律师解析]

本案中,邓某虽是临时工,但属于受国家机关委托代表国家机关行使职权的人,在明知辖区内许某等人未办理营业执照非法经营的情况下,不仅未按照《城乡个体工商户管理暂行条例》的规定对无照经营行为进行处罚,而且擅自收取管理费,致使该砖厂的非法经营行为造成50亩耕地被破坏,公共财产遭受重大损失,其行为已构成玩忽职守罪。

[法条链接]

《城乡个体工商户管理暂行条例》第二十条 工商行政管理所可以依照本细则以自己的名义对个体工商户的违法行为做出警告、罚款、没收非法所得的处罚。罚款、没收非法所得的数额由省级工商行政管理机关在本细则规定的范围内决定。

对个体工商户处以吊销营业执照的处罚时,必须经县级工商行政管理局局长批准。

个体工商户被吊销营业执照6个月后,方可申请登记,从事个体经营。

不满16周岁的人犯罪就可以不负刑事责任吗

[典型案例]

孟某14岁,上初中一年级,平时和一些社会上的无业青年混在一起。一天,孟某与同年级的一位同学林某发生了冲突,孟某纠集了一些社会上的青年,在放学后对林某进行了殴打,致使林某伤重身亡。孟某要担负刑事责任吗?

[律师解析]

孟某要承担刑事责任。通常,未满16周岁的人犯罪,不负刑事责任。对于已满14周岁不满16周岁的人犯罪,只有在犯故意杀人、故意伤害致人重伤或者死亡、强奸、抢劫、贩卖毒品、放火、爆炸、投毒罪的,才予以追究刑事责任。本案中,孟某所犯之罪是故意伤害致人死亡罪,依法应当追究其刑事责任。

[法条链接]

《刑法》第十七条 已满十六周岁的人犯罪,应当负刑事责任。

已满十四周岁不满十六周岁的人,犯故意杀人、故意伤害致人重伤或者死亡、强奸、抢劫、贩卖毒品、放火、爆炸、投毒罪的,应当负刑事责任。

已满十四周岁不满十八周岁的人犯罪,应当从轻或者减轻处罚。

因不满十六周岁不予刑事处罚的,责令他的家长或者监护人加以管教;在必要的时候,也可以由政府收容教养。

已满七十五周岁的人故意犯罪的,可以从轻或者减轻处罚;过失犯罪的,应当从轻或者减轻处罚。

第二次被公安机关逮捕会从重处罚吗

[典型案例]

王某曾因盗窃罪被判处有期徒刑3年。刑满释放之后,王某重操旧业，不久又因盗窃金融机构被公安机关逮捕。鉴于王某此次属于"二进宫"，在量刑时，会从重处罚吗？

[律师解析]

对此问题的认定，要区别对待。该问题的关键在于是否构成累犯，构成累犯，即从重处罚。本案中，王某在第一次服刑期满之后，没有改造好，立刻又开始从事犯罪活动，并且再次被捕，其罪行会被判处有期徒刑以上刑罚，这已经符合构成累犯的要件。因此，应认定王某已构成累犯，在量刑时应从重处罚。

[法条链接]

《刑法》第六十五条 被判处有期徒刑以上刑罚的犯罪分子，刑罚执行完毕或者赦免以后，在五年以内再犯应当判处有期徒刑以上刑罚之罪的，是累犯，应当从重处罚，但是过失犯罪和不满十八周岁的人犯罪的除外。

前款规定的期限，对于被假释的犯罪分子，从假释期满之日起计算。

《刑法》第六十六条 危害国家安全犯罪、恐怖活动犯罪、黑社会性质的组织犯罪的犯罪分子，在刑罚执行完毕或者赦免以后，在任何时候再犯上述任一类罪的，都以累犯论处。

被迫自卫致人死亡要负刑事责任吗

[典型案例]

车某和毛某是同一家公司的员工，平日素有仇怨。一天，车某和毛某又发生了一次争吵，虽然在同事们的劝阻下事情没有闹大，但心有不甘的毛某决定下班后伺机报复。下班以后，毛某在公司附近埋伏，看见车某走出公司大门后，便从兜里掏出一把菜刀，向车某砍去。车某夺过菜刀，本能地一划，菜刀砍中毛某的脖子，毛某当场毙命。对于毛某的死，车某要负刑事责任吗？

[律师解析]

本案中，车某的行为属于正当防卫，不必负刑事责任。正当防卫是国家赋予公民的一种面对危险时的防卫权，在适用时是有条件的。本案中，尽管车某在防卫时造成了毛某的死亡，但是，毛某的行为属于故意行凶的暴力犯罪，因此，车某的行为不构成防卫过当，不负刑事责任。

[法条链接]

《刑法》第二十条　为了使国家、公共利益、本人或者他人的人身、财产和其他权利免受正在进行的不法侵害，而采取的制止不法侵害的行为，对不法侵害人造成损害的，属于正当防卫，不负刑事责任。正当防卫明显超过必要限度造成重大损害的，应当负刑事责任，但是应当减轻或者免除处罚。

对正在进行行凶、杀人、抢劫、强奸、绑架以及其他严重危及人身安全的暴力犯罪，采取防卫行为，造成不法侵害人伤亡的，不属于防卫过当，不负刑事责任。

随便诬陷诽谤别人构成犯罪吗

[典型案例]

韩某被公司作为新的接班人大力栽培。同级别的人事部门主管王某出于忌妒,遂在公司内部散布谣言,说韩某个人生活作风有问题,同时还涉嫌侵吞公司财产。此举严重地损坏了韩某的声誉,连公司的高层也开始对韩某重新考量,甚至韩某的妻子也吵着要和韩某离婚。

那么,王某的行为构成犯罪吗?

[律师解析]

本案中,王某的行为构成诽谤罪。本案中,王某出于忌妒,散布虚假的事实,严重地损坏了韩某的名誉,给韩某的生活造成了恶劣的影响,情节非常恶劣,已经构成了诽谤罪,要依法追究其刑事责任。

[法条链接]

《刑法》第二百四十六条 以暴力或者其他方法公然侮辱他人或者捏造事实诽谤他人,情节严重的,处三年以下有期徒刑、拘役、管制或者剥夺政治权利。

前款罪,告诉的才处理,但是严重危害社会秩序和国家利益的除外。

作案逃往异地后电话报案,能否认定为自首

[典型案例]

王某,系重庆市居民,初中毕业后在一家造纸厂务工。2012年王某与李某结婚,由于王某脾气暴躁且固执,婚后二人关系紧张。

2013年7月,王某被辞退,回家后夫妻二人多次发生争执。当月的某晚,二人又为辞工之事争执,李某说:"你看你那熊样,啥都干不好。"王某很生气,踹了李某一脚,李某头部触墙体棱角而身亡。王某见其妻死亡,非常惊慌和沮丧,连夜跑到外地姑姑家,王某姑姑见王某神色慌张便询问发生了什么事,王某告诉了其实情。王某姑姑让王某去自首,王某怕坐牢,开始不同意。王某姑姑说:"躲了初一躲不了十五,你还整天担惊受怕,吃不好、睡不好,还是去投案自首吧,也许能宽大处理!"后来王某同意自首,便用电话报案。后王某被公安人员带走,带走时王某没有抗拒。王某到案后交代了作案经过。庭审中也如实供述了犯罪事实。

那么,王某的行为构成自首吗?

[律师解析]

本案涉及自首的认定问题。自首是指犯罪分子犯罪以后自动投案,如实供述自己罪行的行为。

根据《刑法》的规定,犯罪以后自动投案,如实供述自己的罪行的,是自首。《最高人民法院关于处理自首和立功具体应用法律若干问题的解释》的规定,为了减轻犯罪后果,先以电话方式投案的,应当视为自动投案。

在本案中,王某气急之下踹李某一脚而致其死亡后,虽逃到了其姑姑家,但经其姑姑规劝后同意投案自首。后王某用电话报案后被公安人员带走时没有抗拒,且交代了作案经过。庭审中也如实供述了犯罪事实。王某的行为符合法律规定的自首情节,应认定为自首。

[法条链接]

《刑法》第六十七条 犯罪以后自动投案,如实供述自己的罪行的,是自首。对于自首的犯罪分子,可以从轻或者减轻处罚。其中,犯罪较轻的,可以免除处罚。

被采取强制措施的犯罪嫌疑人、被告人和正在服刑的罪犯,如实供述司法机关还未掌握的本人其他罪行的,以自首论。

犯罪嫌疑人虽不具有前两款规定的自首情节,但是如实供述自己罪行的,可以从轻处罚;因其如实供述自己罪行,避免特别严重后果发生的,可以减轻处罚。

未成年人犯法具体应该怎样量刑

[典型案例]

常某,17岁,男;米某,15岁,男。常、米都是中学辍学,居住于某市某区,无业,平时游手好闲。2013年11月某日,常某和米某分别携带尖刀和镊子,到小区附近的菜市场伺机行窃。当见到韩某在摊位上卖鸡时,米某示意常某掩护,常某即站到韩某跟前假装买鸡,米某用镊子从韩某的裤兜内窃得人民币350元后离去。当韩某发现裤兜内的钱被窃时,便将站在其身边的常某抓住,常某否认偷窃,但韩某抓住不放。常某见逃脱不掉,即掏出尖刀朝韩某的腹部、腿部各刺一刀,将韩某刺倒。此时,米某返回现场,对韩某说:"活该!"即和常某一起逃离现场。韩某因动脉被刺破导致失血过多死亡。米某当日被抓获,常某随后被捕。

那么,常某、米某行凶时都是未成年人,该如何对其定罪量刑?

[律师解析]

本案涉及刑事责任年龄问题。刑事责任年龄是指法律规定行为人对自己的犯罪行为负刑事责任必须达到的年龄。根据《刑法》的规定，已满16周岁的人犯罪，应当负刑事责任；已满14周岁不满16周岁的人，犯故意杀人、故意伤害致人重伤或者死亡、强奸、抢劫、贩卖毒品、放火、爆炸、投毒罪的，应当负刑事责任；已满14周岁不满18周岁的人犯罪，应当从轻或者减轻处罚。另外，犯盗窃罪，为抗拒抓捕而当场使用暴力的，依照抢劫罪处罚。

在本案中，常某、米某共谋盗窃，在盗窃作案中，常某为抗拒抓捕，持刀将受害人韩某刺死，其行为已构成抢劫罪，情节特别严重，应予严惩；米某逃跑后又返回帮助常某，见韩某已被刺倒，即和常某一起逃跑，这已构成了抢劫共犯。实施犯罪行为时，常某已17岁，具有完全刑事责任能力，只要构成《刑法》规定的犯罪就应该承担刑事责任；米某才15岁，属于不完全刑事责任能力，只有构成《刑法》规定的故意杀人、抢劫等严重的犯罪才承担刑事责任。同时鉴于二人均为不满18周岁的未成年人，依法应从轻或者减轻处罚。

[法条链接]

《刑法》第十七条　已满十六周岁的人犯罪，应当负刑事责任。

已满十四周岁不满十六周岁的人，犯故意杀人、故意伤害致人重伤或者死亡、强奸、抢劫、贩卖毒品、放火、爆炸、投毒罪的，应当负刑事责任。

已满十四周岁不满十八周岁的人犯罪，应当从轻或者减轻处罚。

因不满十六周岁不予刑事处罚的，责令他的家长或者监护人加以管理；在必要的时候，也可以由政府收容教养。

《最高人民法院关于审理未成年人刑事案件具体应用法律若干问题的解释》第二条　刑法第十七条规定的"周岁"，按照公历的年、月、日计算，从周岁生日的第二天起算。

《最高人民法院关于审理未成年人刑事案件具体应用法律若干问题的解释》第四条　对于没有充分证据证明被告人实施被指控的犯罪时已经达到法定刑事责任年龄且确实无法查明的，应当推定其没有达到相应法定刑事责任年龄。

相关证据足以证明被告人实施被指控的犯罪时已经达到法定刑事责任年龄，但是无法准确查明被告人具体出生日期的，应当认定其达到相应法定刑事责任年龄。

为向父母索财而"绑架"自己的行为应如何认定

[典型案例]

王某（男，1991年7月15日生）游手好闲，讲究享乐，为了让经商的父亲多给自己一些钱用而费尽心机。2006年7月7日，王某让黄某（男，1991年5月15日生）给自己的父亲打电话，要他谎称自己被抓走了。黄某问为什么要撒谎，王某说："这不关你的事！"黄某给王某的父亲打了电话。接着，王某于当日半夜拿菜刀将自己的左手小指齐根部剁下，然后跑到医院包扎。第二天早晨，王某让李某（男，1992年12月11日生）把装有半截手指的信封送到王某家楼下的食杂店，委托店主交给王某的父亲。中午，李某按王某的指示给王某的父亲打电话："你的儿子已经被我们绑架了，拿100万来赎人，否则你儿子就没命了。"王某的父亲立即报案，公安机关将王某、黄某、李某抓获。

那么，王某的行为能否构成犯罪？

[律师解析]

本案涉及敲诈勒索罪的认定问题。敲诈勒索罪是指以非法占有为目的，使用威胁或者要挟的方法，迫使他人交出财物，且数额较大的行为。该罪的客观方面一般表现为以威胁和要挟的方法，向公私财物的所有人或者持有人勒索财物的行为。威胁和要挟都是能够引起他人心理上恐惧的精神强制方法。

我国《刑法》规定，敲诈勒索公私财物，数额较大或者多次敲诈勒索的，处三年以下有期徒刑、拘役或者管制，并处或者单处罚金；数额巨大或者有其他严重情节的，处三年以上十年以下有期徒刑，并处罚金；数额特别巨大或者有其他特别严重情节的，处十年以上有期徒刑，并处罚金。

本案中王某、黄某、李某并未实施绑架行为，仅仅是虚构王某被绑架的事实，并没有"人质"的存在，人质的人身权利也并未遭受侵害。王某虚构自己被绑架且面临被伤害、杀害危险的事实，以引起父母对其安危的担心，达到对其父母进行精神强制的目的，从而来勒索钱财，其欺骗只是胁迫行为的一个手段。在法律上，父母的财产并非就是自己的财产，一切通过非正当手段，未经父母同意而取得父母财产的行为都应当认定是对他人财产的侵犯。据此，本案中王某的行为已经侵犯到了其父母的财产权利，所以王某、黄某、李某二人的行为构成敲诈勒索罪。

[法条链接]

《刑法》第二百七十四条　敲诈勒索公私财物，数额较大或者多次敲诈勒索的，处三年以下有期徒刑、拘役或者管制，并处或者单处罚金；数额巨大或者有其他严重情节的，处三年以上十年以下有期徒刑，并处罚金；数额特别巨大或者有其他特别严重情节的，处十年以上有期徒刑，并处罚金。

虐待女儿致其轻伤是否构成犯罪

[典型案例]

崔某系某县农民，因为重男轻女的封建思想严重，第二个女儿豆豆出世后，崔某一直不满意，曾有抛弃她的念头。一年后，崔某第三个孩子出世，因为是个男孩，崔某对其百般疼爱，把全部的心思都倾注在了儿子身上，并认为豆豆的存在加重了家庭经济负担，经常借故对豆豆进行打骂。

2013年8月下旬的一天，年仅3岁的豆豆蹒跚着要父亲抱去小便，崔某心生厌烦，抱起豆豆走到厕所后，竟然用力把豆豆摔到地上，致使豆豆右臂骨折，豆豆痛得大哭，崔某却用竹条抽打豆豆，不准她哭。11月2日晚，豆豆尿湿裤子，崔某气愤之下将一杯滚烫的开水倒在女儿的大腿上，造成豆豆下肢7%的皮肤烫伤，后经县公安局刑事科学技术鉴定属轻伤。致伤女儿后，崔某找到村里的医生对其进行了草草的治疗。11月10日，同村村民们看到豆豆的伤情日益严重，便自发召开村民大会对崔某进行谴责和教育，崔某这才将女儿送去医院救治。崔某虐待女儿的事情传开后，闻讯赶来的群众纷纷前往医院探望受伤的豆豆，并向有关部门进行反映，强烈要求严惩崔某这种虐待自己女儿的行为。豆豆的母亲也勇敢地站出来，将自己的丈夫崔某告上法庭。

那么，崔某的行为是否构成犯罪？

[律师解析]

本案涉及虐待罪的认定问题。虐待罪是指经常以打骂、冻饿、禁闭、有病不予治疗、强迫过度劳动或限制人身自由、凌辱人格等方法，对共同生活的家庭成员进行肉体上、精神上的摧残和折磨，情节恶劣的行为。在司法实践中，"情节恶劣"多表现在虐待手段残酷，虐待行为持续时间长，受害者系年幼、年老、体弱多病、身体有残疾的人等。相互扶养是共同生活的家庭成员之间的义务。所谓家庭成员是指基于婚姻、血缘、收养等关系而产生的夫妻、父母和子女。

一般来说，家庭成员在共同生活中，因其身份不同而具有不同的权利和义务。在我国，父母对子女往往以轻微的打骂方法达到教育目的，但是，这种教育方式不能损害子女的身心健康，超过一定限度的，将可构成虐待罪。根据《刑法》规定，虐待家庭成员，情节恶劣的，处两年以下有期徒刑、拘役或者管制；犯前述罪，致使被害人重伤、死亡的，处两年以上七年以下有期徒刑。

本案中崔某重男轻女，使用多种非人道方法虐待豆豆致其身体受到伤害，经法医鉴定属轻伤，可见其虐待行为已达到情节严重的程度。因此，崔某的行为远非一般的虐待行为，而是构成了虐待罪。

[法条链接]

《刑法》第二百六十条　虐待家庭成员，情节恶劣的，处两年以下有期徒刑、拘役或者管制。

犯前款罪，致使被害人重伤、死亡的，处两年以上七年以下有期徒刑。

第一款罪，告诉的才处理。

在国外犯罪，我国法律管得着吗

［典型案例］

米亮甲早年随亲戚去了泰国，在泰国经营一些小的生意，多年来也没剩下什么钱，他苦闷之余开始堕落，最后经人介绍竟认识了许多贩卖毒品的人，他也渐渐参与其中。在一次泰国境内的交易中他被国际刑警抓获。后来国际刑警将他交给中国的司法机关。米亮甲对此非常不服，说自己又没在中国贩毒，中国的法律管不到他在别的国家犯的罪。

那么，米亮甲的犯罪行为，我国法律管得着吗？

［律师解析］

本案涉及我国刑法的管辖问题。一般来说，刑法是以属地原则为标准行使管辖权的，也就是说，不论你是哪个国家的人，只要在中国境内犯了罪，就要受到中国法律的管辖。虽然刑法以属地管辖为主。但这个"主"之外，还有一个"辅"。就是以属人管辖为辅，也就是说，虽然你不是在中国境内实施了犯罪，但只要你的国籍是中国，那么中国的刑法就有权管辖。当然，如果你在外国犯的罪比较轻，追究起来的成本又非常高，那么国家是可以不予追究的。

[法条链接]

《刑法》第六条　凡在中华人民共和国领域内犯罪的，除法律有特别规定的以外，都适用本法。凡在中华人民共和国船舶或者航空器内犯罪的，也适用本法。

犯罪的行为或者结果有一项发生在中华人民共和国领域内的，就认为是在中华人民共和国领域内犯罪。

《刑法》第七条　中华人民共和国公民在中华人民共和国领域外犯本法规定之罪的，适用本法，但是按本法规定的最高刑为三年以下有期徒刑的，可以不予追究。

中华人民共和国国家工作人员和军人在中华人民共和国领域外犯本法规定之罪的，适用本法。

"黑客"传播病毒，犯了什么罪

[典型案例]

2006年10月，李某开始制作计算机病毒，并为之起了一个很好听的名字——"熊猫烧香"。之后，他请朋友雷某对该病毒提修改建议。雷某也是一个黑客高手，他研究后提出了一些改进的建议。李某按照雷某的建议修改了"熊猫烧香"病毒程序。但由于其技术原因，修改后的病毒仍然存在两个问题：一是出现图标变花；二是隐藏病毒进程问题也没有解决。2007年1月，雷某自己对该病毒源代码进行修改，仍未解决上述两个问题。

2006年12月初，李某在互联网上叫卖该病毒，同时也请王磊及其他网友帮助出售该病毒。"熊猫烧香"病毒很快在互联网上传播开来，由此使得自动链接李某个人网站 www. krvkr. com

的流量大幅上升。王磊得知此情形后,主动提出为李某卖"流量",并联系张某购买李某网站的"流量",所得收入由其和李某平分。为了提高访问李某网站的速度,减少网络拥堵,王磊和李某商量后,由王磊化名董磊,为李某的网站在南昌锋讯网络科技有限公司租用了一个2G内存、百兆独享线路的服务器,租金由李某、王磊每月各负担800元。张某购买李某网站的流量后,先后将九个游戏木马挂在李某的网站上,盗取自动链接李某网站游戏玩家的"游戏信封",并将盗取的"游戏信封"进行拆封、转卖,从而获取利益。

从2006年12月至2007年2月,李某共获利145 149元,王磊共获利8万元,张某共获利1.2万元。由于"熊猫烧香"病毒的传播感染,影响了山西、河北、辽宁、广东、湖北、北京、上海、天津等省市的众多单位和个人的计算机系统的正常运行。2007年2月2日,李某将其网站关闭,之后再未开启该网站。2007年2月4日、5日、7日被告人李某、王磊、张某、雷某分别被仙桃市公安局抓获归案。李某、王磊、张某归案后退出所得全部赃款。李某交出"熊猫烧香"病毒专杀工具。

仙桃市人民法院审理后认为,被告人李某、雷某故意制作计算机病毒,被告人李某、王磊、张某故意传播计算机病毒,影响了众多计算机系统的正常运行,后果严重,其行为均已构成破坏计算机信息系统罪,应负刑事责任。据此,分别判处李某、王磊、张某、雷某有期徒刑四年、二年六个月、二年、一年。

[律师解析]

这就是闻名全国的"熊猫烧香案"。"熊猫烧香"这个病毒可谓是坏事多为，感染了很多用户的电脑中毒。在本案中，最终法院判决认定四名被告人的行为构成了"破坏计算机信息系统罪"。

破坏计算机信息系统罪，是指违反国家规定，对计算机信息系统功能或计算机信息系统中存储、处理或者传输的数据和应用程序进行破坏，或者故意制作、传播计算机病毒等破坏性程序，影响计算机系统正常运行，后果严重的行为。首先，本罪的犯罪分子，一般都是高智商的人员。通常是那些精通计算机技术、知识的专业人员，如计算机程序设计人员、计算机操作、管理维修人员等。

其次，本罪的犯罪分子，在主观上是出于故意的。如果是过失不小心传播了病毒，则是不构成本罪的。

最后，本罪在客观方面一般表现为以下三种手段或者说情况：一是破坏计算机信息系统功能；二是破坏计算机信息系统中存储、处理或者传输的数据和应用程序；三是故意制作、传播计算机病毒等破坏性程序，影响计算机系统正常运行。

在"熊猫烧香"案中，四名犯罪嫌疑人正是通过制作、传播电脑病毒来破坏网络用户的电脑程序，影响他人的电脑正常运行的。

[法条链接]

《刑法》第二百八十六条 违反国家规定，对计算机信息系统功能进行删除、修改、增加、干扰，造成计算机信息系统不能正常运行，后果严重的，处五年以下有期徒刑或者拘役；后果特别严重的，处五年以上有期徒刑。

违反国家规定，对计算机信息系统中存储、处理或者传输的数据和应用程序进行删除、修改、增加的操作，后果严重的，依照前款的规定处罚。

故意制作、传播计算机病毒等破坏性程序，影响计算机系统正常运行，后果严重的，依照第一款的规定处罚。

刑事犯罪能私了吗

［典型案例］

王玉红的独生儿子小王从小娇生惯养，14岁就不读书在外面瞎混。前几年，刚满20岁的他，和一个小混混一起持刀威胁，抢了邻村的李某的项链、现金等价值4000多元的东西。由于李某认识王玉红，她事后没有去公安机关报案，而是带着家里人去找王玉红。经过双方协商，王玉红把小王抢的东西及现金退还给李某，并赔偿1500元钱。双方还签了协议，在协议中李某答应不追究小王的刑事责任。时隔半年，警察突然到村里把小王铐走，原来是那个小混混犯有其他的案件，被抓后供出曾与小王一起抢过李某的东西。王玉红把他们和李某签的协议提交给公安机关。但是，公安机关并没有释放小王，他最终被判了刑。王玉红、小王和李某都很不理解：明明双方都了结了，为何公安机关还"多管闲事"，还要追究小王的刑事责任呢？

那么，刑事案件究竟能不能"私了"？

［律师解析］

对于这个问题，要具体情况具体分析。刑事案件分为公诉案件和自诉案件两种。公诉案件不能"私了"，自诉案件有些可以"私了"。

公诉案件由公安机关或检察机关等部门立案侦查，由人民检察院代表国家向人民法院提起公诉；自诉案件，由被害人自己或其法定代理人向人民法院提起诉讼,"不告不理"是人民法院处理自诉案件的基本原则。

公诉案件为何不能"私了"?打击犯罪,保护人民群众的生命和财产安全,维护社会和经济秩序,是刑法的基本任务。公安机关、人民检察院和人民法院依照法律规定各司其职,正确使用法律,惩罚犯罪分子,保障无罪的人不受刑事追究。这些在《刑事诉讼法》中都有严格的规定。公诉案件,不同于自诉案件的"不告不理",属于国家公权力的行使,任何人包括犯罪嫌疑人、被告人、被害人都不能干涉或左右。根据《刑事诉讼法》,被害人及其亲属与犯罪嫌疑人、被告人及其亲属之间的和解以及达成的赔偿协议等,不能免除犯罪嫌疑人、被告人的刑事责任,更不能直接成为公安机关、人民检察院和人民法院撤销案件、不予起诉或免于处罚的法定事由。公诉案件中,当事人之间的"私了",不具有法律效力,所以也"了不了"。但是双方之间的民事赔偿和谅解可以作为人民法院的量刑情节予以考虑。

自诉案件包括三类:告诉才处理的案件;被害人有证据证明的轻微刑事案件;被害人有证据证明对被告人侵犯自己人身、财产权利的行为应当依法追究刑事责任,而公安机关或者人民检察院不予追究被告人刑事责任的案件。

告诉才处理的案件包括涉嫌侮辱、诽谤、暴力干涉婚姻自由、虐待、遗弃等犯罪的案件。被害人有证据证明的轻微刑事案件,一般包括涉嫌故意伤害(轻伤),重婚,遗弃,妨害通信自由,非法侵入他人住宅。生产、销售伪劣商品(严重危害社会秩序和国家利益的除外),侵犯知识产权(严重危害社会秩序和国家利益的除外)犯罪的案件以及属于《刑法》分则第四章、第五章规定的涉嫌侵犯公民人身、民主及财产权利,对被告人可以判处三年有期徒刑以下刑罚的其他轻微刑事案件。对于这两类自诉案件，法院可以进行调解；自诉人在宣告判决前，可以同被告人自行和解或者撤回自诉。也就是说，当事人不管是否已经提起自诉（包括反诉），都有处分自己权利的自由，当然也可以自行和对方协议了结，可以"私了"。

对于被害人有证据证明对被告人侵犯自己人身、财产权利的行为应当依法追究刑事责任，而公安机关或者人民检察院不予追究被告人刑事责任的案件，被害人可以提起自诉，但是这类自诉案件不能"私了"，也不适用调解。若当事人之间因公安机关或者人民检察院不予追究而"私了"，也不能排除公安机关和人民检察院再予追究的权利。李某事后没有去公安机关报案，而是与家里人一起去找王玉红，双方协商达成了和解协议，但是他们真正能够和解了结的，仅仅是退赔的民事责任，刑事责任是否追究，李某说了不算，而是由法院结合具体的情节，在法定定刑范围内判处小王相对较轻的刑罚。

值得指出的是，关于小王的抢劫行为的处理办法，2012年3月修订，将于2013年1月1日开始施行的《刑事诉讼法》的规定有了很大的变化，明确规定此类案件可以进行和解。

根据新《刑事诉讼法》的规定，在部分公诉案件中，犯罪嫌疑人、被告人真诚悔罪，通过向被害人赔偿损失、赔礼道歉等方式获得被害人谅解，被害人自愿和解的，双方当事人可以进行和解。这些案件包括因民间纠纷引起的，涉嫌侵犯公民人身权利、民主权利罪，侵犯财产罪，可能判处三年有期徒刑以下刑罚的行为以及除渎职犯罪以外的可能判处七年有期徒刑以下刑罚的过失犯罪案件（但犯罪嫌疑人，被告人在五年以内曾经故意犯罪的，不适用和解）。双方当事人和解的，公安机关、人民检察院、人民法院根据向当事人和其他有关人员了解的情况，对和解的自愿性、合法性进行审查。

对于达成和解协议的案件，公安机关可以向人民检察院提出从宽处理的建议。人民检察院可以向人民法院提出从宽处罚的建议；对于犯罪情节轻微，不需要判处刑罚的，可以做出不起诉的决定。人民法院可以依法对被告人从宽处罚。

此类公诉案件可以"和解"，但并不等于可以"私了"。不管当事人的和解是在公安机关介入侦查之前还是在公安机关的侦查阶段、检察机关的审查起诉阶段或法院的审判阶段达成的，当事人的和解协议是否合法、自愿，对案件的处理起到何种作用，都应该经过公、检、法机关的审查。双方自行达成的和解协议，也不能排除公、检、法等机关对案件的介入。

[法条链接]

《刑事诉讼法》第一百七十条　自诉案件包括下列案件：

（一）告诉才处理的案件；

（二）被害人有证据证明的轻微刑事案件；

（三）被害人有证据证明对被告人侵犯自己人身、财产权利的行为应当依法追究刑事责任，而公安机关或者人民检察院不予追究被告人刑事责任的案件。

第十一章　行政违法行为提示

妨害公共道路安全的行为如何处理

［典型案例］

常某系某单位职工,发现一个道路口的井盖经常不翼而飞,就想是不是井盖卖钱也能赚到一笔不小的收入。有一天晚上,他骑车经过该处时,看见井盖又被移开,只是没有搬走而放在旁边。原来是一人在地下施工作业,有点财迷心窍的他悄无声息地将井盖搬离现场,准备第二天拿到废品回收站去卖。第二天早上,他将井盖绑在自行车上,准备先去废品站,路遇交警,怕形迹败露,因此,心神不宁。交警上前盘问,常某却无言以对,只能供出自己是一时贪念作祟,将井盖交还市政管理局。由于这一行为妨害了公共道路的安全,常某被当地公安机关处以200元罚款。

那么,像偷井盖这类妨害公共道路安全的行为会受到严厉的行政处罚吗?

［律师解析］

妨害公共道路安全的行为,顾名思义,就是通过偷盗、破坏公共设施等一系列手段,使公共设施无法正常运行,从而造成公共道路的安全隐患或危害结果，这类行为人应当受到法律的惩罚。

近年来，偷盗井盖等现象时有发生，行为人置公共安全于不顾，已经严重威胁到公私财产的利益和人身安全。为制止这类现象的发生，《治安管理处罚法》对这类行为做出明文禁止性规定，下列属于危害公共道路安全，且必须接受行政处罚的行为：(1)未经批准，安装、使用电网的，或者安装、使用电网不符合安全规定的；(2)在车辆、行人通行的地方施工，对沟井坎穴不设覆盖物、防围警示标志的，或者故意损毁、移动覆盖物、防围警示标志的；(3)盗窃、损毁路面井盖、照明等公共设施的。这三类行为会受到以下行政处罚：有上述行为之一的，处五日以下拘留或者五百元以下罚款；情节严重的，处五日以上十日以下拘留，可以并处五百元以下罚款。

但是，仅仅依靠《治安管理处罚法》是无法有效打击此类违法行为的，只有将其上升到《刑法》的高度才能对其具有威慑的效应。由于行为人明知会造成危险的结果，仍然放任这类结果的发生，在主观心理状态上已经对他人人身和财产的损失构成了间接故意，因此可以用"破坏交通设施罪"等对行为人进行归罪，如果造成了特别严重的结果，甚至可以适用"以危险方法危害公共安全罪"进行惩戒。

本案中，常某的偷井盖行为是在贪小便宜的心理作祟下进行的违法行为，已经触犯该条文，适用《治安管理处罚法》的规定。

[法条链接]

《治安管理处罚法》第三十七条　有下列行为之一的，处五日以下拘留或者五百元以下罚款；情节严重的，处五日以上十日以下拘留，可以并处五百元以下罚款：

（一）未经批准，安装、使用电网的，或者安装、使用电网不

符合安全规定的;

(二)在车辆、行人通行的地方施工,对沟井坎穴不设覆盖物、防围和警示标志的,或者故意损毁、移动覆盖物、防围和警示标志的;

(三)盗窃、损毁路面井盖、照明等公共设施的。

聚众赌博会有什么惩罚

[典型案例]

男子王某、刘某系某市无业游民,二人无所事事,遂合谋开设赌场以牟取利益、维持生计,由刘某负责联系并承租位于甲区的一处平房,将其装修改造为"麻将馆",以掩众人耳目,由王某负责维护赌场秩序,联系赌徒,二人按照每局赌资总额5%的比例收取"水钱",从中牟利。后王某与刘某多次招引他人在其"麻将馆"赌博,当地许多赌徒得知后,常来赌博。二人见有利可图,愈发猖狂,多次组织人员进行赌博,盈利不菲。王某与刘某将每次赌博非法获利平分,得款共计数千元。后有人向公安机关报案,公安局组织突击人员赶至该赌场,将王、刘二人及参赌人员韩某等数十余人抓获,当场收缴赌资数千元。而王某、刘某以收取场地费和服务费辩解,否认聚众赌博行为,拒不认罪。王某、刘某的行为是否构成赌博罪?

[律师解析]

大量事例表明,赌博有百害无一益,赌博歪风不仅贻误生产,扰乱生活秩序,而且造成一些家庭的悲剧,引发治安刑事案件,危害社会稳定，成为社会生活中的一颗毒瘤。因此，国家对于赌博行为一直进行严厉的规制与禁止。

赌博不一定构成犯罪，在这种情况下一般给予行政处罚。我国《治安管理处罚法》规定：以营利为目的，为赌博提供条件的，或者参与赌博赌资较大的，处五日以下拘留或者五百元以下罚款；情节严重的，处十日以上十五日以下拘留，并处五百元以上三千元以下罚款。但是，开设赌场，或者以赌博为业的，构成犯罪。《刑法》规定：以营利为目的，聚众赌博、开设赌场或者以赌博为业的，处三年以下有期徒刑、拘役或者管制，并处罚金。《关于办理赌博刑事案件具体应用法律若干问题的解释》规定，以营利为目的，有下列情形之一的，属于刑法第三百零三条规定的"聚众赌博"：(1)组织3人以上赌博，抽头渔利数额累计达到5000元以上的；(2)组织3人以上赌博，赌资数额累计达到5万元以上的；(3)组织3人以上赌博，参赌人数累计达到20人以上的；(4)组织中华人民共和国公民10人以上赴境外赌博，从中收取回扣、介绍费的。同时，该解释第五条规定，实施赌博犯罪，有下列情形之一的，依照《刑法》第三百零三条的规定从重处罚：(1)具有国家工作人员身份的；(2)组织国家工作人员赴境外赌博的；(3)组织未成年人参与赌博，或者开设赌场吸引未成年人参与赌博的。

另外，根据该解释中的规定：不以营利为目的，进行带有少量财物输赢的娱乐活动，以及提供棋牌室等娱乐场所只收取正常的场所和服务费用的经营行为等，不以赌博论处。

本案中，王某、刘某以"麻将馆"的形式开设赌场，以"水费"的形式抽头渔利，显然构成了聚众赌博，应当受到相应处罚：如果符合该解释中对聚众赌博的数额规定，则应依法承担刑事责任；否则按照《治安管理处罚法》的相关规定给予行政处罚。

［法条链接］

《治安管理处罚法》第七十条 以营利为目的，为赌博提供条件的，或者参与赌博赌资较大的，处五日以下拘留或者五百元以下罚款；情节严重的，处十日以上十五日以下拘留，并处五百元以上三千元以下罚款。

什么是违反治安管理的行为？什么情况下可以减轻或者免除处罚

［典型案例］

2012年10月5日上午，曹军和钟国玺因语言不和发生争执厮打，曹军被打伤，到医院去治疗。下午，钟国玺纠集十余人持械开车来到曹军家闹事，此时曹军仍在医院吊水治疗，钟国玺等人将曹军妻子及哥嫂打倒在地。在医院的曹军一听说此事，便拔掉针头赶到家，与钟国玺等人争执厮打。经鉴定钟国玺、曹军均为轻微伤。

［律师解析］

根据《治安管理处罚法》之规定，违反治安管理的行为是指扰乱公共秩序，妨害公共安全，侵犯人身权利，侵犯财产权利，妨害社会管理，尚不够刑事处罚，但依照《治安管理处罚法》应当受到治安管理处罚的行为。 对违反治安管理行为的处罚有：（1）警告；（2）罚款；（3）行政拘留；（4）吊销公安机关发放的许可证。 对违反治安管理的外国人，可以附加适用限期出境或者驱逐出境。 对于违反治安管理有下列情形之一的，减轻处罚或者不予处罚：（1）情节特别轻微的；（2）主动消除或者减轻违法后果，并取得被侵害人谅解的；（3）对于他人胁迫或者诱骗的；（4）主动投案，向公安机关如实陈述自己的违法行为的；（5）有立功表现的。

本案中钟国玺和曹军的行为均为违反治安管理的行为。

[法条链接]

《治安管理处罚法》第二条 扰乱公共秩序，妨害公共安全，侵犯人身权利、财产权利，妨害社会管理，具有社会危害性，依照《刑法》的规定构成犯罪的，依法追究刑事责任；尚不够刑事处罚的，由公安机关依照本法给予治安管理处罚。

《治安管理处罚法》第十条 治安管理处罚的种类分为：

（一）警告；

（二）罚款；

（三）行政拘留；

（四）吊销公安机关发放的许可证。

对违反治安管理的外国人，可以附加适用限期出境或者驱逐出境。

偷税漏税行为如何处理

[典型案例]

王某是一文具店的私营业主，从2001年开始经营文具店，直到2007年，采取各种方式偷税漏税，总额为五万元。2008年税务机关对其实行税务检查时，发现了他的偷税漏税行为。王某遂向某律师咨询：他的偷税漏税行为是否构成犯罪，应该怎么补救？

[律师解析]

本案涉及偷、漏税问题。

偷税行为是违法行为。只要是因为纳税人的原因少缴税款，不论主观客观，一律视为偷税；其刑事责任与偷税数额有关，漏税是指纳税人并非故意未缴或者少缴税款的行为，根据《税收征收管理法》第52条之规定，对于漏税行为，税务机关三年内可以追征；特殊情况追征期可延长到五年；偷骗税的追征期是无限的。

本案中，王某虽有偷税漏税行为，但因数额并未达到犯罪标准，因此不构成犯罪，而应由税务机关追征税款并给予行政处罚。

[法条链接]

《刑法》第二百零一条 纳税人采取欺骗、隐瞒手段进行虚假纳税申报或者不申报，逃避缴纳税款数额较大并且占应纳税额百分之十以上的，处三年以下有期徒刑或者拘役，并处罚金；数额巨大并且占应纳税额百分之三十以上的，处三年以上七年以下有期徒刑，并处罚金。

扣缴义务人采取前款所列手段，不缴或者少缴已扣、已收税款，数额较大的，依照前款的规定处罚。

对多次实施前两款行为，未经处理的，按照累计数额计算。

有第一款行为，经税务机关依法下达追缴通知后，补缴应纳税款，缴纳滞纳金，已受行政处罚的，不予追究刑事责任；但是，五年内因逃避缴纳税款受过刑事处罚或者被税务机关给予二次以上行政处罚的除外。

警察可以当场收缴罚款吗

[典型案例]

警察唐某和王某接到举报后突袭一家私人会所，发现韩某和几个人在玩牌，桌子上有钱包和一些钱，认定他们在聚众赌博。鉴于大家"认罪"态度好，遂决定当场对每个人做出罚款一千元的治安管理处罚。在当事人没有异议的情况下，当场对其收缴了罚款。

那么，警察可以当场收缴罚款吗？

[律师解析]

本案中，警察的处罚不当。根据我国法律的规定，受到罚款处罚的人应该在法定的期限内向指定的银行缴纳罚款，但是在某些情况下，也可以直接收缴罚款。具体的情况是：五十元以下的罚款，可以由警察当场做出处罚决定。在警察当场做出罚款决定，被处罚人对罚款无异议的情况下，人民警察就可以在做出罚款决定后当场进行收缴。本案例中，警察不应该当场收缴超过五十元以上的罚款。

[法条链接]

《治安管理处罚法》第一百零四条 受到罚款处罚的人应当自收到处罚决定书之日起十五日内，到指定的银行缴纳罚款。但是，有下列情形之一的，人民警察可以当场收缴罚款：

（一）被处五十元以下罚款，被处罚人对罚款无异议的；

（二）在边远、水上、交通不便地区，公安机关及其人民警察依照本法的规定做出罚款决定后，被处罚人向指定的银行缴纳罚款确有困难，经被处罚人提出的；

（三）被处罚人在当地没有固定住所，不当场收缴事后难以执行的。

对于公安机关做出的处罚觉得"不公平",该怎么办

[典型案例]

王某开车正常行驶,突遇横过马路的一个女孩,躲避不及,将其撞倒,但伤势不重。被撞的是名高中生,女孩的家长闻讯后赶来,不由分说就挥拳打王某,王某一边辩论一边抵挡,拉扯过程中,将女孩父亲的眼镜弄到地上毁坏。这时警察赶到,认为王某先是撞人后是打人,要对其罚款并拘留,就对司机王某说:"按照简易程序办理吧,你有交强险,承担全部责任吧。"还没有等到王某反应过来,简易程序的处理单已经签发好。王某懵懵懂懂地将被撞女生送到医院治疗并承担了所有的治疗费,女孩伤情不重,没有住院。过后,王某越想这事越觉得不对,明明自己无责,怎么被认定负全责呢?还居然被罚款 200 元。

那么,交警部门对王某的处罚是否显失公平?

[律师解析]

本案中,警察的做法违反法定程序。 首先,这是一起普通事故,是女孩违反交通规则,应该承担全部责任,不应该以所谓的交强险来强迫王某承担全责。 王某在被打的情况下还手属于自卫,警察没有进行调查,仅凭主观臆断对王某做出罚款的处理,显失公平。 而王某可以通过行政复议和诉讼依法维护自己的权益。

[法条链接]

《行政诉讼法》第十一条 人民法院受理公民、法人和其他组

织对下列具体行政行为不服提起的诉讼：

（一）对拘留、罚款、吊销许可证和执照、责令停产停业、没收财物等行政处罚不服的；

（二）对限制人身自由或者对财产的查封、扣押、冻结等行政强制措施不服的；

（三）认为行政机关侵犯法律规定的经营自主权的；

（四）认为符合法定条件申请行政机关颁发许可证和执照，行政机关拒绝颁发或者不予答复的；

（五）申请行政机关履行保护人身权、财产权的法定职责，行政机关拒绝履行或者不予答复的；

（六）认为行政机关没有依法发给抚恤金的；

（七）认为行政机关违法要求履行义务的；

（八）认为行政机关侵犯其他人身权、财产权的。

除前款规定外，人民法院受理法律、法规规定可以提起诉讼的其他行政案件。

公安局有权直接吊销营业执照吗

[典型案例]

某区公安局接到举报，称某小超市出售假烟假酒，公安局经突击检查发现情况属实，于是对该超市老板拘留10日、罚款2000元，并做出吊销该超市营业执照的行政处罚。超市老板对拘留和罚款不持异议，但是对吊销营业执照不服，认为那不属公安局管的事，公安局无权吊销其营业执照。

那么，公安局有权吊销超市的营业执照吗？

[律师解析]

本案中,公安局吊销超市的营业执照是错误的。本案中,公安局对超市所做的拘留和罚款的处罚是合法的,但对于吊销营业执照的处罚是违法的。公安机关只能吊销由公安机关发放的许可证,而营业执照是由工商行政部门发放的,应该由发证的工商局执行吊销的程序,公安机关无权吊销。

[法条链接]

《治安管理处罚法》第十条 治安管理处罚的种类分为:

(一)警告;

(二)罚款;

(三)行政拘留;

(四)吊销公安机关发放的许可证。

工商局有权实施行政拘留吗

[典型案例]

王某夫妻下岗后,在自己小区门口租了一间房子,经营些水果蔬菜。工商局的工作人员到现场执法检查,认为小店属于无照经营,所售的蔬菜没有质量检验证明,担心有质量问题,遂要求其停止经营。为此,双方发生争执并撕扯。工商局的工作人员随即强行将两人扭送到市场管理办公室,关押起来,扣留时间长达几个小时。

那么,工商局工作人员的行为违法吗?

[律师解析]

该工商局工作人员的行为显然是违法的。根据《治安管理处罚法》的规定，只有公安机关才有剥夺或限制他人的人身自由的处罚权和强制权，除公安机关外，其他任何机关、组织和个人都无权限制和剥夺公民的人身自由。本案中，工商局的工作人员强行限制王某夫妻人身自由的行为是严重侵犯公民人身权利的行为，应当马上予以改正，并且要针对此行为造成的损害给予相应的赔偿。

[法条链接]

《治安管理处罚法》第十条 治安管理处罚的种类分为：

（一）警告；

（二）罚款；

（三）行政拘留；

（四）吊销公安机关发放的许可证。

对违反治安管理的外国人，可以附加适用限期出境或者驱逐出境。

警察在什么情况下可以对乘客搜身

[典型案例]

在行驶的火车上，一个妇女的钱包丢了，哭喊着找乘警求助。乘警来到失窃的车厢后巡查，发现一个女士可疑，遂将其带到警务室"审讯"，并强行搜查这位女士的上下及里外的衣兜，可是并没有发现钱包。随后，这名警察开始在车上走动，并逐一搜查车上乘客的随身物品，甚至搜身。

那么，该警察的做法合法吗？

［律师解析］

警察的做法应该视具体情况而定。对于警察"搜身"的问题，法律确实规定了警察不能非法搜查他人的身体、物品、住所或者场所。一般认为，对现行犯和犯罪嫌疑人才可以搜身。但是，从程序上说，一般女性由女性警察搜身的规定是可以肯定的。本案中，如果车上有女性乘客，则男性警察不能对其搜身，否则就是非法的。

［法条链接］

《治安管理处罚法》第八十七条　公安机关对于违反治安管理行为有关的场所、物品、人身可以进行检查。检查时，人民警察不得少于二人，并应当出示工作证件和县级以上人民政府公安机关开具的检查证明文件。对确有必要立即进行检查的，人民警察经出示工作证件，可以当场检查，但检查公民住所应当出示县级以上人民政府公安机关开具的检查证明文件。

检查妇女的身体，应当由女性工作人员进行。

追捕罪犯时，警察开枪误伤人质怎么办

［典型案例］

在某市火车站广场上，突然出现枪响，群众惊慌地四散奔逃。混乱的人群中，一个年轻男子举着枪高喊："请大家赶快趴下，不要走动，我是警察，在执行任务！"边说边瞄准前方不远处的一名持枪男子。该持枪男子正挟持一名女性人质向火车站候车室逃跑，为了不使犯罪嫌疑人逃到候车室，警察便果断地开枪，结果将人质打伤。

那么这种情况下，警察是否要对人质承担责任？

[律师解析]

警察在执法过程中处置不当，造成人员伤害的，应当赔偿。本案中，警察追缉犯罪嫌疑人原本是正常的，即使追缉地点是在火车站的广场上，也实属无可奈何，毕竟，犯罪嫌疑人究竟何时何地出现是无法预测的。但是，无论基于什么原因，警察在处理人质的问题上应该是慎之又慎的。开枪打伤人质，就是警察的失职。无论出于经验的判断、环境的迫使或是人质处境的考虑等都不能成为抗辩的理由。为此，对受伤的人质，应当按照《国家赔偿法》的规定做出适当的赔偿。

[法条链接]

《国家赔偿法》第十七条　行使侦查、检察、审判职权的机关以及看守所、监狱管理机关及其工作人员在行使职权时有下列侵犯人身权情形之一的，受害人有取得赔偿的权利：

违法使用武器、警械造成公民身体伤害或者死亡的。

公民享有哪些信访权利

[典型案例]

某镇政府与外商洽谈后，决定在某村的后山上开发建设一个采石场。镇政府只是向村委会通知了这件事情，没有召开村民代表大会，也没有向村民征求意见，就与外商签订了协议。村民获悉后反应强烈，认为自己的权益被侵害，采矿不仅会破坏资源和环境，也会对村民的身体造成影响甚至危害。村民们决定向上级政府机关逐级信访,反映情况。

那么,公民都享有哪些信访权利呢?

[律师解析]

根据《信访条例》的规定,信访人应当如实反映情况,不得捏造、歪曲事实,不得诬告、陷害他人。信访人主要有七种权利和五种义务。

权利主要有:一是信访事项提出权(信访权);二是不受报复权(要求保密权);三是请求复查权;四是了解权(要求答复权);五是申诉权(对处理不服的可以向法院提起行政诉讼);六是反映重大、紧急信访事项权;七是受奖励权。

义务主要有:一是遵守提出程序的义务;二是如实反映情况的义务;三是遵守禁止性行为的义务;四是遵守上访程序的义务;五是执行行政机关处理决定的义务。

本案中,村民进行信访依据的是当事人享有的信访权利中的信访事项提出权。

[法条链接]

《信访条例》第十四条 信访人对下列组织、人员的职务行为反映情况,提出建议、意见,或者不服下列组织、人员的职务行为,可以向有关行政机关提出信访事项:

(一)行政机关及其工作人员;

(二)法律、法规授权的具有管理公共事务职能的组织及其工作人员;

(三)提供公共服务的企业、事业单位及其工作人员;

(四)社会团体或者其他企业、事业单位中由国家行政机关任

命、派出的人员;

(五)村民委员会、居民委员会及其成员。

对依法应当通过诉讼、仲裁、行政复议等法定途径解决的投诉请求,信访人应当依照有关法律、行政法规规定的程序向有关机关提出。

依法信访遭遇陷害,该如何维权

[典型案例]

钟某是一家国企的员工,多年来一直上访,反映企业领导的腐败问题。开始是匿名反映,可是上访信投出去如石沉大海,没有回复,也没有看到领导受到任何处理,于是,从2009年开始,钟某开始实名反映问题,后遭到领导报复,借故掉换其岗位,找碴儿扣其奖金,甚至无故怀疑钟某偷盗厂里的东西,毁坏钟某的名誉。

那么,这种情况下,钟某应该怎么办?

[律师解析]

信访者应依法进行信访,维护社会公共秩序和信访秩序。我国《信访条例》规定,信访者遭到打击报复的,要依法追究报复者的责任,构成犯罪的,依法追究刑事责任;尚不构成犯罪的,依法给予行政处分或者纪律处分。因此,钟某可向有关上级部门申诉。

[法条链接]

《信访条例》第三条 各级人民政府、县级以上人民政府工作部门应当做好信访工作,认真处理来信、接待来访,倾听人民群众的意见、建议和要求，接受人民群众的监督，努力为人民群众服务。

各级人民政府、县级以上人民政府工作部门应当畅通信访渠道，为信访人采用本条例规定的形式反映情况，提出建议、意见或者投诉请求提供便利条件。

任何组织和个人不得打击报复信访人。

《信访条例》第四十六条　打击报复信访人，构成犯罪的，依法追究刑事责任；尚不构成犯罪的，依法给予行政处分或者纪律处分。

干扰无线电业务的行为要受到行政处罚吗

[典型案例]

某市广播电台所开办的新闻频道通信频率经常受到干扰，不能正常发出信息，影响了节目的播放。电台向无线电管理处投诉。无线电管理处经过调查，发现在电台附近有一个塑料加工厂，其使用的塑料焊接机用高频产生热能，辐射出宽带信号，对电台造成干扰。无线电管理处要求加工厂采取措施消除影响，被加工厂拒绝，无线电管理处遂向公安局报警。

那么，公安局应对此做出处罚吗？

[律师解析]

公安局应对此行为做出行政处罚。本案中，该塑料加工厂设置的塑料焊接机辐射出的宽带信号干扰了广播电台的工作，危害了无线电业务的正常开展，具有一定的社会危害性。无线电管理处要求该塑料加工厂解决此问题，该厂拒不理会，也不改正，其危害照旧。 当然，无线电管理处不能采取什么强制措施。 公安机关可以依照法律规定，对该塑料厂的行为给予行政处罚，采取一些强制措施，以监督加工厂改正错误。

[法条链接]

《行政处罚法》第二十八条　违法行为构成犯罪，人民法院判处拘役或者有期徒刑时，行政机关已经给予当事人行政拘留的，应当依法折抵相应刑期。

违法行为构成犯罪，人民法院判处罚金时，行政机关已经给予当事人罚款的，应当折抵相应罚金。

《行政处罚法》第二十九条　违法行为在二年内未被发现的，不再给予行政处罚。 法律另有规定的除外。

前款规定的期限，从违法行为发生之日起计算；违法行为有连续或者继续状态的，从行为终了之日起计算。

罚款时可以用"白条"代替收据吗

[典型案例]

某市一家农药公司运送农药、种子的货车途经某县时，被该县农业局执法大队查明该公司未出示经销种子的证件，并且部分农药也有问题。于是，该县农业局将部分物资没收，并处 10 000 元罚款。农业局当场收取了 8000 元的罚款，但是没有出示任何正式的收据，只是将写有"待结案时换正式票据"字样的一张纸交给了货车司机。

那么，执法人员这样的行为合法吗？

［律师解析］

本案中，农业局执法人员罚款打白条的行为是违法的。通常情况下，行政处罚机关应当与收缴罚款的机关分离，这是为了避免出现执法人员违法执法的行为。但是，也会有当场收缴罚款的情况，做出行政处罚并当场收缴罚款的行政执法人员必须出具统一的收据，否则，当事人有权拒绝缴纳罚款。

统一的收据是具有权限的执法人员依法执法的凭证，没有收据，就难以证明执法的合法性，很可能会造成混乱。因此，执法人员在收缴罚款时出具统一的收据是必要的。本案中，该农业局的执法人员当场罚款10 000元，并收缴了8000元，但是，没有出具统一的收据，而是随便找了张纸条。该农药公司的运输司机可以拒绝缴纳罚款。

［法条链接］

《行政处罚法》第三十四条　执法人员当场做出行政处罚决定的，应当向当事人出示执法身份证件，填写预定格式、编有号码的行政处罚决定书。行政处罚决定书应当当场交付当事人。

前款规定的行政处罚决定书应当载明当事人的违法行为、行政处罚依据、罚款数额、时间、地点以及行政机关名称，并由执法人员签名或者盖章。

执法人员当场做出的行政处罚决定，必须报所属行政机关备案。

《行政处罚法》第四十九条　行政机关及其执法人员当场收缴罚款的，必须向当事人出具省、自治区、直辖市财政部门统一制发的罚款收据；不出具财政部门统一制发的罚款收据的，当事人有权拒绝缴纳罚款。

逮捕后审查无罪是否可以向检察机关请求国家赔偿

[典型案例]

徐某因为欠债无力偿还,债权人申请法院强制执行,用徐某家的房子抵债。在执行过程中,徐某与执行人员发生争执,不小心抓伤了其中一个工作人员的手臂。之后,徐某被公安机关以涉嫌妨害公务罪刑事拘留,被检察机关批准逮捕,并向法院提起公诉。但法院认为情节显著轻微不构成犯罪,判决无罪。徐某是否可以向检察机关请求国家赔偿?

[律师解析]

本案中,徐某可以申请国家赔偿。徐某虽然实施了一定的妨害公务行为,但是不具备犯罪的构成要件,不应当属于犯罪行为,如果其行为触犯了《治安管理处罚法》,应当由公安机关给予治安处罚。因此,如果检察机关对没有犯罪事实的人错误地做出了逮捕决定,则应当承担国家赔偿责任。

[法条链接]

《治安管理处罚法》第七十七条 公安机关对报案、控告、举报或者违反治安管理行为人主动投案,以及其他行政主管部门、司法机关移送的违反治安管理案件,应当及时受理,并进行登记。

《治安管理处罚法》第七十八条 公安机关受理报案、控告、举报、投案后,认为属于违反治安管理行为的,应当立即进行调查;认为不属于违反治安管理行为的,应当告知报案人、控告人、举报人、投案人,并说明理由。

《治安管理处罚法》第七十九条 公安机关及其人民警察对治安案件的调查，应当依法进行。严禁刑讯逼供或者采用威胁、引诱、欺骗等非法手段收集证据。

以非法手段收集的证据不得作为处罚的根据。

《治安管理处罚法》第八十条 公安机关及其人民警察在办理治安案件时，对涉及的国家秘密、商业秘密或者个人隐私，应当予以保密。

被城管和交警执法时殴打致伤，如何索赔

[典型案例]

赵先生前不久将其助动车停靠在路边，遇到城管和交警联合查处违章车辆，由于赵先生的车没有牌照，于是被几个穿便衣的城管拦下，并要求将赵先生的车收掉。由于当时城管人员既没有穿制服，也没有出示任何证件，所以当场被赵先生拒绝，于是几个城管人员对赵先生进行拳打脚踢，之后将赵先生拖上一辆面包车，赵先生才看到两个穿警服的交警，上车后，交警再次对赵先生实施暴力。后来赵先生拨打了"110"，警察到场后也未做任何处理，也没有相关的接警记录。

那么，赵先生是否可以要求城管和交警部门对赵先生进行医药费（有病历卡和医药费的单据）、误工费、精神损失费等的赔偿？

[律师解析]

对违反道路交通管理的行为，相关部门应当依照《治安管理处罚法》《道路交通管理条例》等规定处理违章行为。在执法时应认真听取当事人的陈述和申辩，做到程序合法，手续完备。如果赵先生所说的情况属实，赵先生应当提供相应证据，比如人证、物证、报警记录、视频资料、医疗诊断书、鉴定书等能够证明对方施加伤害和己方伤害程度等证据。事发后赵先生曾拨打"110"报警，那么警察到场后，赵先生应当要求他们开一个验伤通知。同时，赵先生应当留下当时周围在场的证人的相关联系方式等。

《民事诉讼法》的规定："当事人对自己提出的主张，有责任提供证据"，即实行"谁主张，谁举证"原则。如果赵先生没有证据证明其受伤是由城管和交警人员暴力殴打所致，则赵先生要求城管和交警部门赔偿他的医药费、误工费和精神损失费及其他费用难以得到法院的支持。

[法条链接]

《民事诉讼法》第六十四条　当事人对自己提出的主张，有责任提供证据。

当事人及其诉讼代理人因客观原因不能自行收集的证据，或者人民法院认为审理案件需要的证据，人民法院应当调查收集。

人民法院应当按照法定程序，全面地、客观地审查核实证据。

第十二章 民事诉讼程序

一般的民事纠纷，该到哪一级人民法院起诉

[典型案例]

王某和田某居住在同一小区。某天田某醉酒后驾驶摩托车回家，到了小区内，摩托车在行进中与王某停在便道上的崭新奥迪轿车发生剐蹭，将轿车的尾灯碰坏，车身也被蹭花。王某因此向田某索赔一万元，而田某只同意赔偿五百元。协商不成后，王某打算向法院起诉，因王某居住的小区离市中级法院很近，他想去中级法院起诉。他的想法可行吗？

[律师解析]

《民事诉讼法》规定，基层人民法院管辖第一审民事案件，但《民事诉讼法》另有规定的除外。 本案中，王某和田某的纠纷属于一般的民事纠纷，不存在法律规定的专属管辖等特殊情况，所以王某应到基层人民法院起诉。

[法条链接]

《民事诉讼法》第十七条 基层人民法院管辖第一审民事案件，但本法另有规定的除外。

夫妻一方被监禁的，另一方如果想离婚该向哪个法院起诉

[典型案例]

杜某与刘某为夫妻。刘某经营着一家小商店，生意还不错，但丈夫杜某却有些不务正业，并且好勇斗狠，经亲友多次劝说也毫无改变。终于有一次杜某和人打架致对方伤残，因故意伤害罪被判处有期徒刑四年。对丈夫彻底失望的刘某决定向法院起诉离婚，却不知该向哪一个法院起诉。

那么，法律对此有何规定呢？

[律师解析]

按照《民事诉讼法》的规定，对被监禁的人提起的诉讼，由原告住所地人民法院管辖；原告住所地与经常居住地不一致的，由原告经常居住地人民法院管辖。

在本案中，杜某因犯罪被监禁，刘某可以直接到自己的住所地或经常居住地人民法院起诉离婚。

[法条链接]

《最高人民法院关于适用〈中华人民共和国民事诉讼法〉若干问题的意见》第八条　双方当事人都被监禁或被劳动教养的，由被告原住所地人民法院管辖。被告被监禁或被劳动教养一年以上的，由被告被监禁地或被劳动教养地人民法院管辖。

丈夫常年在外打工，妻子该向哪个法院起诉离婚

［典型案例］

农村姑娘林某经人介绍与邻村的男青年韩某认识，交往一年后两人结婚，婚后生育一女儿。孩子出生后，韩某便长期在外地打工，这使得抚养小孩等家庭重任全落在林某身上。近十年来，韩某除了偶尔给小孩寄点生活费外，平时很少与林某联系。林某感受不到丈夫对自己的惦念，在与韩某沟通无果后，林某决定向法院起诉离婚。

那么，她该去哪个地方的法院起诉呢？

［律师解析］

按照《民事诉讼法》相关司法解释的规定，夫妻一方离开住所地超过一年，另一方起诉离婚的案件，由原告住所地人民法院管辖。

在本案中，韩某长期在外打工，离家早已超过一年，所以林某可以直接到自己的住所地人民法院提起离婚诉讼。

［法条链接］

《最高人民法院关于适用〈中华人民共和国民事诉讼法〉若干问题的意见》第十二条　夫妻一方离开住所地超过一年，另一方起诉离婚的案件，由原告住所地人民法院管辖。　夫妻双方离开住所地超过一年，一方起诉离婚的案件，由被告经常居住地人民法院管辖；没有经常居住地的，由原告起诉时居住地的人民法院管辖。

儿童也能当原告吗

[典型案例]

2013年10月11日,在某幼儿园读中班的6岁男孩豆豆吃完饭后,在床上嬉戏。幼儿园老师梁某觉得心烦,便冲到床前打了孩子,结果将孩子磕在了床板上,孩子被磕得满嘴是血,放声大哭。孩子的哭声引来了其他老师,老师们将孩子送到医院,经检查,孩子受伤比较严重,治疗期达半年之久。孩子的父亲王某将梁某告上法庭。豆豆的父亲可以代替孩子维权吗?豆豆是原告吗?

[律师解析]

本案中,豆豆的父亲是豆豆的法定诉讼代理人,可以代替豆豆行使诉讼权利,但本案的原告应是豆豆。 法定的诉讼代理人,是指依照法律规定代理无诉讼行为能力人的当事人进行民事诉讼的人。无诉讼行为能力人由他的监护人作为法定代表人代为诉讼。 本案中,豆豆是未成年人,其人身权受到侵害,但是没有参与诉讼的能力。 豆豆的父亲赵某是法定的诉讼代理人,可以代豆豆提起诉讼,但他在诉讼中的地位是法定代理人,而非原告。

[法条链接]

《民法通则》第十二条 十周岁以上的未成年人是限制民事行为能力人,可以进行与他的年龄、智力相适应的民事活动;其他民事活动由他的法定代理人代理,或者征得他的法定代理人的同意。

不满十周岁的未成年人是无民事行为能力人,由他的法定代理人代理民事活动。

在自家偷录的录音材料能否作为证据

[典型案例]

林某和妻子王某由于感情不和决定离婚。结婚期间林某做生意赚了12万多元,当时由王某保管,现在林某要求分割,但是王某对保管的钱矢口否认。此事没有别人可以作证,但是离婚前几天林某和王某曾经谈到过此事,当时林某悄悄录了音。

那么,如果林某起诉离婚,该录音能否作为证据?

[律师解析]

以侵害他人合法权益或者违反法律禁止性规定的方法取得的证据,不能作为认定案件事实的依据。对于有其他证据佐证并以合法手段取得的、无疑点的视听资料或者与视听资料核对无误的复制件;对方当事人提出异议但没有足以反驳的相反证据的,人民法院应当确认其证明力。本案中,林某将谈话进行录音,并没有侵犯他人合法权益和隐私,其手段也不违反法律禁止性规定。如果王某没有证据足以反驳,法院完全可以将此录音作为认定确有共同存款的证据。

[法条链接]

《民事诉讼法》第六十三条 证据包括:

(一)当事人的陈述;

(二)书证;

(三)物证;

(四)视听资料;

（五）电子数据；

（六）证人证言；

（七）鉴定意见；

（八）勘验笔录。

证据必须查证属实，才能作为认定事实的根据。

法院拘传应符合哪些条件

[典型案例]

2013年2月，刘某的妻子向法院提出离婚诉讼。刘某因为不愿意离婚，就没有按照法院通知的开庭日期出庭。后来，法院先后给刘某送过两次传票通知刘某出庭，刘某都没有去法院。后来，刘某妻子告诉刘某如果刘某再不出庭，法院可以拘传刘某强制到庭参加诉讼。

那么，法院拘传应符合哪些条件？

[律师解析]

拘传，是指人民法院在法定情况下强制被告到庭的一种强制措施。根据《民事诉讼法》的规定，人民法院对必须到庭的被告，经两次传票传唤，无正当理由拒不到庭的，可以拘传。这包含了三层意思：（1）适用对象是必须到庭的被告。一般来说，离婚案件的当事人须出庭参加诉讼。（2）已经两次传票传唤。（3）无正当理由拒不到庭。本案中，刘某作为离婚案件必须到庭的被告，经两次传票传唤无正当理由拒不到庭，符合拘传条件。

适用拘传，由合议庭或独任审判员提出意见，报经院长批准，并且填写拘传票，直接送达被拘传人，由被拘传人签字或者盖章。

在拘传之前，应该向被拘传人说明拒不到庭的后果，经过批评教育后仍然拒不到庭的方可拘传其到庭。

[法条链接]

《民事诉讼法》第一百条　人民法院对必须到庭的被告，经两次传票传唤，无正当理由拒不到庭的，可以拘传。

可以口头起诉吗

[典型案例]

王大爷八十岁高龄，妻子很早就去世了。王大爷独自将两个儿子抚养成人，两个儿子却不履行赡养老人的义务，王大爷生活非常艰难，于是决定去法院状告儿子。但是王大爷不认识字，不会写起诉书，也没有钱委托律师代写。

那么，王大爷可以口头起诉吗？

[律师解析]

一般情况下，起诉采取书面形式，将起诉的缘由、被起诉人、诉讼请求等内容叙述清楚，但如果当事人书写起诉状确有困难的，也可以口头起诉。本案中，王大爷不识字，也没有钱请律师代理，不太可能采用书面起诉的方式。因此，王大爷可以口头起诉，起诉的内容由人民法院记入笔录，然后通知对方当事人应诉。

[法条链接]

《民事诉讼法》第一百二十条　起诉应当向人民法院递交起诉状，并按照被告人数提出副本。只有书写起诉状确有困难的，才可以口头起诉,由人民法院将原告口头陈述记入笔录,并告知对方当事人。

夫妻离婚纠纷案件,当事人可以频繁起诉吗

[典型案例]

妻子王某与丈夫林某感情时好时坏,经常吵吵闹闹。2012年2月,王某将林某告上法庭,以"夫妻感情已破裂"为由请求判决离婚。法院受理以后不久,王某因丈夫的苦苦哀求而原谅了他,于是撤回起诉。两个月后,王某与丈夫又因生活琐事大吵大闹,于是又向法院提起诉讼,请求离婚,法院判决不准予离婚。之后,在短短的一个月内,王某频繁地提起离婚诉讼。

那么,对于夫妻离婚纠纷案件,当事人可以频繁起诉吗?

[律师解析]

司法实践中,离婚又和解,和解又离婚的现象是有的。根据《民事诉讼法》的规定,判决不准离婚和调解和好的离婚案件,没有新情况、新理由,原告在六个月内又起诉的,不予受理。本案中,王某和林某的离婚纠纷反复提及,法院可以依法不予理会。王某不应再起诉,如实在无法与丈夫一起生活,就距法院判决六个月以后,再提起诉讼,法院会受理。

[法条链接]

《民事诉讼法》第一百二十四条 人民法院对下列起诉,分别情形,予以处理:

(一)依照行政诉讼法的规定,属于行政诉讼受案范围的,告知原告提起行政诉讼；

（二）依照法律规定，双方当事人达成书面仲裁协议申请仲裁、不得向人民法院起诉的，告知原告向仲裁机构申请仲裁；

（三）依照法律规定，应当由其他机关处理的争议，告知原告向有关机关申请解决；

（四）对不属于本院管辖的案件，告知原告向有管辖权的人民法院起诉；

（五）对判决、裁定、调解书已经发生法律效力的案件，当事人又起诉的，告知原告申请再审，但人民法院准许撤诉的裁定除外；

（六）依照法律规定，在一定期限内不得起诉的案件，在不得起诉的期限内起诉的，不予受理；

（七）判决不准离婚和调解和好的离婚案件，判决、调解维持收养关系的案件，没有新情况、新理由，原告在六个月内又起诉的，不予受理。

什么是简易程序？什么样的案件适用简易程序

[典型案例]

王某向韩某借款一万元，约定半年之后归还。到期后韩某多次催要欠款，王某均以没钱为由拒绝。后来韩某将王某告上法庭要求其还款。此案可以适用简易程序吗？

[律师解析]

根据《民事诉讼法》的规定，基层人民法院和它派出的法庭审理事实清楚、权利义务关系明确、争议不大的简单的民事案件，适用简易程序。适用简易程序有利于提高案件审理的效率，对于当事人和法院，都是较为便利的。

本案中，王某与韩某之间的借款纠纷，事实清楚，权利义务关系明确，而且标的额不大，不需要法院做大量的工作去澄清案情事实，消除分歧。因此，该案可以适用简易程序。

［法条链接］

《民事诉讼法》第一百五十七条　基层人民法院和它派出的法庭审理事实清楚、权利义务关系明确、争议不大的简单的民事案件，适用本章规定。

基层人民法院和它派出的法庭审理前款规定以外的民事案件，当事人双方也可以约定适用简易程序。

民事上诉状能否直接交一审人民法院

［典型案例］

2012年10月11日，王某接到一审法院的民事判决，对判决不服，三天后便向中级人民法院提起上诉。中院二审立案庭受理了王某的上诉状和材料，让王某交了诉讼费用。一个多月过去了，王某还没有收到中院的传票，于是想直接把上诉状送到中院。

那么，这样做具有法律效力吗？

［律师解析］

根据《民事诉讼法》的规定，上诉状应当通过原审人民法院提出，并按照对方当事人或者代表人的人数提出副本。当事人直接向第二审人民法院上诉的，第二审人民法院应当在五日内将上诉状移交原审人民法院。

《民事诉讼法》还规定，原审人民法院收到上诉状，应当在五日内将上诉状副本送达对方当事人，对方当事人在收到之日起十五日内提出答辩状。人民法院应当在收到答辩状之日起五日内将副本送达上诉人。对方当事人不提出答辩状的，不影响人民法院审理。原审人民法院收到上诉状、答辩状，应当在5日内连同全部案卷和证据，报送第二审人民法院。

民事案件二审审理期限一般为三个月。因此，本案中，二审法院已经受理了王某的上诉，王某不必过于焦急，其直接把上诉状送到中院，中院会在五日内将其上诉状移交一审人民法院。

[法条链接]

《民事诉讼法》第一百六十四条　当事人不服地方人民法院第一审判决的，有权在判决书送达之日起十五日内向上一级人民法院提起上诉。当事人不服地方人民法院第一审裁定的，有权在裁定书送达之日起十日内向上一级人民法院提起上诉。

《民事诉讼法》第一百六十五条　上诉应当递交上诉状。上诉状的内容，应当包括当事人的姓名，法人的名称及其法定代表人的姓名或者其他组织的名称及其主要负责人的姓名；原审人民法院名称、案件的编号和案由；上诉的请求和理由。

《民事诉讼法》第一百六十六条　上诉状应当通过原审人民法院提出，并按照对方当事人或者代表人的人数提出副本。

当事人直接向第二审人民法院上诉的，第二审人民法院应当在五日内将上诉状移交原审人民法院。

《民事诉讼法》第一百六十七条　原审人民法院收到上诉状，应当在五日内将上诉状副本送达对方当事人，对方当事人在收到之日起十五日内提出答辩状。人民法院应当在收到答辩状之日起五日内将副本送达上诉人。对方当事人不提出答辩状的，不影响人民法院审理。

原审人民法院收到上诉状、答辩状，应当在五日内连同全部案卷和证据，报送第二审人民法院。

上诉费还能退回吗

[典型案例]

2012年8月20日，丁某由于民事纠纷被崔某起诉，一审丁某败诉。丁某向中级人民法院提起上诉，二审法院认为原判决认定事实错误，裁定撤销原判决，发回原审人民法院重审，但是重审时原告申请撤诉。

那么，如果法院裁定准许撤诉，丁某交的上诉费还能退回吗？

[律师解析]

二审法院认为原判决认定事实错误，撤销原判决，发回原审人民法院重审以后，原告申请撤诉，人民法院经审查如果认为符合法定条件的，可以裁定准许撤诉，并在撤诉裁定书上对原审被告交纳的上诉费用做出处理。根据《诉讼费用交纳办法》的规定，第二审人民法院决定将案件发回重审的，应当退还上诉人已交纳的第二审案件受理费。

[法条链接]

《诉讼费用交纳办法》第二十七条　第二审人民法院决定将案

件发回重审的，应当退还上诉人已交纳的第二审案件受理费。

第一审人民法院裁定不予受理或者驳回起诉的，应当退还当事人已交纳的案件受理费；当事人对第一审人民法院不予受理、驳回起诉的裁定提起上诉，第二审人民法院维持第一审人民法院做出的裁定的，第一审人民法院应当退还当事人已交纳的案件受理费。

如何确定起诉法院

[典型案例]

丙省的甲市某焦化厂（简称焦化厂）与乙市某物资供应站（简称供应站）于2009年5月1日签订一份《工矿产品购销合同》，约定焦化厂为供方，供应站为需方，解决合同纠纷的方式为"双方所在地法院均可裁决"等条款。后据焦化厂称，案外人收取了供应站预付的80万元货款的承兑汇票，该厂未收到预付款，故未向供应站实际交付货物。

2010年3月10日，供应站向乙市某法院提起诉讼，要求焦化厂返还货款72万余元及赔偿其他经济损失。焦化厂对管辖权提出异议，认为此案乙市某法院无管辖权，应将该案移送至被告所在地甲市某法院审理。

那么，焦化厂该如何确定起诉法院？

[律师解析]

在当事人选择采用诉讼的方式解决民事纠纷时，首先需要解决的问题便是向哪个法院提起诉讼的问题。确定起诉法院，需要依照如下步骤进行：

首先，确定管辖法院的级别。根据我国《民事诉讼法》的规定，我国是在四级法院之间分配一审案件的管辖权，其中基层法院管辖除依法由中级人民法院、高级人民法院以及最高人民法院管辖的第一审民事案件之外的所有一审民事案件。中级人民法院管辖重大涉外案件、在本辖区内有重大影响的案件以及最高人民法院确定由中级人民法院管辖的案件（海事海商案件、专利纠纷案件、涉及港澳台当事人的重大民事纠纷案件）。高级人民法院管辖本辖区内有重大影响的第一审案件。最高人民法院管辖的是在全国范围内有重大影响的案件以及其认为应当由其审理的案件。一般而言，主要是由基层人民法院管辖一审案件。

其次，确定地域管辖，亦即在确定法院的级别后，具体确定由同级人民法院之间的哪一个法院管辖的过程。我国《民事诉讼法》明确规定了各类案件的地域管辖。

最后，如果当事人双方之间存在着对于起诉法院的约定，则在不违反级别管辖和专属管辖的情况下，由协议确定的法院管辖。此外，尽管起诉前双方当事人没有就管辖的法院有明确的意思表示，但是对于一方当事人的起诉，另一方当事人不主张该法院没有管辖权并应诉答辩也可以使该法院取得管辖权。

本案中，若据当事人焦化厂所述其未实际向供应站发货，则不适用以履行地确定管辖。而只能由先起诉的供应站对应的被告焦化厂住所地的甲市的某法院审理。

[法条链接]

《民事诉讼法》第十七条 基层人民法院管辖第一审民事案件，但本法另有规定的除外。

《民事诉讼法》第十八条 中级人民法院管辖下列第一审民事

案件：

（一）重大涉外案件；

（二）在本辖区有重大影响的案件；

（三）最高人民法院确定由中级人民法院管辖的案件。

《民事诉讼法》第十九条　高级人民法院管辖在本辖区有重大影响的第一审民事案件。

《民事诉讼法》第二十条　最高人民法院管辖下列第一审民事案件：

（一）在全国有重大影响的案件；

（二）认为应当由本院审理的案件。

什么叫作保全

[典型案例]

王某借款给金某10万元，2012年到期后发现他无力还款，而且夫妻离异，据说离婚协议规定他签字的借款归他负责，名下厂房归他。王某准备起诉金某，可是他外面的债主很多，王某该如何尽早地争取到他的权益，是否应该进行财产保全？

[律师解析]

保全分为行为保全和财产保全两种。行为保全，是指人民法院为当事人或者利害关系人的利益受到不应有的损害或进一步的损害，责令当事人作出一定行为或禁止其做出一定行为的强制措施。财产保全，是指人民法院在利害关系人起诉前或者当事人起诉后，为保障将来的生效判决能够得到执行或者避免财产遭受损失，对当事人的财产或者争议的标的物，采取限制当事人处分的强制措施。

根据《民事诉讼法》的规定，保全分为诉中保全和诉前保全。诉中保全是指人民法院在受理案件之后，做出判决之前，对当事人的财产或者争议标的物采取限制当事人处分或责令当事人做出一定行为或禁止其作出一定行为的强制措施。

诉前保全是指在紧急情况下，法院不立即采取保全措施，利害关系人的合法权益将会受到难以弥补的损害的，利害关系可以在提起诉讼或者申请仲裁前向被保全财产所在地、被申请人住所地或者对案件有管辖权的人民法院申请采取保全措施，这便是《民事诉讼法》第一百零一条对诉前保全的规定。人民法院在接受诉前保全申请后应在四十八小时内做出裁定，裁定保全的应当立即开始执行，申请人在人民法院采取保全措施后三十日内应依法提起诉讼或申请仲裁，否则人民法院应当解除保全措施。

本案中，王某可在起诉后向法院申请诉中财产保全，维护自己的合法权益。

[法条链接]

《民事诉讼法》第一百条　人民法院对于可能因当事人一方的行为或者其他原因，使判决难以执行或者造成当事人其他损害的案件，根据对方当事人的申请，可以裁定对其财产进行保全、责令其做出一定行为或者禁止其做出一定行为；当事人没有提出申请的，人民法院在必要时也可以裁定采取保全措施。

人民法院采取保全措施，可以责令申请人提供担保，申请人不提供担保的，裁定驳回申请。

人民法院接受申请后，对情况紧急的，必须在四十八小时内做出裁定；裁定采取保全措施的，应当立即开始执行。

《民事诉讼法》第一百零一条　利害关系人因情况紧急，不立即申请保全将会使其合法权益受到难以弥补的损害的,可以在提起诉讼或者申请仲裁前向被保全财产所在地、被申请人住所地或者对案件有管辖权的人民法院申请采取保全措施。申请人应当提供担保,不提供担保的,裁定驳回申请。

人民法院接受申请后,必须在四十八小时内做出裁定;裁定采取保全措施的,应当立即开始执行。

申请人在人民法院采取保全措施后三十日内不依法提起诉讼或者申请仲裁的,人民法院应当解除保全。

第三人如何申请加入民事诉讼

[典型案例]

林某去世以后,其子林甲与林乙就遗产分割问题发生纠纷,林甲认为林乙多占了财产,遂向法院诉讼请求重新分割。诉讼过程中,其在外地的妹妹林丙赶回家中,认为父亲的遗产应该有自己的一份。那么,林丙可以加入她的两个哥哥之间的诉讼吗?如果能参加,应以什么身份参加?

[律师解析]

现实生活中的法律关系错综复杂,某诉讼标的经常不止涉及两方当事人,面对双方当事人的诉讼,法律为保护有利害关系第三人的合法权利、同时为降低诉讼成本、集中处理案件,对第三人参与诉讼的方式做出了具体规定。

《民事诉讼法》规定:"对当事人双方的诉讼标的,第三人认为有独立请求权的,有权提起诉讼。对当事人双方的诉讼标的,第三人虽然没有独立请求权,但案件处理结果同他有法律上的利害关系的,可以申请参加诉讼,或者由人民法院通知他参加诉讼。人民法院判决承担民事责任的第三人,有当事人的诉讼权利义务。"第一款是有独立请求权的第三人,第二款规定无独立请求权的第三人。《最高人民法院关于适用〈中华人民共和国民事诉讼法〉若干问题的意见》规定:"依照民事诉讼法第五十六条的规定,有独立请求权的第三人有权向人民法院提出诉讼请求和事实、理由,成为当事人;无独立请求权的第三人,可以申请或者由人民法院通知参加诉讼。"这就表明了第三人加入民事诉讼的不同方式。

在本案中,林丙作为继承人,对诉讼标的即林某的遗产有独立的请求权,可以参加到诉讼中来,她的身份是有独立请求权的第三人。有独立请求权的第三人是指对原、被告争议的诉讼标的认为有独立的请求权,因而起诉参加到已经开始的诉讼中来的人。本案中,林丙认为两个哥哥争财产而将她排除在外,侵害了她的继承权,因此参加到诉讼中来,其诉讼地位是有独立请求权的第三人。林丙不仅可以申请加入到诉讼中,还可以向人民法院提出诉讼请求和事实、理由,成为当事人。但应注意加入民事诉讼的时间是案件受理后、法庭辩论结束前。

[法条链接]

《民事诉讼法》第五十六条 对当事人双方的诉讼标的,第三人认为有独立请求权的,有权提起诉讼。对当事人双方的诉讼标的,第三人虽然没有独立请求权,但案件处理结果同他有法律上的利害关系的,可以申请参加诉讼,或者由人民法院通知他参加诉讼。人民法院判决承担民事责任的第三人,有当事人的诉讼权利义务。

民事诉讼如何实现先予执行

［典型案例］

王某年轻时丧偶，含辛茹苦地将三个儿子拉扯长大、成家，其儿子却不承担赡养老人的义务，年逾七十的王某只得靠耕种几分薄地过活。一天在耕种时王某不慎将腿摔坏，可实在无力支付医疗费用，又急需治疗，遂以三个儿子为共同被告起诉追讨赡养费。诉讼期间，需要进行手术，王某可否先行获取赡养费以支付迫在眉睫的手术费用？

［律师解析］

先予执行，是指人民法院在终局判决之前，为解决权利人生活或生产经营的急需，依法裁定义务人预先履行一定数额的金钱或者财物等措施的制度。

本案中，王某属于追索赡养费用的情况，由于王某住院治疗急需医疗费用，可以申请先予执行。王某需向法院提出书面申请，提交先予执行申请书；法院不得依职权采取措施，应当在受理案件后终审判决前做出是否先予执行的裁定。

［法条链接］

《民事诉讼法》第九十七条　人民法院对下列案件，根据当事人的申请，可以裁定先予执行：

（一）追索赡养费、抚养费、抚育费、抚恤金、医疗费用的；

（二）追索劳动报酬的；

（三）因情况紧急需要先予执行的。人民法院可以责令申请人提供担保，申请人不提供担保的，驳回申请。申请人败诉的，应当赔偿被申请人因先予执行遭受的财产损失。

当事人如何申请强制执行

[典型案例]

某市某晚报社发表本报记者修某的新闻稿，称某单位领导人刘某生活作风腐化，贪污受贿，后刘某起诉到法院，法院经查明确无此事，要求报社公开赔礼道歉。判决生效后报社拒不执行。刘某可以申请法院强制执行吗？如何申请？

[律师解析]

在现实生活中，经常遇到判决后难以执行的情况，为保障自己的权利，需要法院协助强制执行。如何申请法院的强制执行，《民事诉讼法》有具体的规定，诉讼参与人或者其他人有下列行为之一的，人民法院可以根据情节轻重予以罚款、拘留；构成犯罪的，依法追究刑事责任：(1)伪造、毁灭重要证据，妨碍人民法院审理案件的；(2)以暴力、威胁、贿买方法阻止证人作证或者指使、贿买、胁迫他人作伪证的；(3)隐藏、转移、变卖、毁损已被查封、扣押的财产，或者已被清点并责令其保管的财产，转移已被冻结的财产的；(4)对司法工作人员、诉讼参加人、证人、翻译人员、鉴定人、勘验人、协助执行的人，进行侮辱、诽谤、诬陷、殴打或者打击报复的；(5)以暴力、威胁或者其他方法阻碍司法工作人员执行职务的；(6)拒不履行人民法院已经发生法律效力的判决、裁定的。人民法院对有前款规定的行为之一的单位，可以对其主要负责人或者直接责任人员予以罚款、拘留；构成犯罪的，依法追究刑事责任。这就赋予了法院一定的强制措施的执行权。

在本案中,刘某可以向被执行人所在地,即报社所在地的法院提出强制执行的申请,填写执行申请书,预交执行费,由法院决定是否强制执行。由于本案涉及名誉权判决的问题,具体还要参见《名誉权案件解释》第十一条。法院应当将判决内容公告,费用由被执行人承担。并且在必要的时候,可以对直接负责人罚款拘留以督促其执行判决。

[法条链接]

《民事诉讼法》第一百零二条 诉讼参与人或者其他人有下列行为之一的,人民法院可以根据情节轻重予以罚款、拘留;构成犯罪的,依法追究刑事责任:

(一)伪造、毁灭重要证据,妨碍人民法院审理案件的;

(二)以暴力、威胁、贿买方法阻止证人作证或者指使、贿买、胁迫他人作伪证的;

(三)隐藏、转移、变卖、毁损已被查封、扣押的财产,或者已被清点并责令其保管的财产,转移已被冻结的财产的;

(四)对司法工作人员、诉讼参加人、证人、翻译人员、鉴定人、勘验人、协助执行的人,进行侮辱、诽谤、诬陷、殴打或者打击报复的;

(五)以暴力、威胁或者其他方法阻碍司法工作人员执行职务的;

(六)拒不履行人民法院已经发生法律效力的判决、裁定的。人民法院对有前款规定的行为之一的单位,可以对其主要负责人或者直接责任人员予以罚款、拘留;构成犯罪的,依法追究刑事责任。

第十三章 刑事诉讼程序

刑事诉讼中,违反法庭秩序的行为应怎样处罚

[典型案例]

某县人民法院公开审理某村村民井某过失杀人案。在法庭辩论阶段,井某的辩护人王某多次粗暴打断检察员的发言,并抓着扩音器跑到台前冲着下面大喊,任意打断审判长和公诉人的发言,一直纠缠了两个多小时,造成法庭秩序严重混乱。

那么,对王某违反法庭秩序的行为要追究什么责任?

[律师解析]

根据《刑事诉讼法》的规定,在法庭审判过程中,如果诉讼参与人或者旁听人员违反法庭秩序,审判长应当警告制止。对不听制止的,可以强行带出法庭;情节严重的,处以一千元以下的罚款或者十五日以下的拘留。罚款、拘留必须经院长批准。被处罚人对罚款、拘留的决定不服的,可以向上一级人民法院申请复议。复议期间不停止执行。本案中,王某的行为严重地扰乱了法庭秩序,影响恶劣,情节比较严重,但还构不成犯罪,审判长应当今法警将其强行逐出法庭,事后再给予相应的行政处罚。

[法条链接]

《刑事诉讼法》第一百六十一条 在法庭审判过程中,如果诉讼参与人或者旁听人员违反法庭秩序,审判长应当警告制止。对不听制止的,可以强行带出法庭;情节严重的,处以一千元以下的罚款或者十五日以下的拘留。罚款、拘留必须经院长批准。被处罚人对罚款、拘留的决定不服的,可以向上一级人民法院申请复议。复议期间不停止执行。

对聚众哄闹、冲击法庭或者侮辱、诽谤、威胁、殴打司法工作人员或者诉讼参与人,严重扰乱法庭秩序,构成犯罪的,依法追究刑事责任。

怎样申请取保候审

[典型案例]

王某的好友林某因打架被公安局刑事拘留。由于他把对方打成了轻伤,可能要承担刑事责任。林某听说这种情况可以申请取保候审,希望王某能够为他做保证人。

那么,林某将人打成轻伤可以被取保候审吗,王某应该怎样去办理取保候审?

[律师解析]

申请取保候审,需注意如下几点:

(1)可以申请取保候审的情形,具体体现如下规定之中。人民法院、人民检察院和公安机关对于有下列情形之一的犯罪嫌疑人、被告人,可以取保候审:①可能判处管制、拘役或者独立适用附加刑的;②可能判处有期徒刑以上刑罚,采取取保候审不致发生社会危险性的;③患有严重疾病、生活不能自理,怀孕或者正在哺乳自己婴儿的妇女,采取取保候审不致发生社会危险性的;④羁押期限届满,案件尚未办结,需要采取取保候审的。取保候审由公安机关执行。

(2)取保候审申请人的范围和申请方式。犯罪嫌疑人、被告人及其法定代理人、近亲属或者辩护人有权申请变更强制措施。人民法院、人民检察院和公安机关收到申请后,应当在三日以内做出决定;不同意变更强制措施的,应当告知申请人,并说明不同意的理由。

(3)取保候审的保证方式。人民法院、人民检察院和公安机关决定对犯罪嫌疑人、被告人取保候审,应当责令犯罪嫌疑人、被告人提出保证人或者交纳保证金。

[法条链接]

《刑事诉讼法》第六十五条 公安机关对于被拘留的人,应当在拘留后的二十四小时以内进行讯问。在发现不应当拘留的时候,必须立即释放,发给释放证明。对需要逮捕而证据还不充足的,可以取保候审或者监视居住。

《刑事诉讼法》第八十九条 公安机关对已经立案的刑事案件,应当进行侦查,收集、调取犯罪嫌疑人有罪或者无罪、罪轻或者罪重的证据材料。对现行犯或者重大嫌疑分子可以依法先行拘留,对符合逮捕条件的犯罪嫌疑人,应当依法逮捕。

自诉案件怎样起诉

[典型案例]

王某为泄私怨殴打韩某,致其头部受伤,法医鉴定是轻微伤。王某为此缴纳了取保候审押金五千元，治疗费用近四千元。韩某因伤误工四十天，并支付了医疗费用一万余元，王某拒绝继续支付医疗费和误工费。检察院认为此案不足以起诉，韩某于是自行向人民法院提起刑事自诉。

[律师解析]

自诉案件，是指被害人或其法定代理人，为了追究被告人的刑事责任，依法直接向人民法院提起诉讼的刑事案件。

现行《刑事诉讼法》规定，自诉案件包括下列案件：(1)告诉才处理的案件；(2)被害人有证据证明的轻微刑事案件；(3)被害人有证据证明对被告人侵犯自己人身、财产权利的行为应当依法追究刑事责任，而公安机关或者人民检察院不予追究被告人刑事责任的案件。

最高人民法院《关于适用〈中华人民共和国刑事诉讼法〉的解释》规定："提起自诉应当提交刑事诉状；同时提起附带民事诉讼的，应当提交刑事附带民事自诉状。"该解释还规定了自诉状的具体内容：自诉状应当包括以下内容：(1)自诉人(代为告诉人)、被告人的姓名、性别、年龄、民族、出生地、文化程度、职业、工作单位、住址、联系方式；(2)被告人实施犯罪的时间、地点、手段、情节和危害后果等；(3)具体的诉讼请求；(4)致送的人民法院和具状时间；(5)证据的名称、来源等；(6)证人的姓名、住址、联系方式等。对两名以上被告人提出告诉的，应当按照被告人的人数提供自诉状副本。

自诉人明知有其他共同侵害人，但只对部分侵害人提起自诉的，人民法院应当受理，并告知其放弃告诉的法律后果；自诉人放弃告诉，判决宣告后又对其他共同侵害人就同一事实提起自诉的，人民法院不予受理。

共同被害人中只有部分人告诉的,人民法院应当通知其他被害人参加诉讼,并告知其不参加诉讼的法律后果。被通知人接到通知后表示不参加诉讼或者不出庭的,视为放弃告诉。第一审宣判后,被通知人就同一事实又提起自诉的,人民法院不予受理。但是,当事人另行提起民事诉讼的,不受本解释限制。

被告人实施两个以上犯罪行为,分别属于公诉案件和自诉案件,人民法院可以一并审理。对自诉部分的审理,适用本章的规定。

[法条链接]

《刑事诉讼法》第一百七十条 自诉案件包括:

(一)告诉才处理的案件;

(二)被害人有证据证明的轻微刑事案件;

(三)被害人有证据证明对被告人侵犯自己人身、财产权利的行为应当依法追究刑事责任,而公安机关或者人民检察院不予追究被告人刑事责任的案件。

《最高人民法院关于执行<中华人民共和国刑事诉讼法>的司法解释》第二百六十一条 提起自诉应当提交刑事自诉状;同时提起附带民事诉讼的,应当提交刑事附带民事自诉状。

《最高人民法院关于执行<中华人民共和国刑事诉讼法>的司法解释》第二百六十二条 自诉状应当包括以下内容:

(一)自诉人(代为告诉人)、被告人的姓名、性别、年龄、民族、出生地、文化程度、职业、工作单位、住址、联系方式;

(二)被告人实施犯罪的时间、地点、手段、情节和危害后果等;

（三）具体的诉讼请求；

（四）致送的人民法院和具状时间；

（五）证据的名称、来源等；

（六）证人的姓名、住址、联系方式等。

对两名以上被告人提出告诉的，应当按照被告人的人数提供自诉状副本。

《最高人民法院关于执行＜中华人民共和国刑事诉讼法＞的司法解释》第二百六十三条　对自诉案件，人民法院应当在十五日内审查完毕。经审查，符合受理条件的，应当决定立案，并书面通知自诉人或者代为告诉人。

具有下列情形之一的，应当说服自诉人撤回起诉；自诉人不撤回起诉的，裁定不予受理：

（一）不属于本解释第一条规定的案件的；

（二）缺乏罪证的；

（三）犯罪已过追诉时效期限的；

（四）被告人死亡的；

（五）被告人下落不明的；

（六）除因证据不足而撤诉的以外，自诉人撤诉后，就同一事实又告诉的；

（七）经人民法院调解结案后，自诉人反悔，就同一事实再行告诉的。

《最高人民法院关于执行＜中华人民共和国刑事诉讼法＞的司法解释》第二百六十四条　对已经立案，经审查缺乏罪证的自诉案件，自诉人提不出补充证据的，人民法院应当说服其撤回起诉或者裁定驳回起诉；自诉人撤回起诉或者被驳回起诉后，又提出了新的足以证明被告人有罪的证据，再次提起自诉的，人民法院应当受理。

《最高人民法院关于执行＜中华人民共和国刑事诉讼法＞的司法解释》第二百六十五条 自诉人对不予受理或者驳回起诉的裁定不服的，可以提起上诉。

第二审人民法院查明第一审人民法院做出的不予受理裁定有错误的，应当在撤销原裁定的同时，指令第一审人民法院立案受理；查明第一审人民法院驳回起诉裁定有错误的，应当在撤销原裁定的同时，指令第一审人民法院进行审理。

《最高人民法院关于执行＜中华人民共和国刑事诉讼法＞的司法解释》第二百六十六条 自诉人明知有其他共同侵害人，但只对部分侵害人提起自诉的，人民法院应当受理，并告知其放弃告诉的法律后果；自诉人放弃告诉，判决宣告后又对其他共同侵害人就同一事实提起自诉的，人民法院不予受理。

共同被害人中只有部分人告诉的，人民法院应当通知其他被害人参加诉讼，并告知其不参加诉讼的法律后果。被通知人接到通知后表示不参加诉讼或者不出庭的，视为放弃告诉。第一审宣判后，被通知人就同一事实又提起自诉的，人民法院不予受理。但是，当事人另行提起民事诉讼的，不受本解释限制。

《最高人民法院关于执行＜中华人民共和国刑事诉讼法＞的司法解释》第二百六十七条 被告人实施两个以上犯罪行为，分别属于公诉案件和自诉案件，人民法院可以一并审理。对自诉部分的审理，适用本章的规定。

《最高人民法院关于执行＜中华人民共和国刑事诉讼法＞的司法解释》第二百六十八条 自诉案件当事人因客观原因不能取得的证据，申请人民法院调取的，应当说明理由，并提供相关线索或者材料。人民法院认为有必要的，应当及时调取。

刑事诉讼证据包括哪些

[典型案例]

贺某挤公车时与人发生口角,双方一言不合发生纠纷并拉扯起来。推搡中贺某被对方打伤,气愤的贺某立即报警。检察院决定不予起诉后,他决定提起刑事自诉,并向律师咨询应该搜集哪些证据。

[律师解析]

我国《刑事诉讼法》规定,可以用于证明案件事实的材料,都是证据。证据有下列八种:物证;书证;证人证言;被害人陈述;犯罪嫌疑人、被告人供述和辩解;鉴定意见;勘验、检查、辨认、侦查实验等笔录;视听资料、电子数据。证据必须经过查证属实,才能作为定案的根据。

(1)物证是用于犯罪或与犯罪相关联的,能够证明犯罪行为和有关犯罪情节的物品或痕迹,如作案工具、赃款赃物、血迹、指纹、脚印等。

(2)书证是能够证明案件真实情况的文件或其他文字材料,如毒品犯罪分子进行联络的往来书信;贪污犯罪分子涂改的单据、账本等。

(3)证人证言,是知道案件真实情况的人,就其所了解的案件情况,向司法机关或有关人员作的陈述。刑事诉讼法规定,凡是知道案件真实情况的人,都有向司法机关作证的义务。证人不能随意指定,也不能由他人代替。

(4)被害人陈述,是直接受到犯罪行为侵害的人,就受害情况及案件的有关其他情况向司法机关或有关人员所作的陈述。

（5）犯罪嫌疑人、被告人供述和辩解，是犯罪嫌疑人、被告人就本人的犯罪行为向司法机关所作的供述，或称口供；或是犯罪嫌疑人、被告人否认自己有犯罪行为或者承认犯罪，但认为应当减轻处罚、免除处罚所作的辩解。

（6）鉴定意见，是为了查明案情，对专门性问题由有专门知识的人进行鉴定后而写出的结论性报告。如法医鉴定、指纹鉴定、笔迹鉴定、化学物品鉴定、精神病鉴定等。

（7）勘验、检查、辨认、侦查实验等笔录，是侦查人员对与犯罪有关的场所、物品、人身和尸体进行勘验、检查、辨认、侦查实验等所作的记录。根据法律规定，勘验、检查、辨认、侦查实验等的情况应当写成笔录，由参加勘验、检查、辨认、侦查实验等的人和见证人签名或者盖章。

（8）视听资料、电子数据，是以录音、录像磁带所反映的形象、声音以及电子计算机中所储存的数据、资料及其载体等用以证明案件真实情况的证据。

[法条链接]

《刑事诉讼法》第四十二条　证明案件真实情况的一切事实，都是证据。

证据有下列七种：

（一）物证、书证；

（二）证人证言；

（三）被害人陈述；

（四）犯罪嫌疑人、被告人供述和辩解；

（五）鉴定结论；

（六）勘验、检查笔录；

（七）视听资料。

以上证据必须经过查证属实，才能作为定案的根据。

如何为犯罪人员申请监外执行

［典型案例］

刘某因贪污罪被判二十年有期徒刑，已在监狱服刑十一年，在监期间，表现良好，积极悔过。现年逾六十，突发脑淤血，生活不能自理，其家人欲申请监外执行，需要什么程序？

［律师解析］

被判处有期徒刑或者拘役的罪犯，由于患有严重疾病需要保外就医，或者妇女怀孕或者正在哺乳自己的婴儿，不适宜在监狱或其他劳动改造场所执行刑罚，可暂由罪犯原居住地的公安派出所执行，并由罪犯原属的基层组织或者所在单位协助监督的一种特殊刑罚执行方法。国家出于保护人权、人性化考量，对特殊情况的罪犯采用特殊的执行方式，是符合人道主义原则的。

对于暂予监外执行的适用条件，《刑事诉讼法》做了明确规定，即必须具备下列情形之一：（1）罪犯有严重疾病需保外就医。对于适用保外就医可能有社会危险性的罪犯，或者自伤自残的罪犯，不得保外就医。对于罪犯确有严重疾病，必须保外就医的，由省级人民政府指定的医院开具证明文件，依照法律规定的程序审批。发现被保外就医的罪犯不符合保外就医条件的，或者严重违反有关保外就医规定的，应当及时收监执行。（2）罪犯怀孕或者正在哺乳自己的婴儿。哺乳期限按婴儿出生后一年计算。（3）罪犯生活不能自理,适用暂予监外执行不致危害社会。

在该案中,刘某在监执行期间表现良好,积极悔过,可以判断其暂予监外执行不致危害社会,其突发脑淤血,生活不能自理,已经符合监外执行的条件。其家人可向执行机关即刘某所在监狱提出申请,填写监外执行申请书。由执行机关做出书面意见,报省、自治区、直辖市监狱管理机关批准。批准暂予监外执行的机关应当将批准的决定抄送人民检察院。暂予监外执行的情形消失后,罪犯刑期未满的,应当及时收监。如果罪犯是在执行过程中被决定暂予监外执行的,负责执行的公安机关应当通知监狱等执行机关收监。暂予监外执行过程中罪犯刑期届满的,应当由原关押监狱等执行机关办理释放手续。罪犯在暂予监外执行期间死亡的,负责执行的公安机关应当及时通知原关押监狱或其他执行机关。

[法条链接]

《刑事诉讼法》第二百一十四条 对于被判处有期徒刑或者拘役的罪犯,有下列情形之一的,可以暂予监外执行:

(一)有严重疾病需要保外就医的;

(二)怀孕或者正在哺乳自己婴儿的妇女。

对于适用保外就医可能有社会危险性的罪犯,或者自伤自残的罪犯,不得保外就医。

对于罪犯确有严重疾病,必须保外就医的,由省级人民政府指定的医院开具证明文件,依照法律规定的程序审批。

发现被保外就医的罪犯不符合保外就医条件的,或者严重违反有关保外就医的规定的,应当及时收监。

对于被判处有期徒刑、拘役,生活不能自理,适用暂予监外执行不致危害社会的罪犯,可以暂予监外执行。

对于暂予监外执行的罪犯,由居住地公安机关执行,执行机关应当对其严格管理监督,基层组织或者罪犯的原所在单位协助进行监督。

遭遇刑讯逼供时如何主张权利

[典型案例]

胡某是一名小区保安,和妻子的感情一直不好,其妻子因怀疑胡某有外遇,与胡某的关系就变得更加紧张,经常发生争吵打闹,妻子精神一度濒于崩溃,后来索性离家出走。其妻子家人认为胡某将其妻子杀害,于是对其提起刑事诉讼。胡某很快被逮捕,在审讯期间,刑警认定其为杀人凶手,不让睡不让喝,控制大小便,多次遭拳打脚踢,连续七天被要求保持固定姿势坐在一种带锁的老虎凳上,致使臀部溃烂、化脓。胡某还经常被办案人员用鞋底或苍蝇拍扇耳光,被办案人员用皮鞋狠踩其脚趾,导致其右脚大拇趾指甲脱落。无法忍受之下,胡某屈打成招,承担了全部的罪行。

那么,当犯罪嫌疑人遭遇刑讯逼供时应该如何维权呢?

[律师解析]

刑讯逼供是指司法工作人员采用肉刑或变相肉刑折磨被讯问人的肉体或精神,以获取其供述的一种极恶劣的审讯方法。法律条文明确规定禁止刑讯逼供,但在司法实践中,刑讯逼供仍普遍存在。这是与建设社会主义法治社会的目标背道而驰的。

根据《刑事诉讼法》之规定,审判人员、检察人员、侦查人员必须依照法定程序,收集能够证实犯罪嫌疑人、被告人有罪或者无罪、犯罪情节轻重的各种证据。严禁刑讯逼供和以威胁、引诱、欺骗以及其他非法的方法搜集证据。必须保证一切与案件有关或者了解案情的公民,有客观地充分地提供证据的条件,除特殊情况外,并且可以吸收他们协助调查。

《人民检察院刑事诉讼规则》也指出:讯问犯罪嫌疑人的时候,应当首先查明他的基本情况,讯问其是否有犯罪行为,让其陈述有罪的事实或者作无罪的辩解,然后向他提出问题。对提出的反证要认真查核。严禁刑讯逼供和以威胁、引诱、欺骗以及其他非法的方法获取供述。

《最高人民法院关于执行〈中华人民共和国刑事诉讼法〉若干问题的解释》中也指出:严禁以非法的方法搜集证据。凡经查证确实属于采用刑讯逼供或者威胁、引诱、欺骗等非法的方法取得的证人证言、被害人陈述、被告人供述,不能作为定案的根据。

综上所述可知,刑讯逼供取得的证据是不合法的。证据的合法性,就是指证据必须在主体、形式、取得方法和程序上具有合法性,是由司法人员和当事人依据法定程序收集和提供的,以保证证据是具有法律效力的。而刑讯逼供不属于法定的程序,经非法程序收集的证据没有法律效力,不能用于证明。本案中,刑警和办案人员暴打犯罪嫌疑人胡某,通过刑讯逼供而取得的证据是通过非法程序得到的,因此是无效的,没有法定的证明力。

[法条链接]

《刑事诉讼法》第四十三条 审判人员、检察人员、侦查人员必须依照法定程序,收集能够证实犯罪嫌疑人、被告人有罪或者无罪、犯罪情节轻重的各种证据。严禁刑讯逼供和以威胁、引诱、欺骗以及其他非法的方法搜集证据。必须保证一切与案件有关或者了解案情的公民，有客观地充分地提供证据的条件，除特殊情况外，并且可以吸收他们协助调查。

人民法院如何为嫌疑人指定辩护人

[典型案例]

犯罪嫌疑人孟小楠因犯故意杀人罪和强奸罪被人民检察院依法提起公诉。案件移交到法院后，由于家境贫困，孟小楠及其家人迟迟不肯为孟小楠聘请律师来参与诉讼。孟小楠家人一致认为，孟小楠犯的是死罪，而且很丢人，很可能会判死刑，救与不救没什么意义，花这种钱是没有必要的，也就不必请律师了。面对这样的情况，孟小楠作为一个文化程度不高、法律知识很少的人应该怎么主张权利呢，法律对于类似的情形有没有专门的规定呢？

[律师解析]

辩护分为委托辩护和指定辩护。指定辩护是法院基于法律及被告人的特殊身份或某种情况指定律师或其他公民为被告人进行辩护的制度。在我国指定辩护是由人民法院指定的，通常被指定的辩护人由律师承担，这种辩护人称为指定辩护人。

由于犯罪嫌疑人或者被告人通常对法律了解不多，所以他们常常需要借助法律专业人士的力量来维护自己的合法权益。本案中，犯罪嫌疑人孟小楠由于家境贫寒，无法聘请律师，国家会为孟小楠指定律师，这样，在刑事诉讼中被告一方的利益才能被更好地维护。

[法条链接]

《刑事诉讼法》第三十三条 公诉案件自案件移送审查起诉之日起，犯罪嫌疑人有权委托辩护人。自诉案件的被告人有权随时委托辩护人。

人民检察院自收到移送审查起诉的案件材料之日起三日以内,应当告知犯罪嫌疑人有权委托辩护人。人民法院自受理自诉案件之日起三日以内,应当告知被告人有权委托辩护人。

不予追究刑事责任的案件如何处理

[典型案例]

于某与韩某是同村的村民,两人都在村里开店卖化妆品。于某为了击败竞争对手韩某,串通了经常给本村人送信的邮递员,截取了韩某的送货单等信件以窃取韩某开设的化妆店的进货渠道和价格。韩某遂向县公安局报警,县公安局侦查后得出结论,认为于某的行为已构成侵犯公民通信自由罪。依法将于某拘留并将本案移送县检察院审查起诉。检察院审查后认为,于某虽然私自截取并开拆他人信件,但情节显著轻微、危害不大,不构成犯罪。

那么,检察院对于某应当做出何种处理呢?

[律师解析]

公民通信自由权利,是指我国宪法和法律所赋予公民的通信自由不受侵犯的权利。我国法律规定,除公安机关、检察机关或者国家安全机关出于国家安全和追查犯罪分子的需要,严格按照法律规定的程序可以对公民的通信进行检查外,任何机关、团体、单位和个人都不得侵犯公民的通信自由和通信秘密。对于侵犯公民通信自由权利情节严重的行为,应当依法予以惩处。但是对于情节显著轻微的,不予追究刑事责任。

但是,不追究刑事责任并不代表违法行为人不承担任何责任,受害人可以依法依据《民事诉讼法》与民法的相关规定请求民事救济,要求赔偿或以其他方式承担民事责任。

本案中,县检察院对于某应当做出不起诉的处理,同时应书面说明理由并将案卷退回县公安局处理,县公安局可以依法撤销案件。但是,韩某可以起诉于某侵犯其民事权利,请求民事救济,以保护自己的合法权益。

[法条链接]

《刑事诉讼法》第十五条 有下列情形之一的,不追究刑事责任,已经追究的,应当撤销案件,或者不起诉,或者终止审理,或者宣告无罪:

(一)情节显著轻微、危害不大,不认为是犯罪的;

(二)犯罪已过追诉时效期限的;

(三)经特赦令免除刑罚的;

(四)依照刑法告诉才处理的犯罪,没有告诉或者撤回告诉的;

(五)犯罪嫌疑人、被告人死亡的;

(六)其他法律规定免予追究刑事责任的。

刑事处罚如何执行

[典型案例]

某市法院在审理王某、丁某、米某共同盗窃巨额财产和林某窝藏一案时,依法做出如下判决:王某系盗窃主犯,判处有期徒刑十年,剥夺政治权利三年,并处没收个人全部财产;丁某也为盗窃主犯,判处有期徒刑五年,剥夺政治权利两年,并处罚金五万元;米某系盗窃从犯,罪行较轻,且能够主动投案自首,故减轻处罚,判处有期徒刑一年,剥夺政治权利一年;林某明知王某犯有盗窃罪,却为其提供隐匿处所,判处管制一年,剥夺政治权利一年。

那么王某、丁某、米某和林某该分别交由哪些机关执行刑罚呢？

[律师解析]

刑罚是国家创制的、对犯罪分子适用的特殊制裁方法，是对犯罪分子某种权利的剥夺，以起到改造罪犯、保护社会和警醒世人的作用。在我国，不同刑罚的执行机关不同。

根据我国《刑事诉讼法》的规定，可以总结出刑事处罚的执行机关各自的职能：人民法院，负责执行死刑立即执行、罚金、没收财产；监狱，负责执行死刑缓期两年执行、无期徒刑、有期徒刑；公安机关，负责执行管制、剥夺政治权利、有期徒刑缓刑、拘役以及拘役缓刑，对于在交付执行刑罚前，剩余刑期在一年以下的有期徒刑罪犯，由看守所（隶属于公安机关）代为执行；未成年犯管教所，负责执行对未成年犯的刑罚。

本案中，根据《刑事诉讼法》的相关规定，王某所判十年有期徒刑，丁某所判五年有期徒刑，应由监狱执行；米某所判一年有期徒刑由看守所执行；林某所判管制刑罚，应当由公安机关执行；王某、米某、丁某所判的附加剥夺政治权利，由公安机关执行；对王某所判没收个人全部财产和对丁某所判的罚金五万元，由人民法院执行。

[法条链接]

《行政诉讼法》第三十二条　被告对做出的具体行政行为负有举证责任，应当提供做出该具体行政行为的证据和所依据的规范性文件。

第十四章 行政诉讼程序

在行政诉讼中,原告和被告谁负有举证责任

[典型案例]

2013年5月,韩某驾车行至某高速公路出口时,与一小货车相撞,造成重大交通事故。事故发生后,交警经调查取证,认定韩某负主要责任。韩某不服,提起行政诉讼。

那么,韩某要负举证责任吗?

[律师解析]

根据《行政诉讼法》的规定,被告对做出的具体行政行为负有举证责任,应当提供做出该具体行政行为的证据和所依据的规范性文件。行政诉讼中,由被告方负举证责任,有利于保护原告一方的诉权,且有利于充分发挥行政主体的举证优势,有效地推进诉讼的进程。本案中,韩某诉交警大队一案,韩某不必负举证责任,由被告承担举证责任。

[法条链接]

《行政诉讼法》第十一条 人民法院受理公民、法人和其他组织对下列具体行政行为不服提起的诉讼:

(一)对拘留、罚款、吊销许可证和执照、责令停产停业、没

收财物等行政处罚不服的;

(二)对限制人身自由或者对财产的查封、扣押、冻结等行政强制措施不服的;

(三)认为行政机关侵犯法律规定的经营自主权的;

(四)认为符合法定条件申请行政机关颁发许可证和执照,行政机关拒绝颁发或者不予答复的;

(五)申请行政机关履行保护人身权、财产权的法定职责,行政机关拒绝履行或者不予答复的;

(六)认为行政机关没有依法发给抚恤金的;

(七)认为行政机关违法要求履行义务的;

(八)认为行政机关侵犯其他人身权、财产权的。

除前款规定外,人民法院受理法律、法规规定可以提起诉讼的其他行政案件。

《行政诉讼法》第四十一条　提起诉讼应当符合下列条件:

(一)原告是认为具体行政行为侵犯其合法权益的公民、法人或者其他组织;

(二)有明确的被告;

(三)有具体的诉讼请求和事实根据;

(四)属于人民法院受案范围和受诉人民法院管辖。

提起行政诉讼需具备哪些条件

[典型案例]

林琳一直以在校生身份在首都师范大学参加学习和学校组织的一切活动,完成了学校制订的教学计划,并且学习成绩和毕业论文已经达到高等学校毕业生水平。然而在临近毕业时,首都师范才通知他所在的系，以林琳未通过英语四级考试为由，拒绝给他颁发毕业证、学位证和办理毕业派遣手续。林琳认为学校的做法于法不合，遂向人民法院提起行政诉讼。

那么，林琳可以提起行政诉讼吗？

［律师解析］

我国《行政诉讼法》明确规定了提起行政诉讼所需具备的条件。提起诉讼应当符合下列条件：（1）原告是认为具体行政行为侵犯其合法权益的公民、法人或者其他组织；（2）有明确的被告；（3）有具体的诉讼请求和事实根据；（4）属于人民法院受案范围和受诉人民法院管辖。

我国《行政诉讼法》规定了行政诉讼的受案范围。即人民法院受理公民、法人和其他组织对下列具体行政行为不服提起的诉讼：（1）对拘留、罚款、吊销许可证和执照、责令停产停业、没收财物等行政处罚不服的；（2）对限制人身自由或者对财产的查封、扣押、冻结等行政强制措施不服的；（3）认为行政机关侵犯法律规定的经营自主权的：（4）认为符合法定条件申请行政机关颁发许可证和执照，行政机关拒绝颁发或者不予答复的：（5）申请行政机关履行保护人身权、财产权的法定职责，行政机关拒绝履行或者不予答复的；（6）认为行政机关没有依法发给抚恤金的；（7）认为行政机关违法要求履行义务的；（8）认为行政机关侵犯其他人身权、财产权的。除前款规定外，人民法院受理法律、法规规定可以提起诉讼的其他行政案件。

当事人提起行政诉讼除需满足上述实质要件外，还需向法院提交书面形式的起诉状。

[法条链接]

《行政复议法》第十六条 公民、法人或者其他组织申请行政复议,行政复议机关已经依法受理的,或者法律、法规规定应当先向行政复议机关申请行政复议、对行政复议决定不服再向人民法院提起行政诉讼的,在法定行政复议期限内不得向人民法院提起行政诉讼。 公民、法人或者其他组织向人民法院提起行政诉讼,人民法院已经依法受理的,不得申请行政复议。

《行政复议法》第三十条 公民、法人或者其他组织认为行政机关的具体行政行为侵犯其已经依法取得的土地、矿藏、水流、森林、山岭、草原、荒地、滩涂、海域等自然资源的所有权或者使用权的,应当先申请行政复议;对行政复议决定不服的,可以依法向人民法院提起行政诉讼。

根据国务院或者省、自治区、直辖市人民政府对行政区划的勘定、调整或者征用土地的决定,省、自治区、直辖市人民政府确认土地、矿藏、水流、森林、山岭、草原、荒地、滩涂、海域等自然资源的所有权或者使用权的行政复议决定为最终裁决。

如何申请行政复议

[典型案例]

小韩途中碰到朋友,就将车停下来与朋友聊天。聊兴正浓,朋友提醒,行政执法人员来了。小韩还没有反应过来,自己的摩托车就被执法车辆拖走。两天后,小韩收到通知:摩托车占道,罚款500元,扣车一个月。小韩产生异议,如何解决?

[律师解析]

人的一生难免要与政府各部门打交道,如若对政府的处理决定有异议该如何处理?行政复议制度提供了一条救济途径,行政复议在我国是一种年轻的法律救济制度,现行的《行政复议法》对推动我国行政复议制度的发展起到了积极作用。

行政处罚的救济包括行政诉讼救济和行政复议救济两种方式。《行政复议法》第二章至第五章分别规定了行政复议范围、行政复议申请、行政复议受理、行政复议决定和法律责任。第六条规定:"有下列情形之一的,公民、法人或者其他组织可以依照本法申请行政复议;(一)对行政机关做出的警告、罚款、没收违法所得、没收非法财物、责令停产停业、暂扣或者吊销许可证、暂扣或者吊销执照、行政拘留等行政处罚决定不服的……"第九条规定了公民申请行政复议的期限:"公民、法人或者其他组织认为具体行政行为侵犯其合法权益的,可以自知道该具体行政行为之日起六十日内提出行政复议申请;但是法律规定的申请期限超过六十日的除外。"第十二条规定了申请对象:"对县级以上地方各级人民政府工作部门的具体行政行为不服的,由申请人选择,可以向该部门的本级人民政府申请行政复议,也可以向上一级主管部门申请行政复议。对海关、金融、国税、管理等实行垂直领导的行政机关和国家安全机关的具体行政行为不服的,向上一级主管部门申请行政复议。"

本案中,小韩是对行政处罚不服,可以依法申请行政复议。具体应在收到处罚通知的六十日内,以口头或书面形式提出申请,根据第十一条,口头申请的,由行政复议机关当场记录申请人的基本情况、行政复议请求、申请行政复议的主要事实、理由和时间。小韩应向该执法部门的上一级主管部门提出申请或向该执法部门的本级人民政府提出申请。

[法条链接]

《行政复议法》第十一条　申请人申请行政复议，可以书面申请，也可以口头申请；口头申请的，行政复议机关应当当场记录申请人的基本情况、行政复议请求、申请行政复议的主要事实、理由和时间。

如何对公安机关提起行政诉讼

[典型案例]

林智豪是一名菜农，2009年林智豪的女儿考上了杭州的一所大学。于是林智豪离开家乡跟随女儿到了市里，女儿上学，自己住在女儿学校附近打工。开始林智豪在一家餐厅清洗餐具，日子过得辛苦收入也不高。女儿下一年的学费眼见还没有着落，于是开始寻思其他生财之道。林智豪年轻时有小偷小摸的案底。一天早上林智豪在乘坐公交车时，因为涉嫌盗窃一位正准备上车的女乘客的钱包被车内乘客当场抓获，随即被扭送至当地派出所。第二天，杭州市公安局交通治安分局做出"杭公交治行决字〔2009〕第××号"公安行政处罚决定书，对林智豪予以拘留十五日的行政处罚。林智豪拘留期满后被解除拘留。林智豪不服该处罚决定，那么他应当如何维护自己的权利？

[律师解析]

公安行政诉讼是国家行政诉讼的一部分。它是指公民、法人对公安机关的具体行政行为有异议，认为其侵犯了自己的合法权益，依法向人民法院提起诉讼，由人民法院进行审理并做出判决的行政诉讼行为。

根据《行政诉讼法》和有关公安行政法律、法规的规定，对公安机关的下列行政行为，有关公民或法人如果不服，都可以向法院起诉：

（1）对公安行政处罚不服的。包括《治安管理处罚条例》规定的警告、罚款、拘留，也包括其他公安法规规定的处罚，如吊扣驾驶证、吊销民用爆炸物品生产企业的安全生产许可证等。

（2）对公安行政强制措施不服的，如治安收容，扣押财物，限期整改火险隐患等。

（3）认为公安机关侵犯其合法经营权的，如违法擅自吊销旅馆、舞厅营业执照等。

（4）认为符合法定条件申请许可证和执照，公安机关拒绝颁发或不予答复的，如申请猎枪持枪证、因私出国护照等。

（5）申请公安机关保护人身、财产权利，公安机关拒绝履行法定职责或不予答复的，如受到不法威胁、侵害，公安机关不予保护，家庭成员走失，公安机关不予协助查找，等等。

（6）认为公安机关违法要求履行义务的，如违法征收费用等。

（7）认为公安机关侵犯其人身权、财产权的，如侮辱、虐待、体罚、非法没收其合法财物或他人的合法财物，等等。

林智豪对杭州市公安局交通治安分局的行政处罚不服，可以将杭州市公安局交通治安分局告上法院，请求法院撤销该行政处罚决定，并判由被告承担诉讼费。

[法条链接]

《行政诉讼法》第四十四条　诉讼期间，不停止具体行政行为的执行。但有下列情形之一的，停止具体行政行为的执行：

（一）被告认为需要停止执行的；

（二）原告申请停止执行，人民法院认为该具体行政行为的执行会造成难以弥补的损失，并且停止执行不损害社会公共利益，裁定停止执行的；

（三）法律、法规规定停止执行的。